大展好書　好書大展
品嘗好書　冠群可期

大展好書　好書大展
品嘗好書　冠群可期

養生保健 3

少林醫療氣功精粹

井玉蘭／編著
張　璞／整理

大展出版社有限公司

少林氣功真傳

為人民造福

少舟題

氣功是學為華夏文化之瑰寶人
為萬物之靈，具有精、氣、神、生命
運動之本体，練好氣功，能增強
體質，開啟智慧，少病卻病，健康
長壽，是自我保健的有效辦法
寫於井玉蘭氣功師所著
醫療氣功精粹一書出版
辛未清明於城 呂炳奎

序

　　夫今日之氣功，實源於古時之吐納導引。導引之意，乃「導氣令和，引體令柔」之意。≪莊子‧刻意≫說：「吹呴呼吸，吐故納新，熊經鳥伸，為壽而已矣。此導引之士，養形之人，彭祖壽考者之所好也。」是乃氣功源於導引吐納之明證。導引吐納，源遠流長，漢前古籍，咸有論及。戰國之行氣玉佩銘，西漢之導引圖，率皆存世二千餘年。古時導引，可以養生，可以療疾。≪素間‧導法方宜論≫云：「中央者，其地平以濕，天地所以生萬物也衆，其民食雜而不勞，故其病多痿厥寒熱，其治宜導引按蹻。故導引按蹻者，亦從中央出也。」是知導引療疾，由來尚矣。

　　中州井玉蘭同志，技承家傳，自幼即習內外功法，長復醉心於醫道，臨證多效。今以其多年經驗，編著≪醫療氣功精粹≫一書，提倡辨證施功，且使氣功與推拿、針灸、藥治相結合，誠別開生面者也。

　　此書持論平穩，著重實際，頗多獨抒心得之言。余識井玉蘭同志有年，知其熱心濟人而不計報酬，功力深厚而不尚浮誇，深受病家稱讚，故欣然為之序。

王雪苔
一九九一年四月三日於北京

目　錄

第一篇　中醫與氣功

　　自古以來，氣功在我國歷代人民的強身健體、防治疾病、延年益壽等方面發揮了重要的作用，為中華民族的繁衍、興旺和發展作出了巨大貢獻。氣功與中醫藥從一開始就是一對孿生兄弟，它的發展與中醫藥的發展是同步的，它們共同組成了中國醫藥學的偉大寶庫。中醫的基本理論是氣功科學的重要理論基礎。因此，每一個希望通過氣功強身健體和以氣功為手段為人治病療疾的人，都必須掌握一定的中醫的基本知識。這樣，才能根據身體的條件選練適當的功法並有效地開展工作，從而取得事半功倍的效果，甚至提高自我控制的能力。

第一章　陰陽學說

　　陰陽是事物對立統一的兩個方面，而陰陽學說是中醫和氣功的基本理論之一。陰陽作為代表事物對立統一的兩個方面的概念在商代即已出現。最初，它是用來歸納自然現象的，如晝為陽、夜為陰，火為陽、水為陰，上為陽、下為陰，外為陽、內為陰等等；而作為一個完整的學說，則大約形成於春秋時代（也有人認為形成於戰國末期或秦漢時代）。陰陽學說認為，每一事物都有陰陽相對的兩個方面，而其發展變化都是這兩個方面相互矛盾與鬥爭的結果，它強調的是事物對立統一的法則。這是一種具有樸素的唯物主義觀點的哲學學說。

第一節 陰陽學說的基本內容

一、陰陽對立和互根

陰陽之間既對立又統一，相互依存、相互制約，共處於一個統一體中，任何一方都不能脫離另一方而單獨存在。正如毛澤東同志所說：「假如沒有和它作對的矛盾的一方，它自己這一方就失去了存在的條件。」沒有上，就沒有下，沒有左，也就無所謂右。「陽根於陰，陰根於陽」；「孤陰不生，獨陽不長」。這種相反相成、相互為用、相互依存、相互制約的關係，叫做陰陽對立和互根。

二、陰陽消長和平衡

陰陽始終是在彼此消長的過程中不斷實現其動態平衡的。不平衡是絕對的。而平衡是相對的、暫時的。「陰平陽秘」，指的就是這種相對平衡狀態。如果陰陽中的一方偏盛或偏衰，就是陰陽失調，就會產生病態。

下圖表示人體陰陽消長的幾種情況：

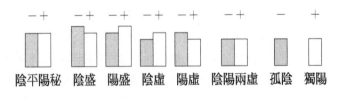

圖　1-1

第一種情況是陰平陽秘，意味著健康。第二種情況是陰邪盛而陽未衰，為寒實證。第三種情況是陽盛而陰未衰，為實熱證。第四種情況是陰虛而陽未長，病人會因陰虛而出現相對的陽亢，這就是一般所說的虛熱、虛火，或者說本虛標

實。第五種情況是陽虛而陰未盛，病人因陽氣虛衰而出現一種陰寒之象，此即陽虛生外寒，應與寒實證相區別。第六種情況為陰陽俱虛，病人往往出現既有陰虛又有陽虛的某些症狀，如既有五心煩熱、多夢遺精，又有形寒肢冷、陽痿早泄等。後兩圖表示陰陽離決，精氣乃絕，生命就不能存在了。

三、陰陽的轉化

陰陽的消長達到一定的程度，就會由量變發展為質變而引起陰陽的轉化。≪素問·陰陽應象大論≫說：重陰必陽，重陽必陰。寒極生熱，熱極生寒。這就是物極必反的規律。當然，轉化要有一定的條件──內因是變化的依據，外因是變化的條件。

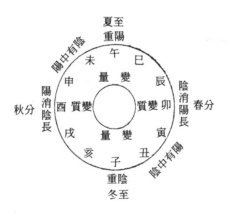

圖 1-2　陰陽消長與相互轉化關係圖

第二節　陰陽學說在中醫學中的地位

陰陽學說是中醫學的理論基礎，是中醫認識生命活動、分析病因病理、指導辨證施治的綱領。≪素問·陰陽應象大論≫說：「善診者，察色按脈、先別陰陽。」「審其陰陽，

以別剛柔。」「脈有陰陽，知陽者知陰，知陰者知陽。」
「謹熟陰陽，無與眾謀。」這都說明了陰陽是診斷的首要關
鍵。中醫診斷雖有六經、營衛氣血、三焦、臟腑等辨證方法
，但是談到中醫診斷的原則高度，總不離乎陰陽表裡、寒熱
虛實。在八綱中陰陽又是其它六綱的總綱。疾病證候的千變
萬化，總不外乎陰陽的範疇。

　　中醫的診斷方法是通過四診，收集病史、症狀、察色、
觀苔、聽聲、切脈，然後進行歸納、分析，辨別其陰陽的偏
盛或偏衰——如陽偏盛則屬陽證、陰偏盛則屬陰證，這是指
實證而言；在虛證方面，則有陰虛陽亢、陽虛陰盛或陰陽俱
虛的證候。一般來說，有發熱、口渴、面紅、煩躁、大便乾
結、小便短赤等熱象的症狀屬陽證；有畏寒肢冷、面白唇淡
、疲乏無力、大便稀薄、小便清長等症狀的陰證。

　　在脈象上，浮、洪、數、滑等為陽脈；沈、遲、細、澀
等為陰脈。只有辨明了陰陽表裡、虛實寒熱，才能確定治則
和治法，才能開出恰當的處方。

第三節　陰陽學說與氣功

　　陰陽學說在中國古代文化中，占有統治的地位，曾被廣
泛地用來解釋自然和社會現象——對於植根於中國傳統文化
沃土的中華氣功學來說，當然更是如此。

　　氣功學是中醫學的一個組成部份，陰陽學說在中醫學中
的地位和作用，也就是在氣功學中的地位和作用。如果說有
什麼區別的話，那就是陰陽學說在練功層次的提高和體用方
面的指導作用較之中醫學的其他方面更加直接和具體。

第二章　五行學說

　　五行學說也是古代的一種哲學學說，它被廣泛地用作說理工具，以試圖說明物質運動變化的規律。古代哲學家利用人們生活中常見而又必需的五大類物質，木、火、土、金、水的特性及其相互關係，進行抽象的歸類，將宇宙萬物歸於五類，用它們之間的相生和相克的關係，來說明事物的運動變化，比附世界萬物之間的運動關係。古代哲學家認為，世界萬物都可歸為木、火、土、金、水五大類，它們之間相互資生、相互制約的關係，就集中地、概括地代表了一切事物的複雜關係。他們承認物質不是靜止的，而是往返運行變化無窮的，所以將這種說理方法稱之為「五行」。

　　陰陽學說強調事物矛盾的統一性，五行學說則強調事物的內在聯繫。前者試圖解決的是矛盾的普遍性，後者試圖解決的是矛盾的特殊性。它們作為一種說理的工具是不能分離的。醫學領域極其複雜和廣闊，有很多問題，單靠陰陽學說是無法解釋的，引入五行學說後就可以自圓其說了。所以說五行學說是陰陽學說的發展和補充，他們之間有著緊密的聯繫，論陰陽必推及五行，言五行又離不開陰陽。

第一節　五行學說的應用規律

　　五行學說認為，一切事物都包含著「相生」、「相克」這互相聯繫的兩個方面。在生與克的基礎上，五行學說又以制化、相乘、相侮來進一步說明事物的複雜變化。

一、相生規律

　　生，為資生、助長的意思。五行之中都具有相互促進、

相互依存的關係，這就是「相生」。

五行相生的規律是：水生木、木生火、火生土、土生金、金生水，如此循環往復無有終時。在相生的規律中，都有生我、我生兩方面的聯繫，稱為母子關係。如金生水，金為水母，水生木，水為木母等。

二、相克規律

「克」含有制、勝的意思。五行之中，相互制約、相互克服的關係，稱之為相克。相克的規律是：木克土、土克水、水克火、火克金、金克木，循環不已無有終時。在相克規律中，任何一行都有克我、我克的聯繫。還是以水為例，克水者土、水克者火。對於水來說，土是其「所不勝」，火則是其「所勝」。

五行之中有生、有克，生中寓克、克中寓生，才能保持事物的發展和平衡。

三、制化規律

「制化」就是制約、生化的簡稱，這是把相生和相克聯繫在一起而言的。張景岳說：「造化之機，不可無生，亦不可無制。無生則發育無由，無制則亢而為害。必須生中有制，制中有生，方能運行不息，相反相成。」

五行制化規律為：木克土、土生金、金克木；火克金、金生水、水克火；土克水、水生木、木克土；金克木、木生火、火克金；水克火、火生土、土克水。五行制化規律不僅能夠說明五行之間複雜關係，而且在解釋其他事物聯繫方面能夠做到更加細緻。只有對五行制化規律有深刻理解，才能靈活地運用五行學說。

五行中任何一行，都具有生我、我生、克我、我克四方面的關係。這種制化關係，反映了事物運動、變化、發展及

圖　1—3　五行生中寓克圖

圖　1—4　五行克中寓克圖

圖　1—5　五行制化關係圖

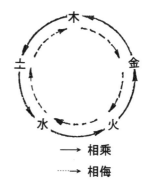

圖　1—6　五行相乘相侮圖

其內在的有機聯繫，是論證人體各部份之間相互依存、相互制約關係的理論工具。

四、相乘相侮

相乘即乘虛侵襲的意思，是某一行本身不足，原來克它的一行便乘虛侵襲，使它更不足。相侮，即欺侮的意思，指

某一行本身太強盛，使原來克它的一行，不僅不能去克制它，反而被它所克制，故又稱反克。

五行制化為正常現象，相乘相侮是反常的病理現象。五行中任何一行如果太過或不及，其生與克的關係便會失去平衡，制約生化的規律便會被打破，從而便會產生相乘相侮的賊害現象。以火為例，若火氣不足，則水來乘之、金來侮之；而若火氣太過，不僅會去乘金，而且會反過來去侮水。

相乘與相克在次序上雖然一致，但含義是不同的：相克是正常的生理現象，相乘則是反常的病理現象。

第二節　五行學說在醫學、氣功學中的應用

一、歸類推演上的應用

中醫學運用五行學說，是根據天人相應的觀點，以取類比象的方法進行推演的。五行歸類是從觀察自然現象開始的，並由自然界而相應地聯繫到人體以及其他方面。所以它的內容複雜而廣泛。現表列於下：

表1—1　五行歸類系統簡表

五行	時令	方向	五氣	生化過程	五色	五味	五音	五聲	五臟	五腑	五體	情志	五竅
木	春	東	風	生	青	酸	角	呼	肝	膽	筋	怒	目
火	夏	南	暑	長	赤	苦	征	笑	心	小腸	脈	喜	舌
土	長夏	中	濕	化	黃	甘	宮	歌	脾	胃	肌肉	思	口
金	秋	西	燥	收	白	辛	商	哭	肺	大腸	皮毛	憂	鼻
水	冬	北	寒	藏	黑	鹹	羽	呻	腎	膀胱	骨	恐	耳(二陰)

　　我們了解並掌握了這一歸類方法，就能在接觸到屬於某一行性質的事物時，聯想到一系列屬性相類的、直接或間接發生聯繫的事物來。這樣，我們能在更廣泛的基礎上去分析和理解這一事物的本質，判斷它的發展趨勢，並及時找出正確的處理辦法。

二、五行在辨證論治上的應用

　　在疾病的診斷和治療上，五行的生克關係有著很大的指導和實用的價值。

　　如脾胃虛弱的病人如伴有咳喘多痰等肺虛證候，中醫稱為「土不生金」，在治療時就應採取補脾養肺的方法，這就是所謂「培土生金」。在氣功治療上也是如此，如外氣治療時除應向肺俞、中府發氣外，還要按照培土生金法向脾俞、中脘、足三里、太淵發熱氣。這是按照辨證施治的原則取穴的。在施功上除了做「呬」字功外，還要做「呼」字功以調理脾胃。這同樣是「培土生金」。「培土生金」是「虛則補其母」的原則的具體運用。又如，對腎陰不足，水（腎）不涵木（肝）導致肝陰不足，肝陽上亢而出現頭痛眩暈、肢體震顫、麻木、血壓增高的病人，在治療時，就要採用「滋水涵木、平肝潛陽」的原則。在外氣治療時也要體現這個原則，如向腎俞、陰谷、湧泉、後溜、肝俞、曲泉發氣，等等。而病人在辨證施功時也要如此：既要做「噓」字功以平肝潛陽，又要做「吹」字功以滋水涵木，還要做月華功以滋補肝、腎之陰。這裡說的是相生方面。

　　在相克方面，如對肝橫犯脾（木乘土）的患者，在治療時就要採取疏肝理脾的原則。

　　在外氣治療上，既要取肝俞、太衝以疏肝，又要取脾俞、胃俞、足三里、中脘以調理脾胃。

第三章　人與自然

　　人是自然界的生物之一，生活在自然環境之中，時刻受到自然變化的影響，人體也不斷發生與之相適應的反應。在≪黃帝內經≫裡將此稱為「人與天地相應」。人生存在大地上，其生命活動和自然界有著密切的關係，天地之氣正常，環境適宜，才有利於人們的生存。同時，人能適應四時的變化，滄桑的變遷，則自然界的一切，都是生命的泉源。能了解和掌握自然規律，就能順應自然、改造自然，做到萬物為我所用。

　　自然界對人類的影響主要是四時氣候的變化、六氣（風、寒、暑、濕、燥、火）的形成在正常情況下對人體是有利的。六氣的產生是宇宙間大氣變化之結果，各有其特性和功用。≪內經≫說：「燥以乾之、暑以蒸之、風以動之、濕以潤之、寒以堅之、火以溫之。」由此可見，古人已經知道，六氣雖然是由於氣候的變化而產生的，但它又有互相調節偏頗的有利作用。正常的六氣變化，對生物的生長、發育是有利的。人應儘可能地適應自然的變化，以保證身體的健康。

　　在反常的情況下，六氣就變成了「六淫」。這對一切生物的生長發育都是不利的。≪素問・六節藏象論≫說：「蒼天之氣，不得無常也。氣之不襲，是謂非常，非常則變矣……變至則病。」這一段話說明了反常氣候的變化與疾病發生的關係。

　　此外，不同的地區、不同的水土環境、不同的生活習慣、不同的體質和遺傳因子等等，對疾病的發生也有不同程度的影響。這是中醫臨床實踐中非常重視的問題。

　　四時的變遷，六氣的變化，對人體影響的，不單純決定於外界的因素。「正氣存內，邪不可干。」這就是說，人體如果有抵抗力，邪氣就不能為害。在這個問題上中西醫的觀點是一致的。

　　中醫與氣功強調「人與天地相應」、「人天合一」並非是基於神學觀念。我們的祖先在長期的觀察與實踐中，認識到人類的生存，與四時氣候變化有著密切的關係，因此，強調在生活起居和思想活動方面，都要隨時適應四時生長收藏的規律，以保持內外環境的協調，做到養生、養長、養收、養藏。這種預防為主的思想，是建築在中醫學整體觀念的基礎之上的。

　　≪靈樞≫指出，一般疾病大都是早晨稍輕，白晝保持安寧狀態，黃昏時加重，而夜晚則更加厲害，這是由於「四時」氣候變化的影響。≪靈樞≫還說，春氣主生，夏氣主長、秋氣主收、冬氣主藏，這是一年中四時六氣的正常現象。如以一天來分四時，則早晨為春、日中為夏、黃昏為秋、夜半為冬。人體的節律和四時生長收藏的規律是相應的，所以才會出現一日當中病情的起伏。這種把人與自然界聯繫起來確立預防觀點以及對病情變化的解釋，是中國醫學中整體觀念的具體體現。人們在練氣功時也要很好領會這個精神。

第四章　精氣神

　　人體臟腑機能活動需以精、氣、血、津液為其物質基礎。這些物質，由於臟腑的活動而不斷地被消耗，又不斷地得以補充。人的生命活動過程中所表現出來的精神、意識、思維、知覺、運動等總稱為神。

第一節　精（血、津液）

一、精

精是構成人體和維持生命的基本物質，藏於腎中。它來源於先天，為先天之本；又依賴於後天水谷精微的滋養和補充，才不會衰竭。廣義之精為無形之精，又叫元精。它具有強大的生命力，有促進生長發育、抵抗不良刺激、提高免疫功能、防止疾病的作用。它的盛衰決定著人的健康與衰老，長壽與夭亡。狹義之精為生殖之精，它具有生殖繁衍之功能，是為先天之精。飲食物中的營養物質，是經過脾胃消化、吸收而獲得的水谷精微，是維持生命活動的物質基礎，叫做後天之精。後天之精的化生需靠先天之精的溫煦，先天之精要靠後天之精的滋養和補充。在人體的生命活動過程中，精不斷被消耗，又不斷得到補充。

氣功上常提到的精是一種無形的元精。

二、血

血本源於先天之精，但其再生則來源於水谷精微。下節將要提到的營氣就是化生血液的物質。血為營氣的依附所在。血液來源旺盛，則身體強壯；來源不足或耗損過多，則百脈空虛而身體衰弱。肌膚得不到足夠的血液，就會麻木不仁；四肢得不到足夠的血液，就會手足不溫，甚至痿廢不用。總之，不論內在器官還是外在皮毛，都必須得到血液的灌注和充養，都必須有血液的不斷循環，才能維持本身的正常代謝和生理功能。

三、津液

津液是人體內除血液以外的一切正常有用的液體。津液也是由飲食水谷所化生的——水谷精微在脾的轉輸和小腸的

分清作用下生成，具有濡養人體臟腑組織的作用。

　　津液是津和液的統稱，清而稀者為津，濁而稠者為液。津隨著三焦的氣化，滲透浸潤於肌肉、腠理、皮膚之間，以溫養肌肉、充潤皮膚；液隨三焦氣化而布散，流行浸潤到關節、腦髓、空竅、六腑等處，以滑潤關節、補益腦髓、潤澤空竅、協助六腑更好地完成消化吸收功能。津與液本屬一體，俱由水谷化生，在表者為津，在裡者為液。它們在環流過程中，互相影響、互相轉化，故常津液並稱，不予嚴格區分。

　　津液的環流代謝過程是：飲入於胃，吸收後經脾的運化，上輸於肺，在肺氣的肅降作用下，將其中清的部分宣發到皮膚肌腠，多餘無用部分排出為汗；清中之濁，由三焦水道下行，入歸於腎，經腎的開闔，將濁中之清吸回三焦上輸於肺，參加新一輪循環；濁中之濁排入膀胱，經蒸化後排出為尿。同時，津液在三焦氣化過程中，還要不斷滲透到全身臟腑組織，其中部分津液從組織滲入經脈，回歸血液，成為血液的一部分。血漿也經常不斷滲入組織，成為組織液。這既是維持體內液體平衡的需要，也是機體營養代謝的需要。

第二節　氣

　　氣的含義複雜而廣泛，大體上可分為兩個方面，一指具有營養價值的水谷精微和氧氣（中醫稱為清氣）；一指臟腑功能活動本身及其動力。所以說它具有物質和功能兩種含義。

一、氣的名稱

　　氣的來源、分布和功能決定它的名稱。現分述如下：

1.元　氣

　　元氣又稱原氣，來源於腎，由先天之精所化生，所以稱為元氣。它包括腎陰（元陰）、腎陽（元陽、命門之火）之

氣，是人身生化的原動力，是推動、激發臟腑功能活動的物質基礎。它持續有賴於後天營養的不斷滋生。

2．宗　氣

宗氣是由脾運化上輸於肺的水谷精微之氣，與肺吸入的大氣中的清氣相結合的產物。它是內在之氣與外在之氣的綜合體，聚積於胸中。它的作用有三：一是助肺司呼吸。二是下貫心脈以推動血液循環。三是把水谷精微中的慓悍部分宣發於脈外，形成衛氣；把水谷之精的精華部分貫注脈中以營養全身，是為營氣。故舉凡語言、聲音、呼吸的強弱，氣血運行、肢體寒溫和活動能力的大小等等，均與宗氣有關。

3．營　氣

營氣由水谷之精氣所化生，運行於脈中，就是宗氣貫入血脈裡的營養之氣，故而得名。營氣循行脈中，與血組合成一體，故中醫常混稱「營血」。營血以血脈為軌道，晝夜不息地運行於周身上下、表裡內外，五臟六腑、四肢百骸皆賴以營養。

4．衛　氣

衛氣由水谷之悍氣所化生，由宗氣宣發於脈外，它是人體陽氣的一部分。因其具有保衛肌表，抵禦外邪的作用，故稱「衛氣」。衛氣在內有溫養五臟六腑的功能，在外有溫養肌肉、潤澤皮膚、滋養腠理、啟閉汗孔等作用。若衛氣不足，肌表不固，外邪就會乘虛而入。

另外，三焦分布的氣亦有不同名稱：上焦為宗氣，中焦為中氣，下焦為元氣。各臟腑的功能活動叫做該臟腑之氣，如胃的功能叫胃氣，心的功能叫心氣，脾的功能叫脾氣等。經絡的功能活動叫經絡之氣。丹田處於下焦，故丹田氣就是元氣。全身之氣，包括元氣、宗氣、營氣、衛氣（兩者由中

氣所化生）、臟腑、經絡之氣的總和叫正氣，又叫真氣。

二、氣機的運行

氣的活動力極強，充滿全身，不斷運動——其運動形式基本上可用「升、降、出、入」來概括。≪素問・六微旨大論≫說：「非出入，則無以生長壯老已；非升降，則無以生長化收藏。」升降出入是氣的運動方式，也是人的生命活動的表現形式。肺主呼吸、吐故納新，有宣有降；腎主納氣，腎水升騰，心火下降；脾升胃降而納水谷，吸收精微、排泄糟粕……氣機一旦紊亂，升降失常、出入不利則將發生病態，如肝氣鬱結、肝氣橫逆、胃氣上逆、脾氣下陷、肺失宣降、腎不納氣，心腎不交等均為氣的升降出入失調而致。我們練氣功的目的就是要條達氣機，使氣的運行正常化，使其各司其職，更好地完成其生理活動功能。這就是練氣功能以防病、治病、強身健體的原因所在。隨著練功層次的提高，還可以做到氣的開闔自如，升降隨意，提高自控能力。

第三節　神

神是臟腑機能活動的外在表現，包括人的感覺、聽覺、視覺、動作、思維等一系列精神活動。一般來說，人的精神活動與自身機體的精、氣、血、津液等是相互依存不可分割的整體。精滿氣足則神旺；精衰氣竭則神疲。

精、氣、神三者是人體生命活動的根本，三者之間可以互相資生。精充、氣足、神全是健康的保證；精虧、氣虛、神耗是衰老的原因。

我們練氣功就是要用意（神）來調整機體的內在環境，實現煉津化精、煉精化氣、煉氣化神、煉神還虛的目的。通過長期的、不斷的聚精、保氣、斂神的修煉，逐步達到精充

、氣足、神全的目的。這三者之間精是基礎，氣是樞紐，神是主導。內修的關鍵是用神、塡精、控氣。

第五章　經絡

第一節　概　說

經絡是人體組織結構的重要組成部分。它是溝通表裡、上下，聯絡臟腑組織和運行氣血的獨特系統。

經絡是十二經脈、奇經八脈、十二經別、十二經筋、十二皮部、十五別絡、孫絡、氣街、四大海的總稱。經有路徑的意思，是經絡系統的縱行主幹，位於機體的較深部位，與臟腑直接相通，在頭面、四肢之間逐經相傳，構成了整體循環。經別是十二經脈所別出，在陰陽經之間離合出入而形成表裡配偶、著重於深部的聯繫。經筋則起於肢末，行於體表，終於頭身而有三陰三陽的會合，著重於淺部的分布和聯絡。奇經八脈類似湖泊之於江河，有調節十二經脈氣血流量的作用。絡為網絡的意思，十五絡脈為經脈傳注的紐帶；其他的絡與孫絡則錯綜分布於諸經之間。如此構成了複雜的網絡系統和錯綜的循行通路。氣街為氣的通道。四大海是腦髓之海（在百會之下、風府之上的後腦部位）、氣海（在膻中穴）、水谷之海（在中脘）、血海（下丹田）。它們也是經絡的組成部分。

歷代醫家對經絡學說都十分重視。≪靈樞・經脈篇≫說：「經脈者，所以決生死，處百病，調虛實，不可不通。」因此有「治病不明臟腑、經絡，開口動手便錯」之說。可見經絡學說是中醫理論的重要組成部分，同樣也是氣功學的重

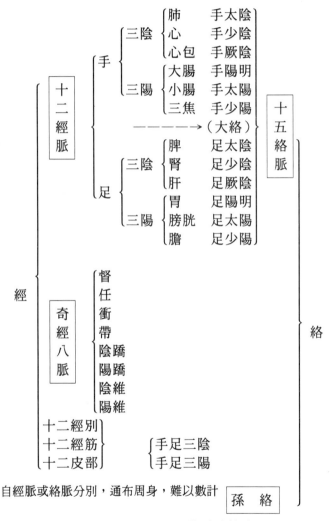

表　1-2　經絡系統簡表

十二經脈		外　　部	內　　部
手三陰	手太陰肺經	胸旁→上肢內側前→大指	屬肺，絡大腸
	手厥陰心包經	乳房→上肢內側中→中指	屬心包，絡三焦
	手少陰心經	腋下→上肢內側後→小指	屬心系，絡小腸
手三陽	手陽明大腸經	鼻旁←頸←肩前←上肢外側前←食指	屬大腸，絡肺
	手少陽三焦經	眉稍←耳後←頸←肩後←上肢外側中←無名指	屬三焦，絡心包
	手太陽小腸經	耳前←頸←肩胛←上肢外側後←小指	屬小腸，絡心
足三陽	足陽明胃經	目下→面周→頸前→胸腹→第二側線→下肢外側前→次趾	屬胃，絡脾
	足少陽膽經	外眦→頭顳→項側→脅腰側→下肢外側中→第四趾	屬膽，絡肝
	足太陽膀胱經	內眦→頭頂第一側線→項後→背腰第一、二側線→骶→下肢外側後→小趾	屬膀胱，絡腎
足三陰	足太陰脾經	胸腹第三側線←下肢內側前、中←大趾內	屬脾，絡胃
	足厥陰肝經	脅部←陰部←下肢內側中、前←大趾外	屬肝，絡膽
	足少陰腎經	胸腹第一側線←下肢內側後←足心←小趾下	屬腎，絡膀胱絡心

表1—3　十二經脈分布部位簡表

肺內 →①手太陰肺經 ⎫
　　　　　　　　　　⎬ 手食指端
鼻旁 ⎰②手陽明大腸經 ⎭
　　　⎱③足陽明胃經 ⎫
　　　　　　　　　　⎬ 足大趾內端
心中 ⎰④足太陰脾經 ⎭
　　　⎱⑤手少陰心經 ⎫ 手小指端
內眦 ⎰⑥手太陽小腸經 ⎭
　　　⎱⑦足太陽膀胱經 ⎫ 足小指端
胸中 ⎰⑧足少陰腎經 ⎫
　　　⎱⑨手厥陰心包經 ⎬ 手無名指端
外眦 ⎰⑩手少陽三焦經 ⎭
　　　⎱⑪足少陽膽經 ⎫ 足大趾外端
肺內 ←⑫足厥陰肝經 ⎭

表1—4　十二經脈相互銜接表

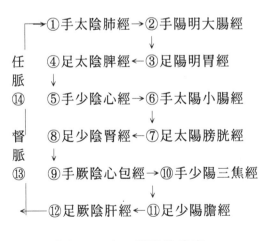

表1—5　十二經脈流注表

要理論基礎。「經絡不能明辨，而妄談氣功，則如盲人騎瞎馬，無所適從」。從這裡可以看出經絡對於氣功的重要性，甚至超過了它對中醫臨證工作的指導作用。

經絡的系統、分布部位、相互銜接、經脈流注等，請參閱以上各表。

第二節　經絡對人體的重要意義

經絡內屬臟腑，外絡肢節，「所以決生死，處百病、調虛實，不可不通」。從這裡就可看出它的重要作用。概括起來，有三個方面：

1.行氣血、通陰陽：前面已經講過，經絡為氣血運行之通道，而氣為血帥，血為氣之母，二者密不可分。在經絡運行的氣稱為經氣，一般來說多為營氣。它們通過經絡周流全身，有養臟腑、濡筋骨、利關節等作用。

2.反映疾病，抵禦疾病；中醫認為：有諸內必有諸外，有諸外必有諸內。這就是說，機體內在的疾病必然要反映到體表部位來；而體表部位的不適，也反映了特定的內在疾患。這種反映的渠道就是經絡。正因為有了這種信息的通道和窗口，醫生才能診病。我們後面將要介紹的外氣信息診病，其依據亦正在此。

我們發放外氣治療疾病，利用針灸或按摩治療疾病，同樣也是在利用經絡這個通道——只有通過它才能直達病所，用我們的正氣去調整局部病變的陰陽虛實，達到祛病康復之目的。

3.溝通內外信息：經絡「內屬臟腑，外絡肢節」，而且相互之間縱橫交錯，連接如蛛網、如溝渠。「氣不得無行也，如水之流，如日月之行不休。故陰脈營其臟，陽脈營其腑

，如環之無端，莫知其紀，終而復始。」這裡把氣血運行與自然界的水流和日月運行現象聯繫起來，體現了「人與天地相參」，「與日月相應」的論點。人生活在自然界，與自然界息息相關，人體的氣血運行也和自然現象一樣有其節律性，而且與自然變化相關聯。正如≪素問・八正神明論≫所說的「天溫日明，則人血淖液而衛氣浮，故血易瀉，氣易行；天寒日陰，則人血凝泣而衛氣沉……是以因天時而調血氣也。」經絡不僅是行氣血，調陰陽之通道，也是聯繫人體內外環境的要津。只有理解這一點，把握這一點，治療才能事半功倍，練功才能達到較高層次。

第三節　經絡與氣功

經絡的發現與經絡學說的完善，與氣功實踐有著密切的關係。氣功實踐發現了經絡，並不斷地完善著經絡學說。可以這樣說，沒有氣功就沒有經絡學。但經絡學又反過來指導著練功實踐，使大家在練功過程當中少走彎路，事半功倍。所以又可以這樣說：沒有經絡學說就沒有今天的氣功學；沒有經絡知識的人，就很難達到高層次氣功境界。經絡是運行氣血的通道，運行氣血就是它的主要功能，而氣為血帥，血載氣行，氣是氣血運行的核心，氣功學則是以研究元氣在人體內的運行規律及其自我控制能力的學問。說到這裡，氣功與經絡之間的密切聯繫就一目了然了。

經絡當中與氣功最為密切的要數奇經八脈中的督、任、衝三脈。六陽經均歸屬督脈管轄，六陰經歸任脈管轄，衝脈居二者之間，為十二經脈之海。三脈中又以督脈最為重要。莊子說：「緣督以為經，可以保身、可以全生、可以養親、可以盡年。」這就是說，督脈通了，就能達到保身、全生、

養老、盡天年的目的。因此，通督就成為傳統功法的一種基本要求。元氣由尾閭過夾脊衝玉枕，下玄關進入任脈由膻中而下氣海，這就是通常說的小周天功法。傳統丹功的三關九竅都分布在督、任、衝三脈中。

　　所謂三關就是督脈上的尾閭、夾脊、玉枕三竅。督脈上還有玄關一竅，在兩眼之間，即通常所說的上丹田。任脈上也有兩個至關重要的竅，一個是中丹田在胸部兩乳之間的中心處，一個是下丹田在臍下1.5寸的小腹內。其餘三竅位於衝脈，一個在玉枕與玄關聯線中心點與衝脈交會處，丹家稱之為「蓋」，第二竅位於膻中至夾脊聯線與衝脈交會處，稱為「釜」、「鼎」或「黃庭宮」。第三竅位於下丹田至尾閭聯線與衝脈交會處，叫「爐」。一個蓋，一個鼎，一個爐，三者合起來像一套完整的冶煉設備。這就是煉「丹」的地方。這後三竅必須在完成小周天功法「七返九還」的階段之後才能形成。

　　在這裡需要說明的還有以下幾個問題：

　　1.針灸穴位與氣功祖竅的區別

　　針灸穴位在表面，為點狀。而氣功祖竅為立體形，在體內。如膻中穴在兩乳頭之間，表皮的一個點，而中丹田雖亦稱膻中，位置也在兩乳之間，但卻深入肌膚，直徑達15毫米以上。下丹田的體表投影區雖與氣海穴相近，但卻深入體內，直徑約33毫米，呈梨形，而不像氣海穴那樣成一個小點。

　　2.經絡中不斷運行的氣與氣功態下的氣之間的區別

　　在精氣神一章中，關於氣的一節已敘述得非常清楚：脾將水谷精微之氣上輸於肺，與吸入的清氣相結合形成宗氣，聚於胸中；它將水谷精氣中的慓悍部分宣發脈外是為衛氣，將水谷精氣中的精華部分貫注脈中是為營氣。由此可見，在

經絡中運行的是能夠養臟腑、濡筋骨、利關節的營氣，而在氣功態下動用的並非營氣，而是由先天之精化生的元氣──有人稱之為真氣（如「真氣運行法」，「真氣發動」之類），這是不確切的。因為真氣又叫正氣，並非單一的氣種，而是元氣、宗氣、中氣、營氣、衛氣、臟腑之氣等等的總合。這種龐雜而非精純的氣，如何能適應河車運轉之需要呢！當然這是將真氣混同於元氣的結果，是一種概念上的錯誤。

　　3.關於經絡是否通暢以及任脈循行方向問題

　　經絡本身的功能就是運行氣血，這是主要的功能，離開了氣血運行，任何功能都是不能完成的。因此它必須是暢通的，才能保證機體營養的需要和各種生理功能的完成。否則將表現病態，所謂「不通則痛，痛則不通」。只要是一個健康人經脈始終是暢通的。但是這種通只是悄無聲息的營氣在通過，不僅其它經脈暢通，任督對於這種經氣也同樣是暢通無阻的。這是問題的一個方面。

　　從另一個角度上去看，經絡又是不通的。人在胎兒期處於母體之內，先天精氣源源不斷而來，故所有經脈包括任督都對之暢通無阻。一旦離開母體，先天元氣即無來源，人體生命全靠後天水谷精氣之涵養。為了保護這有限的先天元氣於「虛室」之中，任督二脈便自動切斷。長此以往，任何經脈對這先天元氣都會感到「生疏」，並都不予通過。所以說經絡是通的（對營氣而言）；又是不通的（對元氣而言）。所以在打通了督任之後，還要練大周天功法去打通全身之脈道，理由即在於此。

　　4.關於任脈上行或下行的問題

　　古今典籍，凡涉及經絡的均無一例外地說明：任脈上行；但凡提到氣功的河車運轉時則又都無一例外地說：任降督

升。這兩種說法都是正確的。因為人隨著年齡的增長，會由
於種種原因而造成精氣不足，而練氣功可以補充這種虧損
——通過練津化精，練精化氣，可使元氣充足；然後打開任
督通道，讓先天元氣重新起著溫煦作用，這就可以達到精滿
、氣足、神旺的目的。先天元氣運行途徑是由督脈上行經泥
丸，過鼻端，入任脈，下歸丹田。有練功體會的人都知道，
「營氣」通過悄無聲息，輕逸縹緲，由下而上；「元氣」通
過閃電雷鳴，轟烈凝重，呈後升前降態勢。兩種氣的內涵和
生理作用不同，在任脈中的走向亦不同。

　　另外，任督打通之後，並非一勞永逸，有時由於種種原
因元氣虧損過多，無法進行河車運轉，時間一氣，任督又會
保護性地自衛切斷，到那時仍需練津化精，練精化氣，等氣
足之後再行衝關通督。

　　一般說，第二次衝關較之第一次會容易得多。當然若年
齡過大，先天之精耗竭，通任督也就較為困難了。

第二篇　氣功診法

　　氣功醫療和其他醫療方法一樣，應首重診斷。沒有診斷就無權治療。要想將氣功用於臨床醫療，必先學會氣功診法。氣功診法是氣功師經過長期的氣功修煉所獲得的一種特殊的診病能力和技術。人與人之間、人與自然環境之間，都存在著信息交換。人體能發出多種離體信息，已為氣功外氣的物理測試所證明。

　　氣功醫生在診病時，可以用發放外氣的方法以獲得信息，也可以通過直接感知、特異透視、遙感、預測等方法，探知患者疾病的情況，以便為進一步進行各種特殊檢查提供線索。

　　我們之所以說「提供線索」而不說「明確診斷」，是因為我們在長期醫療工作中，深知西醫的診斷要有明確的依據，它要確切的數據、要根據圖形、根據照片、要查到微生物或寄生蟲、再結合臨床所見進行綜合分析才能作出正確的診斷；而中醫臨診著重辨證，他所使用的方法是望、聞、問、切四診所搜集到的資料，通過邏輯推理而得出結論。

　　氣功診斷都是全憑氣功醫生的個人感知，雖然這種感知的準確性，已為諸多病例所證實，但是它拿不出直接的診斷依據來，不符合現有的診斷程序和人們的思維邏輯。故從醫學科學的角度去考慮診斷問題，則氣功診斷很難得到醫學界的普遍承認。但是直接感知、間接遙診、特異透視等功能現象，確實是存在的，雖然這種現象與現有科學理論相矛盾。對此，我們應首先承認事實，而暫不作理論上的解釋，等將

來科學發展了再去作理論上的推敲。下面提到的氣功診法原理，是根據前輩的經驗，結合我們自己的練功體會和臨床實踐，以中醫理論為指導總結出來的，並非以實驗為基礎的理論解釋。

我們對特異功能現象的確實存在，有著親身體驗和感受，所以，我們不能同意某些人對這一現象的否定。只要按照我們的功法去刻苦鍛鍊，在不太長的時間內你就可以獲得下面所介紹的氣功診病的感知功能，並可應用於醫療實踐。這早已為很多學習少林氣功並堅持鍛鍊的學員的親身感受所證明。

附：氣功診法總訣

氣功診法重靜鬆，　人天環境宜交通。

醫患配合相感應，　生命信息自通靈。

診法指端與掌心，　十宣勞宮最先行。

冷熱為主分陰陽，　結合四診知病情。

上陽下陰為總綱，　腑陽臟陰尤需明。

具體部位還須辨，　切勿印定自煩生。

第一章　氣功診法原理

氣功診法的基本原理以現有科學理論尚無法解釋，我們也不準備去作牽強附會的嘗試。現仍按原有的氣功理論去作一些簡略的介紹，它包括萬物同源、天人相應和靜鬆感知三個方面。

第一節　萬物同源

按照傳統的氣功學的理解，人體是一個有機的整體，人生活在大自然之中，是大自然的一部分，與大自然有著密切的聯繫，共同組成一個統一的整體。人與自然界的萬物都起源於一種共同的物質——宇宙元氣。一生二、二生三、三（陰陽合氣）生人與萬物。一（元氣）貫通人天萬物，是天人相通的物質基礎，是人與萬物所具有的統一性與共同性的依據。

人與萬物息息相通，皆以天地日月為橐籥，以升降出入為基本運動方式，人天混化，人與天地相參、日月相應、生物以信息相通，表現出驚人的協調性與同步性，這是萬物同源的具體體現。

萬物同源還表現在人身五臟應於自然萬物，應於五行、五方、五味等，如：肝應東方甲乙木、酸；心應南方丙丁火、苦；肺應西方庚辛金、辛；腎應北方壬癸水、咸；脾應中央戊己土、甘。五味諸物之性均與有關臟腑氣同味合、相互通應，故可入相關臟腑，養其體竅。

人與萬物同源、氣通、味應，人與人之間氣相感、臟相應、神通靈，體現了高度的統一性。這是氣功診法的依據。

第二節　天人相應（人與自然相應）

人類在長期的進化過程中，形成了對自然和社會的適應能力，吸收和綜合了諸種進化發展的結果與信息，因而在人體中往往具有與自然界、社會事物有密切聯繫的形態結構與功能。這種人與自然和社會的氣機信息的收受通應，稱人天相應——含人與社會相應、人際互感諸方面，頗具系統論、全息律的特點，是氣功信息診斷的理論基礎。

人與人在情感、心理、氣質諸方面亦多有相通之處。社會上不同人群之間雖在體質、風俗、習慣、性格、素養、愛好等方面可能有很大的差異，但在社會心理、道德觀念、自然本質等方面，還是有很多共同之處的。因而具有大量的共同信息，這是人的社會性的反映。氣功師正是利用這種一氣相通、息息相應的共同信息去進行特殊的神氣感應來診斷疾病的。

第三節　靜鬆感知

靜可生慧，心若清靜，則道自來居，萬神生心，神明存身（這裡的神，與中醫學精、氣、神的「神」含義是相同的）。心清意靜，可以感覺到常人所感覺不到的東西，考慮到一般人考慮不到的情況，使大量閑置的、蘊有極為豐富信息的腦細胞的潛能發揮出來，並使其高度同步有序。故釋迦牟尼主張「應生清靜心」、「信心清靜，則生實相」。心靜才能感覺到真實的東西，產生超人的智慧。

鬆可生靜，又可助通，使人經氣通暢，心安神靜。鬆為靜之基，靜為鬆之果，鬆靜為無為之法，可實現人與宇宙的統一。宇宙是個巨型大腦，人腦是其中的一部分，故能反映

宇宙的信息。鬆靜無為之法可煥發智慧、激活信息、直接感知外界情況。

　　神靜則空靈，體鬆氣自和，可以達到人與環境之間的信息交流。息息相應，一氣貫通，這是氣功家能診治疾病的基本原因，也是一種練功方法與必須達到的功夫。心平氣靜，萬念俱泯而一靈獨存，身心混融虛如太空。虛極靜篤則天機自動，內氣油然而生，全身經脈氣穴竅道相繼暢通，周身毛孔自然開放，氣從毛竅外發，同時誘導患者亦做鬆靜之功，與醫者協調，同步相感，則其病氣信息亦可從耗子諸竅透發出來，而易為醫者所感知。

　　氣功師平心靜氣，觀察病人面部氣色，七竅發露，並探測其周身氣息，可知有關部位、臟腑的病變。目為日，為心泉；身為月，為精泉；鼻為星，為肺泉；二便為水泉，濁泉。總之，臟腑皆有信息通道外應。察其氣色、溫度便可測知病情的輕重，病之新舊，再根據中醫四診八綱以確定病位、病性、病機，以確定治療的方法。

第二章　氣功診法基礎

　　內氣充盈、經絡氣脈暢通是發放外氣、診治疾病的基礎。故欲診病，須先積蓄內氣。此外，尚需掌握蓄氣、發氣之要領，正確的姿勢與方法，才能有效地用之於臨床。診治之先，要進行生理探測，先知其常，方可達變，而知今日之病狀。本章內容包括積蓄內氣、診病要領、姿勢與方法、生理探測諸部分。

第一節　積蓄內氣

　　氣功師經過長期的苦練與精修，內氣不斷充實，便可形成胎息。此時全身內外關節毛竅暢通，氣自出入升降，往來不息，甚或達到不藉口鼻亦能通氣之境界，全身透空，似一團氤氳混融的太和元氣，心身大定。此時但從鼻中微微引氣，以意領之，使充於四肢及周身，神安氣靜，內含元和，終日不散，則功者肢體自潤，內氣常滿，意氣相合。然後，用意念調氣於欲發氣的部位（手指、掌心），以備診治疾病之用。

第二節　診病要領

　　這裡介紹的是初級的手探氣功診法要領，特異診法將在後面章節加以敘述。氣功診斷須功底深厚的氣功師，將意、氣匯於掌心，並與患者密切配合，方能做到診斷無誤。診病時，一般要注意以下三個方面：

一、神全知醫

　　功夫深厚的氣功師全都身體強健，元氣充足，神靈清靜虛明，調氣自如，可用意念調動丹田之氣為人診病。換句話說，即功深神全氣充者方能為之。診者還需有一定水平的醫學知識，了解患者的體質，以及有關臟腑、經絡、氣血、虛實等情況，方能作出全面正確的氣功診斷。

二、意匯掌心

　　氣功診斷時，要平心靜氣，周身放鬆，毛孔開放，不斷培養、鍛鍊、提高雙手對外來信息的感應靈敏度。診斷時，要全神貫注，將意念集中於掌心，只想著自己在接受外來信息，通過雙掌的細心探測，加意分辨諸如熱、涼、麻、脹、刺、癢等各種反應，根據各個不同臟腑、經絡和穴位發出的人體信息，來鑒別疾病。

三、醫患配合

氣功醫師與病人在意念、呼吸、放鬆動作等方面要協調、同步、互相呼應、密切配合。也就是說，氣功醫師要全身放鬆，心、意、氣合一，調氣量適度；患者也要全身放鬆、息心靜慮、調節氣息。只有這樣，氣功醫師與患者的體氣信息方可相互感應、相互交融，才能為醫者了解病情、作出診斷創造必要的條件。

第三節　探測姿勢與方法

內氣至足之餘，手指與掌心有熱、涼、麻、刺、癢、脹等反應時，表明體內信息與體外信息已經溝通，即可開始探測與辨別體外信息。

一、探測姿勢

兩腳與肩同寬，自然站立，雙目微閉，全身放鬆，毛孔打開，高度入靜，自然呼吸。然後抬臂屈肘，手心內含，五指自然放鬆，掌心對準探測部位。當手心有微風感或麻刺感時，即表明已收到對方信息了，此時要平心靜氣，認真體會與分辨。

二、探測方法

採用單掌探測、雙掌探測或兩掌交替探測均可，亦可根據探測部位來決定。探測距離可由近到遠，開始手掌距離病人的特定部位約一寸、二寸、三寸，逐步離得更遠一些；然後再由遠到近，反覆探測。起初外來信息可以不明顯，探測距離要近些，隨著手的靈敏度的增強，探測距離可以稍遠一些。加強練功，反覆實踐，是鍛鍊提高手的靈敏度、準確性和分辨能力的唯一方法。

三、收　勢

探測結束時要收功。方法是:兩手手心向上從兩側向上抬舉至頭頂上方,翻掌變手心向下,指尖大約相對,徐徐下按至小腹部,意念將全身之氣吸入丹田。如此連做三次。同時,意念全身毛孔閉合。最後一次下按至小腹時,將雙掌輕貼在小腹上,意守片刻即可。

第四節 生理探測

在進行氣功探病之前,需要在健康人的身上進行反覆的多人次的生理探測,以從整體上去了解與把握人體各部位、各臟腑散發出來的不同信息的反應情況,以掌握正常人的體氣信息。因為知常方可達變,所以說總體的、反覆的、多人次的生理探測是一個實習過程,是一個熟悉正常人體情況的過程,是進行氣功探病的首要課題,是氣功診斷的基礎。

一、辨析陰陽

探測人體信息,要以中醫的陰陽學說為指導。一般說來,人體上部為陽,下部為陰;身體兩側,左為陽,右為陰(女子右為陽、左為陰)。故在探測時,人體上部相對較熱,下部較涼;身體兩側,約有60%的人,左側有微熱感,右側有微涼感;40%的人身體左側有麻刺感,右側有涼感。

二、熟悉臟腑

探測臟腑信息的難度比探測體表的難度要大,必須專心致志、認真分析、反覆比較才能不斷積累探測經驗。

被探者取坐式、仰臥或俯臥式均可,要以不增加被探者的痛苦和方便探測者的操作為原則。

探測正常人體臟腑溫度的反應,大體上同所處部位上下的陰陽屬性相一致。處人體上部為陽有溫熱感;處人體下部為陰,有涼感。五臟為陰,有涼的反應;六腑為陽,有熱的

反應。就五臟而言，心肺在上，為陽中之陰，心有微熱的反應，肺有溫的反應。肝、脾、腎位於下部，肝、脾為平性，腎有溫涼兩種反應。同一臟腑，由於探測角度和部位的不同，反應也會因之各異。如總的說來，探測肺有溫感，仔細分辨則又有不同之反應，肺的中部為陰中之陽，有溫熱感，肺的側面屬陰，則又有涼的反應。這裡的溫、熱、涼的感覺是與體溫相比較的相對的溫熱感。

由於每個人的個體特點不同，基礎體溫也不一致，其探測結果當然也就不一樣。這一點必須要有一個正確的理解，否則將產生錯誤的結論。為了避免這種現象，首先應掌握被探者的總體溫度覺，然後再按其本人的不同部位的溫差去進行比較，才能得到可靠的依據。這種溫差是極其微小的，一般人是無法體察的，只有練功達到一定層次，並經常進行探測訓練的人，才能有這種感覺上的靈敏度。

第三章　氣的收放

氣的收放是指內氣外放（又叫發氣、布氣、發放外氣）與外氣內收（又叫採氣、收氣）而言，它是氣功診治疾病的基本功。要想做到這一點，必須堅持長期的刻苦練功——具體功法本書第四篇有關章節。

第一節　發　氣

內氣外放是氣功師在氣功態下，用意念將體內具有一定能量的氣，通過經絡、穴位施放於他人的特定部位以進行診斷和治療的基本方法。外氣之所以能治病，是因為它能夠調動患者之內氣，使其氣血調和、經絡疏通、陰陽趨於平衡。

發氣者只有修煉日久，使自身之正氣（真氣、元氣）旺盛、丹田氣充，並建立好大腦（元神之府）與經絡、穴位的反射性聯繫，極其靈便地使心、意、氣貫通於周身，才能得心應手。

　　練功到一定層次後，氣功師的任何部位都可隨意發氣，但通常仍以全掌發氣、勞宮發氣或指尖發氣為主。因為用手發氣最為方便適用。

　　發氣前應意守丹田、氣沉丹田並調息。發氣時調丹田之氣由腹部沿任脈上行，至膻中後經臂到掌指；同時調丹田之氣貫通命門，使氣沿督脈上行，經大椎沿臂到手。由任脈上行者為陰氣；由督脈上行者為陽氣。陰陽之氣貫通合一，始可發氣。發氣時指尖或掌心微用意向外挺突，以意念引導內氣至勞宮穴、全掌或指尖再向外延伸，直達病人體內。這樣發放出來的是丹田氣，氣量足、療效高，但對自身的消耗也大。一般都是一面採氣一面發氣，方法是：全身放鬆，意念天陽之氣從頭頂百會穴進入體內，地陰之氣從腳底湧泉穴進入體內，集天地人三氣於丹田。

　　吸氣時天陽地陰進入丹田，呼氣時調丹田之氣經胸、臂到掌，由勞宮穴、全掌或用按法手式發出。這樣發出的氣是熱氣，具有溫補消炎的作用。還有一種一面採一面發的方法：一手勞宮採氣，經胸到對側手掌發出，這種不經丹田發出之氣，質量較差，但自身損耗也少。劍指發氣一般都是由湧泉採集地陰之氣經丹田、膻中達臂部，然後經劍指發出。這樣發出的氣多為涼氣，具有清熱瀉火的作用。但各種手勢所發之氣可隨氣功師之意念而變更。

　　收功時雙掌放鬆，由兩側上抬，經頭頂上方翻掌下按，指尖相對，浩任脈路線導氣回歸丹田，意守調息10次。然後

搓掌擦面，拍打肢體即可。

人借氣而生，人之生即氣之聚，氣散則人死。氣功師過多施放外氣會感到倦怠乏力，嚴重者可使手足發涼、臉色發青甚至虛脫，影響身體健康。因此初習氣功的人更不宜多發外氣。

第二節　採　氣

採氣即外氣內收。心靜體鬆、經穴通暢、在意識的支配下，體外之氣亦可通過穴位進入體內，沿經絡進入丹田。這樣，布氣採氣結合，便形成了氣的循環。

採氣是充實和積蓄內氣的主要方法之一。通過採氣可進一步培補元氣，使元氣充足，為內氣外發奠定堅實的基礎。

採氣應在太陽即將升起的時候，並選擇清潔、安靜、安全、空氣清新而又開闊的場地進行。面東而立，兩腳與肩同寬，兩臂自然下垂，兩眼平視，全身放鬆，鬆而不懈。意想頭頂天，與天相連；腳接地，如大樹之根入地三尺。地陰之氣由湧泉穴進入體內，升入丹田；天陽之氣自百會穴下達丹田，與體內真氣相結合。自然調息3～5分鐘。調息時用意念打開毛孔。此為預備式。

對於初學者來說，預備式後應接練以下三種功法：

第一種，採集大自然之氣的功法：

兩臂從左右分別上抬，掌心向下，抬至與肩平成一字形；轉腕翻掌、變掌心向前，並向胸前合攏如抱大球；雙掌距胸20公分左右時翻掌變掌心向下，雙掌同時下按，導氣直下憂陀那（丹田）。此為一次。反覆做10次以上。兩臂上抬至兩手抱球到胸為吸氣過程，轉掌下按時邊下按邊呼氣。抬臂抱球吸氣時，意想大自然之氣從勞宮穴和毛孔進入體內，氣

聚膻中；呼氣下按時意念胸中之氣直下丹田。

第二種，採集天陽之氣的功法：

兩手從兩胯向左右同時上抬，掌心向上，如抱大球一樣，向頭頂部抱攏；當雙手指尖似接非接之時，掌心自然朝下；然後，兩手從頭頂經面部、胸部下按至丹田。此為一次。反覆做十次以上。兩手邊上抬邊吸氣，兩掌下按時，邊按邊呼氣。意想天陽之氣，如白虎下山進入百會穴，隨下按呼氣將天陽之氣導入丹田。

第三種，採集地陰之氣的功法：

兩手從左右抬起，掌心向前；抬至與肩平時，兩手如抱大球向丹田收回。同時，弓腰團身曲頸，抬左膝抵於胸部，腳高抬近放，狀如仙鶴行走。右膝屈曲，以穩身形。左腳落地站穩後，直腰起身。接著再按上述方法邁右腿。左右各邁一步為一次，反覆做十次以上。抬臂時邊抬邊吸氣；抱球內收時呼氣。意想地陰之氣從湧泉穴採入丹田。

上述三個採氣功應連續完成，直至全身輕鬆自如、丹田氣充實可收功。

收功時，要將全身之氣收歸憂陀那，意守片刻。然後搓手、擦面、拍打全身，使毛孔閉合，防止外邪入侵。

當功夫達到一定層次以後，採氣即不用再做以上動作。只需按預備式站好後，加上意念即可自行採氣。如天陽之氣從百會穴、地陰之氣從湧泉穴、自然正氣從毛孔進入體內。吸氣時宇宙之氣歸我，呼氣時氣納丹田。丹田氣充實後即可收功。收功方法同於上述。

採氣功必須天天練，這有利於體內的氣態平衡，以免因發氣過多，損傷自身。採氣與發氣的功法，經常練習，就可以建立起體內之氣與自然之氣的交合與循環。久而久之，就

能確立大腦、經絡、穴位之間的條件反射聯繫，內氣外放就能得心應手，外氣內收亦可隨心所欲。這是每一個練功者都應遵循的基本原則。

　　不發放外氣的人也應該經常採氣，因為它可以培補內氣，使人元氣充足，從而達到強身健體的目的。

第四章　信息探測

　　信息探測是氣功診斷的主要手段。它全憑信息傳感，從探測特定穴道與部位的體感與手感反應來辨別病證。為使診斷準確，必須結合中醫學的四診八綱來了解患者的陰陽盛衰，以分析病情、找出病因，並根據病情輕重、病位深淺來辨證施治。對於疑難病證，要細心反覆地探測，必要時應借助現代化的檢查手段進行全面檢查，以幫助確診。

　　以下我們只介紹一般探測與疾病探測兩個部分，而體感診病將放在特異功能診病項下加以敘述。

第一節　一般探測

　　一般探測包括診四海、診臟腑、診俞穴三個部分。

一、診四海

　　四海、氣街都屬於經絡學說的一個組成部分。氣街就是氣的通道的意思，因與本節關係不大，故不作介紹。四海即氣海、谷海、血海和髓海，是經絡的重要組成部分，是人體生命的根本、主宰和動力之所在，也是練功有成的關鍵之地。診四海對氣功診病有著重要的參考意義。

　　讓我們先看看下面的診四海歌訣：

一般探測診四海，　　經臟腧穴需慎辨。

生命本根與主宰，　　神氣精髓是關鍵。

氣海一名叫膻中，　　兩乳中間是其宮。

氣滯咳喘求之應，　　熱涼脹麻分病情。

谷海指胃後天本，　　俞為中脘上腹應。

脾胃腸道有疾病，　　熱麻脹感有不同。

血海亦即下丹田，　　主藏精血性屬陰。

臍下寸半是其位，　　藏精係胞功卓宏。

髓海為腦元神府，　　其俞腦後風府應。

溫熱適中為正統，　　過熱過涼有災星。

　下面，我們分別來談談「四海」的部位、主病以及如何進行診斷。

　氣海：主全身之氣，位於胸中，名曰膻中（實質上是指肺，因肺主氣、司呼吸，各門功法都離不開調息，所以無論在氣功上還是生理上它都佔有異常重要的位置）。任脈上兩乳之間的膻中穴是其外應穴位。其特點是主氣滯咳喘一類疾患。外氣探測時，有熱感多為肺部炎症、涼則多為哮喘或支氣管擴張、麻刺感則多表明肺部有了腫瘤。

　谷海：即水谷之海，指胃。外應穴在上腹部的中脘穴，其位置在劍突與肚臍連線的中點上。主消化系統疾病。外氣探測時手掌有熱感則多為潰瘍病、胃竇炎等，有涼的反應則可能係食積、痰飲或胃寒型的慢性胃炎。

　血海：即下丹田，外應穴位為氣海穴。為人體精、氣、血之海，為真陰所寄之處。精血為陰，故血海屬陰。其位置

在臍下一寸三分至三寸之間的小腹內，是人生的要害部位，是任督衝三脈之起始部位。內寓元陰元陽、男子藏精、女子係胞，為種子之地，先天由此而栽、後天由此而接，補陽養陰均宜於此處著力用功。一般探測時都有較涼的手感，若過涼則為元氣虧損及陽虛之徵，熱感則多表明內有相關臟器的炎症。

髓海：即腦髓之海。所謂「海」，含有容納包藏的意思，腦髓之海亦即包藏腦髓的地方。在百會之下、風府之上為腦髓之海的部位。其俞穴在腦後的風府穴。探測時，手感溫度適中或微熱為正常。陰虛陽盛則熱，氣血雙虧則涼。腦為元神之府，應清虛空靈為佳。

二、診臟腑

探測有關臟腑外應區域的信息，便可知內部臟器的正常與否。

首先讓我們看看下面幾句歌訣：

臟腑外應有異常，　　熱涼麻脹磁吸應。

五臟之中分陰陽，　　虛實寒熱八綱同。

臟腑係背有俞穴，　　手心手背反覆測。

百會大椎皆屬陽，　　微熱溫和為正常。

實際上，診臟腑和診俞穴總是結合在一起進行的；而這幾句歌訣，也包括後面所說的診俞穴在內。

下面讓我們按部位來看看如何診臟腑：

1.肝區：若有熱的反應為濕熱（炎症），涼的反應多為氣鬱。

2.心區：熱者多為冠心病；涼者多係風濕性心臟病、肺

源性心臟病。

3.胃脘：以胃熱為主者，多為胃陰不足，胃火等證；以涼為主者多為胃寒、痰飲、食積等證。

4.肺區：若有微涼反應，多為風寒犯肺（多見於呼吸系統的病毒性感染）。有涼的反應多為肺結核、肺不張、哮喘等症。有熱的反應主要見於各類呼吸道的細菌性感染或合併細菌性感染的炎症。

5.頸部：頸項兩側溫度一邊熱一邊涼為陰陽失調，多有健忘、頭暈、失眠等心病症狀，見於神經衰弱。若頸前熱多為甲亢；涼多為甲低。

一般而言，探測有熱的感覺大都為陽證；涼的感覺大都為陰證。

三、診兪穴

探測臟腑所在之區域可初步確定某一臟腑的病變，為了分辨病症屬表還是屬裡，病情的輕重緩急等，還必須對兪穴同時進行探測，方可進一步作出診斷。

中醫認為，諸臟皆係於背，其兪穴都在脊柱旁開一寸五分之處，其具體位置可參閱足太陽膀胱經在背部循行線的臟腑兪穴分布路線圖。

探測方法：讓患者取坐位或臥位，全身放鬆、心平氣靜，意念毛孔打開。醫者亦放鬆入靜，精神集中，從頭頂百會開始，用掌心沿督脈下行，再反覆探測足太陽膀胱經的臟腑兪穴——先用掌心、次用手背似挨非挨、似觸非觸地上下探測。為了提高探測的準確性，還應兩手交替反覆探測，再對比分析，以更加準確地掌握病情。茲舉例說明之：

如百會（又叫廣蓋、泥丸，位於頭頂兩耳尖上聯線的中點，向前直對鼻尖）：外氣探測有熱的反應為眩暈，多為肝

陽上亢陰虛陽盛所致；涼的反應多為氣血雙虧，氣機下陷的表現。

又如大椎（又名雪花盤。在背部第七頸椎棘突下，第一胸椎棘突上正中處，是所有陽經匯聚之處，易受風寒之邪）：外氣探測有熱的反應為正常。如有涼的反應為外感風寒、咳嗽、痰飲等證。為了確診，需再探肺俞，若亦有涼的反應，證明原判斷正確。若探測肺俞涼度較大，且並有磁吸感，則應考慮哮喘、支氣管擴張、肺氣腫、肺不張等。若探測有過熱反應，便是肺感風熱的表現（這大都表示存在著呼吸道有細菌感染或加雜細菌感染的炎症）。

第二節　疾病探測

以上介紹的四海、臟腑、俞穴的探測，屬一般性探測，是氣功診法中的基本功法。通過這樣的探測，我們對各臟腑的基本病狀便可有所了解，但為了進一步作出明確的診斷，有時還要對有關的穴位進行探測。這種探測，就叫疾病探測。

首先，讓我們看看疾病探測歌訣：

疾病探測臟腑綱，　　病證為目細參詳。

肺主呼吸脾主化，　　肝主黃疸與膨脹。

心病心痛與心悸，　　腎主水腫病下元。

然後，我們以臟腑病證為基礎，分系統論述氣功診法的具體運用與診斷的一般結論。

一、心（神經精神與循環系統疾患）

1.兩側頸項肌溫度不平衡，厥陰俞發涼、膽俞發熱、左乳根有熱痛現象者，多有失眠多夢、心神不安、驚悸惡夢、情緒多變等精神症狀，多見於神經衰弱、神經官能症等。

2.心區、兩肘下有涼風的感覺，心俞、小腸俞有涼的反應，用導引法治療後膝關節有微涼風反應，神堂穴、心臟點（尺澤下三寸）壓痛多為風濕性心臟病。郄上壓痛多為瓣膜病。

3.心區、心俞、靈道有熱、麻、磁感覺，多為冠狀動脈硬化性心臟病。極泉穴壓痛多為冠心病、心肌梗塞。心律不齊有心俞壓痛。

4.心區、心俞、血壓點（第六頸椎棘突下旁開2寸）有熱的反應，百會穴熱度更盛，多係肝陽上亢的高血壓病。

5.腎俞涼、頭部微熱、頭風穴及第六頸椎棘突下旁開二寸處有壓痛點，多為低血壓、眩暈綜合徵、神經衰弱、頸動脈竇過敏等所導致的眩暈。

6.心區、心俞、肺俞、膻中、大椎有涼的反應多考慮肺源性心臟病。

二、肝　膽

1.肝區、肝俞發熱、肝炎點（內踝尖上1.5寸，脛骨後緣）壓痛，應考慮急性肝炎、肝膿腫。

2.肝區、肝俞、血海有涼的反應，樞邊（位於第十胸椎棘突下旁開1寸）發涼並有壓痛時，多為慢性肝炎。有黃疸時即為陰黃。

3.血海、肝俞發涼，水分、興隆發涼並有壓痛時應考慮為肝硬化、肝癌、肝腹水之可能。

4.膽囊區、肝俞、膽俞發熱應考慮為急性膽囊炎或膽道蛔蟲。

5.膽囊區、肝俞、膽俞發涼應考慮為膽石症、慢性膽囊炎。有急性發作時同於急性膽囊炎。

三、脾胃（消化系統疾病）

1.探測中脘、胃俞、脾俞、三焦俞、大腸俞、小腸俞、食關（臍上1寸旁開1寸處）有涼感多為消化不良、脾失健運，見於萎縮型慢性胃炎、胃下垂、胃粘膜脫垂、各類慢性腸炎、胃腸道功能紊亂等。

2.探測上述各穴位有熱感時，應考慮為潰瘍病、增生型慢性胃炎、淺表性胃炎、胃腸道急性炎症、便秘等的可能。

3.胃潰瘍除上述穴位發熱外，左永滿、左潰瘍點（第十二胸椎棘突下向左旁開5寸）有發熱感並有壓痛；十二指腸潰瘍右梁門、右潰瘍點（第十二胸椎棘突下向右旁開5寸）有熱感和壓痛；增生型慢性胃炎左右永滿均有發熱感並有壓痛。

4.食物中毒除上述穴位有熱感外，二里半（足三里上5分處）亦有熱感並有壓痛。

5.消化道出血時陽陵泉涼感突出、壓痛明顯。

6.患急性胰腺炎時中脘、天樞、痙節（腋窩直下七、八肋間隙）、水分有熱感。

7.胃癌、直腸癌探測中脘、胃俞、脾俞、大腸俞有涼感、新大郄（位於委中穴與臀橫紋中點外開5寸處）點按有壓痛，而病變局部的外應區則有熱感和麻刺感。

8.急性菌痢探測中脘、胃俞、脾俞、肝俞有微熱感、麻刺感較強；魂全穴有熱感，而小腹則有涼感。

9.胃穿孔探測中脘、胃俞、左永滿、左潰瘍點、溫溜有熱感。

四、肺（呼吸系統疾病）

1.探測肺區、膻中、肺俞、大椎、風門有熱感，則多為感冒、急性支氣管炎、大葉肺炎、支氣管肺炎、支氣管擴張和肺氣腫和併細菌感染。

2.探測上述穴位和區域若有明顯涼感，則多為慢性呼吸道疾患。如：支氣管哮喘、支氣管擴張、慢性支氣管炎、肺結核、肺氣腫、肺不張、肺癌、肺腺瘤等。

3.肺結核大椎及結核穴（大椎穴旁開3.5寸）有熱感。肺部腫瘤局部有熱感，新大郄穴壓痛明顯。哮喘氣戶涼感明顯。

4.支氣管擴張膺窗有涼感；肺氣腫痰喘（在膺窗穴外斜上1.8寸處）有涼感，此外在肩胛部有磁吸感。

5.肺膿腫、肺不張探測肺區、膻中、肺俞有涼感，病灶部位有熱感，病灶周圍有涼感，兩肩胛有磁吸感。

6.矽肺探測肺區、肺俞、大椎、淵液、足臨泣有涼感。

7.夾鼻穴（鼻骨與側軟骨交界處）有涼感多見於過敏性鼻炎。頸五（第五頸椎旁開2.5寸）有熱感為急性咽炎，有涼感為慢性咽炎。旁勞宮（位於二三掌骨後緣凹陷中）有熱感為急性扁桃體炎。

五、腎（泌尿生殖系統疾病）

1.探測腎區、命門、腎俞、太溪穴有涼感為腎小球腎炎。

2.探測腎區、腎俞、子宮穴（中極旁開3寸）有熱感為腎盂腎炎；輸尿管炎盲俞發熱；膀胱炎中極、大巨有熱感。

3.探測命門、腎俞、遺精穴（關元旁開1寸）及整個小腹有明顯涼感多為性機能紊亂。

4.會陰穴、生殖點（位於第二骶後孔內，次髎穴內5分）有熱感多為急性前列腺炎；有涼感多為慢性前列腺炎或前列腺肥大。

5.腎盂結石腎俞、子宮、足臨泣有涼感並有壓痛；輸尿管結石肓俞、足臨泣有涼感並有壓痛；膀胱結石中極、大巨、足臨泣有涼感並有壓痛。

6.婦科疾病有下列感應：慢性宮頸炎、子宮內膜炎帶脈穴有熱感；子宮內膜結核帶脈穴、結核穴有發熱感；宮頸癌或絨毛膜上皮癌有帶脈涼感、新大郄壓痛。孕期嘔吐有滑閃門涼感。

第三節　特異診病

所謂特異就是特殊的、異乎尋常的意思。特異診病是氣功診法的一部分，是氣功師在練功達到一定層次後自然出現或定向鍛鍊以後出現的一種功能。它包括透視、體感、遙診和預診等幾方面。

對此，我們只能簡略地提一下，因為這種診法既無理論可談，又無固定的方法，而全憑氣功師的感知。所以，在這方面我們是無法多寫的——即使勉強寫上一些，對大家也無實際的幫助，因為文字上的描述，不可能使大家獲得特異功能。

第三篇　氣功醫療

氣功醫療是中醫學的一個組成部分，是我國寶貴的文化遺產。它也是以陰陽五行、氣化、經絡、臟腑等學說為理論指導的，是具有中國民族特色的、簡便易行、療效顯著的醫療方法。它分為外氣信息治療和辨證施功治療兩大類。本篇除介紹外氣信息治療的常用方法和辨證施功的原則及常用功法外，還將就適合於氣功醫療的各種常見病的臨床表現、診斷要點、中醫辨證、外氣治療、辨證施功以及常用秘方、偏方、單方、食療等內容進行探討和敘述。

第一章　外氣信息治療的常用方法

第一節　外氣信息治療的基本原理

外氣信息治療的基本原理與外氣診病的原理是一致的，這裡不再重複。根據氣功學的理解，人身是一個小天地、小宇宙；從人體中可以反映出大自然及生物進化的諸多信息，這是人的自然本性的反應。氣功師的功力達到一定程度時，便能夠採天地、日月、山川以及動植物等萬物之氣，並能將具有一定能量的外氣發放出來，用以影響其他物質的運動，這是宇宙萬物相互感應的明證。氣功醫師能夠用自己充足的健康的信息，去糾正病人由於自然因素或社會因素引起的陰陽失衡和物質紊亂引起的各種病證，以恢復人體內外環境的動態平衡狀態，從而達到治癒疾病的目的。

第二節　外氣信息治療的基本原則

外氣治療應按照中醫的四診八綱、臟腑辨證以及氣功探測有關部位和穴位所反映出來的熱、涼、麻、刺等感覺和壓痛點反應的輕重、或特異感知的情況進行綜合分析，以確定患者的虛實寒熱，再因人因病因證地取穴治療。要嚴格按照中醫的治療原則進行：「虛則補之、實則瀉之；寒則熱之、熱則寒之。」對虛寒者發熱氣治療，以補為主；對實熱者發涼氣治療，以瀉為主。對有虛實寒熱混雜的病例，要根據具體情況採用補瀉相兼的方法去加以治療。治療時，要分清主次、輕重、緩急。這樣，才能獲得最好的療效。

外氣治療效果如何，與治療手法及選穴是否得當，補瀉是否分明關係極大。在治療進行之前，應先選好穴位，確定準備施用的手法，補何穴、瀉何經要事先有數，要在中醫理論的指導下合理安排，切忌盲目施治。

第三節　外氣信息治療的基本手法

外氣治療的基本手法可分為點、按、揉、導、抓、推六種。這些手法的操作，與普通推拿有相同之處，亦有不同之點：外觀上的不同還在其次，其最根本的區別在於普通推拿用的是力，而外氣治療用的是氣，力在這個治療過程中只是一種輔助手段。這一點必須明確，否則就很難把它們區分開來。當然在某些病例當中，其他推拿手法的合理運用也是非常需要的，如關節脫位或半脫位的整復，急性扭傷治療中拿法的運用等——否則，發放再多的氣也是無濟於事的。

一、點　法

點法是將拇指或中指立起，用指的尖端點在選定的穴位

上；力度應以指端能夠陷於皮膚及皮下組織深部為準。用拇指時，將拇指伸直，其他四指輕握拳，食指一二節緊靠拇指。用中指時，將中指伸直，食指和無名指第三節夾緊中指，拇指尖端抵住中指第二節。當然，也可以拇指、食指、中指三指並用。此法用於發涼氣。

二、按　法

按法是用拇指指腹或中指指腹在選定的穴位上進行按壓：用拇指時，將拇指伸直，其他四指輕握拳，食指一、二節緊靠拇指以助其力；用中指時，將中指伸直，其他四指握攏，食指和無名指第三節夾緊中指，拇指前端抵住中指第二節處。此法用於發熱氣。點與按的不同之處在於，點用的是指尖，按則用的是指腹；點發涼氣主瀉，按發熱氣主補。

三、揉　法

揉法是用拇指指腹或食指指腹，較大面積地接觸皮膚，緩慢地作圓形轉動。揉時，手指不能離開皮膚或穴位。此法多用於點法或按法之後，且有點揉和按揉之分。按揉是發熱氣的，點揉是發涼氣的。

四、導　法

導法即導引行氣治療法——患者取仰臥或平坐位，全身放鬆；醫者自然站立，微屈兩肘，兩掌掌心對向患者，意念集中於雙掌，發放熱氣——從患者頭部開始，由上至下（從頭至腳或從頭至手），進行全身性導引，以施治者之正氣調動患者之病氣，並將病氣導引至腳趾或手指排出。用導引法施治一般在點、按、揉法治療之後進行。導引要反覆六次以上，直到患者感到有一股涼氣或微風從頭到腳不斷排出為止。

五、推　法

推法有兩種，一種是我們所特有的陰陽太極推手法，另

一種是沿經絡走向或肌肉走向的平推法。

1.陰陽太極推手法

　　患者仰臥於床，全身放鬆，心平氣靜。施治者立於患者之右側，左手掌心向下置於患者之劍突下，右手亦掌心向下置於患者腹部左側的大橫穴外側。然後雙掌輕按患者腹部，發放熱氣，並緊貼腹壁作弧形運轉推摩。推摩時右手在前，左手在後：當右手推摩至患者的恥骨聯合上時，突然翻掌用掌背擊打小腹，中指尖擊打關元，然後翻掌，向臍部外側下之大橫方向作弧形運轉，並推摩腹壁至大橫穴外側；當左手推摩至恥骨聯合上方時，抬離腹壁，仍作圓周運動沿患者右側腹壁上方運行發氣，至劍突下再接觸腹壁。如此反覆進行。

　　在上述手法中，用氣是主要的，而有時稍微用些力只是一種輔助手段而已。療效的高低主要決定於氣的質量和能量，也就是所發外氣的密集程度、氣量大小和穿透力的強弱等因素，而這一切又都決定於氣功醫師功力的大小。不管用氣還是用力，都要因人因病而異。一般來說，病情重的用力和氣都要強一些，病情輕的要弱一些。但雖屬重病而體質過弱者宜用輕手法；雖屬輕病但體質強壯者宜用重手法。另外，不論病情、體質如何，初診時手法都要輕一些，然後，再視病情逐漸調整力度和氣量。

　　陰陽太極推手法主要用於治療肝腹水，此外，對於因長期肝橫犯胃或脾胃不和引起的腹脹和腹瀉也有較好的療效。

2.平推法

　　平推法共有四種，而在臨床時最常用的有兩種，即掌平推法和拇指平推法。掌平推法用手掌著力，以掌根部為重點、沿經絡或主要肌纖維走向推進，邊推邊發氣。這是活血解痙、舒通經絡的有效方法，主要用於治療腰背酸痛、胸腹脹

滿等症。拇指平推法則以拇指指面著力，其餘四指分開助力，亦按經絡或肌肉纖維走向推進，邊推邊發氣。本法適合於肩臂及四肢部位，有疏通經絡、理筋活血、消瘀散結，緩解痙攣等作用，常用以治療風濕痹痛、筋肉拘急等軟組織疾患。平推法一般應連續操作10次左右。另外兩種平推法——拳平推和肘平推法只限於病痛日久而又感覺遲鈍的人，而在臨床上較少應用，故此處不作介紹。

第四節　發放外氣常用的手法

發放外氣的方法，除上節所介紹的在點、按、揉、導、推時發氣的方法之外，還有單手或雙手劍指發氣、單手勞宮發氣、雙手勞宮重疊發氣、全掌發氣乃印堂、眼睛發氣等。由於後兩種方法用得較少，故本節只介紹以手發氣的方法，同時介紹一下如何進行補瀉的問題。

一、發放外氣的手法

1.單手劍指發氣

以拇指壓住屈曲的無名指和小指的指尖部，伸直食、中二指即成劍指。單手劍指所發之氣為涼氣，密度較集中，穿透力較強，適合治療單性病灶，如對癌症的治療就常用單手劍指發氣，以加強清瀉作用。

2.雙手劍指發氣

雙手同時握成劍指，向兩個不同部位發氣，它適合於病灶分散的病症。所發之氣亦為涼氣。

3.單手勞宮發氣

手掌放鬆，意想勞宮向外發氣。本式所發之氣為熱氣，密度較為集中，具有溫補、消炎的作用。

4.雙手重疊勞宮發氣

雙手重疊置於患處，將雙手同時發出之氣集中在一起，以加強氣流量，增強穿透力。此法所發之氣亦為溫補之熱氣，適用於重症患者的搶救和治療。

5.全掌發氣

亦分單手與雙手兩種，所發之氣亦為熱氣，但比勞宮所發之氣面積大而分散。它適合於較大面積的治療。用此法時，雙手一般不加重疊。

關於發放涼氣和熱氣的方法和注意事項已在氣的收放一章內詳述，此不再述。

二、補瀉的手法

1.以氣區分，熱氣為補，涼氣為瀉。

2.以力區分，輕點、輕按為補，重點、重按為瀉。

由於用力的輕重不同，病人的感覺也不相同。以點法為例，輕點時病人有涼意或微風吹拂感；重點時病人會感到涼氣加劇，並伴有麻感。如點百會穴，重點時病人能感到從頭涼到腳心，此為明顯的瀉法。

3.施用揉法時，則以轉向區分：向裡轉為補，向外轉為瀉。

氣功點穴治療主要靠發放外氣作用於患者的機體，用力只是一種輔助手段。所有施治者都必須注意，切忌用力不用氣，把氣功點穴變成單純的按摩治療法。這是必須強調的。

第二章　辨證施功的一般論述

辨證施功是氣功醫療的核心，是氣功醫療的主要手段。所謂辨證施功，就是根據病人的具體證情，選擇適當的功法教給病人自己練功，從而調動患者自身的調節功能，以便瀉

實、補虛、祛寒、散熱、平衡陰陽，促進身體的康復。這是一種簡易的自我療法，其作用，遠比一般補氣治療的效果要好。辨證施功的關鍵是辨證，也就是說，要根據中醫的辨證所收集到的資料，通過八綱辨證和臟腑辨證進行綜合分析，以做出明確的診斷，然後在此基礎上選擇適當的功法讓病人習練。這與中醫藥物治療的原則一樣，強調的是證而不是病，主張同病異治，異病同治，同證同治，不同證則不能同治。治療的總則也是「虛則補之、實則瀉之、寒則熱之、熱則寒之」。它不僅要求在開始選擇功法時要經過認真考慮，而且要在患者練功過程當中，隨時根據證情的變化進行調整。這才是辨證施功的核心，只有這樣才能取得最好的療效。

中醫臨床辨證有八綱辨證、臟腑辨證、六經辨證、三焦辨證、病因辨證、營衛氣血辨證等，而氣功醫療則較為單純，一般只需要作出八綱辨證和臟腑辨證即可滿足臨床治療的需要。

第一節　辨證施功的原則

在氣功醫療臨床工作中，人們往往將八綱辨證與臟腑辨證結合起來，以作為選功的原則和依據。

一、陰陽的選功原則

1.陰　證

陰盛陽虛之病證或寒實證屬陰證。只要患者體力允許，應以動功為主，靜功為輔；若體力較差則以動靜相兼為宜；若體力很差則應以靜功為主，並輔之以動功，待病情好轉、體力有所增強後，再逐漸增加運動量，向動靜相兼、以動功為主過渡。另外還要結合臟腑病變選功，如命門火衰、脾腎陽虛之證，則應選用以補腎為主的功法，兼補脾陽。要有主

有從。若單一臟腑之病證則選用適合該臟腑之功法練之。如肺部病變屬風寒犯肺者，則應選用四季養生功中的「呬」字功加以清瀉。

2.陽　證

陰虛陽亢之病證或實熱證屬陽證。在選功時要以靜功為主，動功為輔，並結合臟腑病變情況選用四季養生功中的適合功法以清火瀉熱。

二、寒熱的選功原則

原則上適合於陰證的功法也適合於寒證；適合於陽證的功法也適合於熱證。因為寒就屬陰；熱就屬陽。

三、虛實的選功原則

虛實的證情較之寒熱要複雜得多，寒熱的陰陽屬性一目了然，而虛實則有所不同：同是虛證，表明人體正氣虛衰，卻有陰虛、陽虛、氣虛、血虛、陰陽兩虛、氣陰兩虛和氣血雙虧等證；同是實證，因病因各異，其陰陽屬性卻各不相同。一般實證有實熱、寒實、濕熱、痰飲、氣滯、血瘀、疫癘、蟲積等。此外，還有虛實夾雜、上虛下實、上實下虛、真虛假實、真實假虛等證情需加鑒別。所以在虛實的補瀉上是氣功醫療較費斟酌之處。

1.虛　證

要根據不同的虛證選用不同的補虛方法。如：腎陰虛要用「吹」字訣，吸長呼短、吸後閉氣到腎以補腎陰；腎陽虛則以武火助陽法溫補腎陽；腎陰陽兩虛大都是由於腎陰虛遷延日久，虛損太過，陰損及陽所致，在治療上應有主有次，首先應該滋補腎陰，兼補腎陽，方可收效。只補腎陰當然不行，只補腎陽則又將造成相火妄動，進一步損及腎陰，不利於疾病的康復。這種治療上的辨證觀點，必須落實到功法的

選擇上，而且在動靜比例、各種功法之間的配合、練功時間的合理安排等方面，都要有周密的考慮。這就如同用藥物治療一樣，如果只考慮方藥的組成，而不注意各種藥物劑量之間的配比，也是不成的。各種劑量掌握得恰到好處是不容易的，這要靠長期經驗的積累。功法的選擇和具體運用亦與之同理。同樣的證情、同樣的功法，不同的氣功醫師去實施卻有著不同的療效，其訣竅就在於此。

2.實　證

多為邪氣亢盛所致，在氣功醫療上總的原則是清瀉，但同時應考慮到病因的不同而給予不同的處理。若有邪盛正衰之見證，就不能光瀉，而應該有補有瀉，以扶正袪邪，促進康復。

無論虛證、實證都應結合臟腑病變選用恰當的功法以行補瀉；必要時還要按照「虛則補其母、實則瀉其子」的原則，對五行相生的有關臟腑或補或瀉，以提高治療效果。

八綱中的表裡對於氣功醫療在選功上並無特殊要求，故無需表述。

辨證施功的總的原則正如≪養生膚語≫中提到的：「虛病宜存想收斂、固密心志，內守之功以補之；實病宜按摩引導、吸努捏攝，散發之功以解之；熱病宜吐故納新、口出鼻入以涼之；冷病以存氣閉息、用意生火以溫之。此四法可為治病捷徑，勝服草木金石之藥遠矣。」

另外，病人的個體差異亦不應忽視，要根據病人的年齡、職業、體力、體質類型等合理調整動靜比例和運動量。

第二節　辨證施功的注意事項

一、季節、時間與練功

人類生活在大自然之中，既得益於自然的惠賜，有著較好的賴以生存的基本條件，同時又經常受到來自自然界的各種不利因素的影響。為了趨利避害，人類在自己的生活、生產活動中總是要順應自然的變化，作出有利於自己的安排。

1. 按季節變化安排練功

一年四季的陰陽變化是很大的，其突出表現為春溫、夏熱、秋涼、冬寒四季時序的氣候變化。按陰陽來分，春夏為陽，秋冬為陰。在不同的季節，人類要受到不同氣溫、光照、輻射、晴雨和氣壓變化的影響，其生活起居、生理節律及情緒波動等無不與之密切相關。人的生理節律與環境相適應則可保持健康，否則就可能生病。因此，在練功時應根據季節變化作出合理安排，使自己的生理節律盡量與自然環境相適應，才能達到祛病強身、延年益壽的目的。一般來說，春夏季節宜偏重於靜功，動功要適當的少練些，借以充養真氣，培補先天精氣，滋陰壯陽，使肝氣、心氣不亂。秋冬季要動靜相兼，以動功為主。做靜功時要意守下丹田，用腹式呼吸，吸氣後略閉氣，返觀內視丹田，使腹溫增加，借以生陽養陰，使肺氣不致燥滿，腎氣不致濁沉。

2. 按時辰變化安排練功

古人將一晝夜劃分為十二個時辰，每個時辰兩個小時，即子時（23～1）、丑時（1～3）、寅時（3～5）、卯時（5～7）、辰時（7～9）、巳時（9～11）、午時（11～13）、未時（13～15）、申時（15～17）、酉時（17～19）、戌時（19～21）、亥時（21～23）。從子時到巳時為「六陽時」；從午時到亥時為「六陰時」。清氣為陽時所主，濁氣為陰時所主。故葛洪主張練功「當以生氣之時，勿以死氣之時也。一日一夜十二時，其從半夜至日中六時為生氣，從日中至

夜半六時為死氣，死氣之時行氣無益也。」在六陽時練周天功其氣易於聚積於丹田，丹田氣充，便於氣機發動，而通任督，故在陽時練功，順應自然規律容易出功夫、長功力。人們一般主張在子時一陽初生之時練功，認為這是最好的練功時間，但若感半夜不便亦可在寅時或卯時練功。

　　但也有人主張在子、午、卯、酉四正時練功，說這樣可以平秘陰陽、袪病延年，練出高級的功夫。

　　還有人主張按子午流注練功。子午流注的理論認為：人的氣血，在一天當中每一個時辰流注於一個臟腑及其相關經絡。即在寅時上注於肺和手太陰肺經，卯時轉入大腸和手陽明大腸經，辰時轉胃及足陽明胃經，巳時歸脾及足太陰脾經，午時入心及手少陰心經，未時下小腸及手太陽小腸經，申時注入膀胱及足太陽膀胱經，酉時歸入腎和足少陰腎經，戌時入心包及手厥陰心包經，亥時流入三焦及手少陽三焦經，子時歸膽及足少陽膽經，丑時流入肝及足厥陰肝經。如此周而復始。

　　在辨證施功當中，首先要進行正確的臟腑辨證，然後再根據子午流注的理論，確定有病臟腑氣血流注的時辰，採取「虛則隨而濟之」、「實則迎而奪之」的方法去選擇練功時間。這就是說，實證病人應在該經氣血流注開始之時練功，比如肺感風寒、入裡化熱，應在寅時開始的時候也就是早晨三點鐘時開始練「呬」字功最好；虛證病人則應在該經氣血流注之末尾練功，如脾陽不振，運化無權，則應在巳時末尾的時候也就是將近十一點的時候練「呼」字功為最好。

　　在練功時間的安排上，還有所謂「活子時」的說法，認為無論何時，只要有真氣發動之兆，均可採藥進行周天運轉，它就是最好的練功時間，就是「子時」的到來。「一日內

，十二時，意所到，皆可為。」這種不固定時間、不拘泥於子時的靈活的態度較為實際，對於練功有素的人是非常適用的。但初習者則不易形成時間上的條件反射。

二、意守、存想與練功姿勢

1．意　守

所謂意守，就是將自己的意念集中在身體的一個特定的部位或體外一個特定的景象上，做到以一念代萬念，以便於入靜。對於意守的部位和具體內容各門派功法有不同的要求，即使同一功法，各個不同的層次也有不同的要求。一般來說，無論何派氣功大都強調意守丹田，而丹田的具體位置，各家說法則不盡相同。一般認為，丹田有上、中、下三個，上丹田在印堂後直徑10公分左右範圍內（此就成人而言，下同），中丹田在膻中穴後直徑約15公分左右範圍內，下丹田在臍下氣海穴後直徑15公分範圍內。只講丹田而不標明上中下者，一般都是指的下丹田。

在練功的初期階段，多數功法都強調意守下丹田，待丹田升溫並有明顯氣動現象時，才要求改變意守部位和內容，其中包括動態的意守。調息和入靜，由數息而止觀，這是多數功法在開始時都要反覆強調的內容。

以治病為目的而練功的人則要根據證情來作具體安排，可以不受正常的練功層次的限制。如肝陽上亢、血壓增高，應意守下丹田或湧泉穴；低血壓、腦貧血可意守上丹田或百會；腫瘤病人可以意守病灶……

2．存　想

存想又叫觀想、存思，是在練功過程中，通過凝心反省事物的形象來激發人體內在潛能，改變人體生理病理過程，用來治療疾病或增長功力的方法。存想和意守雖有所不同，

但卻有著非常密切的聯繫。存想是一種想像的思維過程，它有著具體的形象和色彩，而意守只是一種意念集中的過程，並無具體的形象，這是二者的不同之處。它們的密切聯繫，往往是由存想的內容來決定的，如存想到少林寺大殿內去練功，那就是意守外景；存想小腹內有一個小太陽，那就意味著是在意守下丹田；存想體內的白細胞去攻殺腫瘤細胞，就是意守病灶。

　　在這類情況下，存想決定意守或者說存想本身也就是意守。但意守在很多情況下可以獨立存在，如意守丹田的數息或隨息並沒有具體的形象。存想一般有下述原則：實證想著病氣或病理細胞外排；虛證要想著體內有大量的正氣進入彌補虛損。熱則思水，寒則思火。

　　3.姿　　勢

　　姿勢屬於調形的範圍。形體動作的正確與否對於練功效果有著直接的影響。因此，習練任何一種功法都必須嚴格按照功法規定的要求，去努力完成規範動作，不應馬虎草率、敷衍了事。對於辨證施功來說，則要根據證情來安排合理的體位與姿勢。如內臟下垂的病人，應取仰臥位，將腰部或臀部墊高，雙手舉過頭頂，進行自然呼吸。這樣有利於提高內臟的位置。哮喘病人則應取坐位或高臥位，才能使逆氣下降；且要意守丹田，進行腹式呼吸，才能減輕喘促。

　　≪醫學匯函≫說：「有火者開目，無火者閉目。」「欲氣上行而治耳目、口鼻之病，則屈身之；欲下行以通二便，健足脛，則偃身之。」「欲引頭病者仰頭，欲引腰病者視腳。」這些話都是很有道理的。

　　三、練功中呼吸的調整

　　呼吸的調整，又叫調息，是練功的三要素之一。各門派

的功法對此都非常重視，並都有非常嚴格的要求。

　　肺呼吸是所有陸上脊椎動物共有的呼吸方式。它通過肺泡毛細血管壁內外氧分壓和二氧化碳分壓的不同來實現氣體交換，呼出二氧化碳，吸進新鮮氧氣，供機體新陳代謝的需要。人類也存在著體呼吸，不過它僅占肺呼吸的1～2%。很多功法都強調胎息，而胎息是在靜功修煉過程中自然出現的一種呼吸狀態：肺呼吸若存若無，氣體交換的功能為體呼吸所替代。這是練功達到較高層次的結果。

　　在靜功修煉過程中，隨著功力的增長和練功層次的提高，體呼吸而漸漸增強，而肺呼吸則隨之減弱──由開始的自然呼吸而漸漸變為勻、慢、細、長的呼吸，再逐步進入到出入綿綿、若存若無的胎息狀態。

　　這種狀態，須經較長期的鍛鍊方可出現，而絕非一蹴即就者。人為的過慢的呼吸不是「胎息」。在體呼吸沒有增大到足以代償部份肺呼吸的時候，勉強減慢呼吸是不好的，一來會造成憋氣，二來會造成大腦供氧不足，使人頭昏腦脹，四肢乏力。

　　就我個人體會而言，當我練功達到高層次以後，每行胎息之時，體內鬆靜，類似冬眠，周身毛竅開放，氣體出入自如，而鼻息則若有若無，且練功後神清氣爽、渾身舒暢。

　　對於想通過練功治病的患者來說，呼吸的調整要根據疾病的具體證情來作出合理的安排，不可強求一律。下面所介紹的，僅供大家參考。

　　1.呼吸方式的調整

　　⑴順腹式呼吸法多適於呼吸道疾患和某些消化道疾病。

　　⑵逆腹式呼吸法多適用於內臟下垂、、脫肛等中氣下陷諸證候。

2.呼吸的長短

吸長可以使交感神經興奮，使人處於興奮狀態，它適用於陰證、寒證和虛證。凡潰瘍病，內臟及子宮下垂、脫肛、慢性腸炎、腹瀉、低血壓、消化不良等均應吸長呼短。是為補法。

呼長吸短的方法，可以興奮迷走神經，使人轉入相對抑制狀態。它適用於陽證、熱證、實證或標實本虛證。凡高血壓、肥胖病、充血性頭痛、習慣性便秘等均應以呼為主，呼長吸短。是為瀉法。

3.呼吸的停閉

吸後停閉實際上等於延長了吸氣過程，有進一步加強交感神經興奮的作用。它適用於所有吸長呼短之適應證，其作用較之吸長呼短法更強。

呼後停閉等於延長了呼氣過程，有進一步興奮副交感神經的作用。是為瀉法。它適用於陽證、熱證、實證。

四、練功方位的選擇

關於練功方位問題，各門派功法的要求不同，一般均應按各自的要求去做。至於以練功治病者，白天練功可面向南方，夜間面向北方。或者肝病面向東方（東方甲乙木屬肝），心病面向南方（南方丙丁火屬心），脾病也面向南方（戊己土屬脾在中央，按五行相生規律，火能生土，故脾病也面向南方練功），肺病面向西方（西方庚辛金屬肺）、腎病面向北方（北方壬癸水屬腎）。當然，練功時取早東、晚西、晝南、夜北的方向亦可。

第四篇 功 法

第一章 氣功醫療常用功法

氣功醫療之功法門類繁多，不可能詳加介紹，現將我在氣功醫療工作中常用的幾種方法介紹如下：

第一節 放鬆功

放鬆功是一種在意識支配下將全身逐漸放鬆，以解除思想、內臟和肌肉緊張的一種功法。放鬆功是少林氣功的入門功法，是練好其他功法的基礎。這一功法，可作為治療高血壓、冠心病、神經官能症等的輔助功法。

一、預備式

取站式、坐式、臥式均可，練功者可根據自己的體質強弱、病情輕重等情況加以選擇。一般來說，站不如臥、臥不如坐，在條件和體力允許的情況下應取坐式。

　1.站　式

兩腳與肩同寬，平行站立。兩臂自然鬆垂，手貼大腿，小腹內收，頭微低，下頜內收，頸椎要直，兩眼微閉，舌抵上顎。

　2.坐　式

坐於高低適度的凳子上，大小腿成90度角，脊柱平直，不靠椅背，下頜微內收，使百會與會陰穴成一直線。兩膝相距約20公分，手心向下，自然放於大腿上。舌抵上顎，兩眼

微閉。

3.臥　式

分側臥與仰臥兩種：

(1)側臥式：側臥於較柔軟的床上，枕頭高低應以能使頸椎保持正直為佳。貼著床的那條腿伸直，上面的腿自然彎屈。上面的手掌心向下，放於臀部；下邊的手，掌心向上平放在枕頭上。左、右側臥均可。但心臟病患者以右側臥為好。

(2)仰臥式：自然安靜地仰臥在床上，枕頭高低以舒適為度。兩腿伸直，雙腳跟併攏。兩臂放在身體兩側，掌心向下。舌抵上顎，兩眼微閉。

二、放鬆程序

姿勢擺好之後，應逐漸做到心平氣靜，然後在意識支配下從頭到腳依次序放鬆。具體順序是：頭→面→頸→肩→大臂→肘→小臂→手；胸→背→腰→腹→胯→大腿→膝→小腿→腳。練時，應按上述順序放鬆做三遍。

初學時每放鬆一個部位的時間可達1～3息（一呼一吸為一息）。吸氣時不必注意，而呼氣時有意放鬆某個部位，然後依次下行。如果感到配合呼吸有困難，可以暫時不管呼吸，待放鬆熟練之後再配合呼吸。

原有氣功功底或已經掌握了放鬆方法的人，可以採用一次性全身放鬆法：在調整好姿勢後，用意從頭至腳進行放鬆，即在長呼氣時從上到下、前後左右一起放鬆，使自己很快進入全身鬆弛狀態，然後意守丹田。

在用意放鬆的同時，要引氣下行。在放鬆過程中，意念到達何部位何部位即會感到有氣流下行感：有的如暖流下注，有的如弱電流傳導。初練者開始時可能一時沒有這種感覺，只要想到放鬆就可以了，不必追求；隨著功夫的增長，慢

慢便會出現熱、涼、麻、脹等不同感覺或氣流傳導現象。

三、練功時間

1.初學者每天練三次，每次從頭到腳放鬆3～9遍。

2.練其它各種功之前，凡是預備式中註明「全身放鬆」的，都要按放鬆功順序放鬆三次。

四、收　功

凡單練此功者，練完後均要收功；練完後接練其它功法者，則不必收功，接著練其他功法就可以了。

收功方法：兩手收到小腹，雙手重疊，輕貼小腹（男性左手在外，右手在內；女性右手在外，左手在內），並用意將天地之氣、四肢之氣收回憂陀那（下丹田），然後意守之（自然調息10次左右）。

第二節　劍指站樁功

劍指站樁功，是昔日少林寺武僧習練武功、培補內氣的基本功法之一，具有形體與精神同練和動靜相兼的特點。這種功法，是氣功師發放外氣點穴所必練的功法之一。

站樁可使軀幹和四肢的肌肉呈持續靜力性緊張狀態，從而可使氣血調和，生理代謝機能增強。站樁時，要全身放鬆，意念集中，以使中樞神經得到調節；同時要配合腹式呼吸對內臟施以按摩，以增強五臟六腑的功能。所以，長期習練此功，可使精力充沛，氣血流暢，有助於增強體質，防治疾病，特別是對慢性病的治療有著非常良好的作用。

一、預備式

兩腳與肩同寬，平行站立，兩臂自然下垂，兩手輕貼大腿，身體正直，下頜微向後收，使頸椎保持正直，兩眼平視。然後，按放鬆功的方法使全身放鬆。意想天陽之氣通過百

會陰、地陰之氣通過湧泉穴進入人體，而後進入憂陀那（下丹田）與自身之元氣匯合。這叫做「天地人三者之氣合一」。自然調息10次。吸氣時意想宇宙之氣歸我，呼氣時意想我身之廢氣或歸於宇宙。

二、站樁姿式

左腳向左橫跨半步，兩腳平行，中間距離約為腳長的三倍。意想雙腳像大樹一樣扎根地下，入地三尺。屈膝下蹲成馬步（初學者和體弱者蹲得略高一些）。同時，雙臂向前緩緩上抬，與肩等高，雙掌變為劍指，手心向下，指尖向前，兩手距離與肩同寬。上身正直，微收小腹，頭正頸直，下頜內收，使百會穴、會陰穴和兩腳跟聯線的中點在一條線上。兩膝自然外開，膝不過腳尖，腳尖與膝成一直線。兩眼平視，雙目微閉，似看非看。（圖4—1）全身放鬆、鬆而不懈。全神貫注，意念始終集中於劍指。但以治病為目的的患者練功時應意守丹田。以練氣為目的者，當劍指已有外氣發放時，亦應改意守劍指為意守丹田。自然腹式呼吸，鼻吸鼻呼。每次站樁40分鐘。

圖 4—1

三、收　式

兩腿直立，左腳收回半步，兩腳開立，與肩同寬。同時鬆開劍指變掌，兩手緩緩下落，到肚臍兩旁，成懷中抱月式，掌心相對；或者雙手重疊放在小腹上（男性右手在外，女性左手在外）。用意念將天地之氣、四肢之氣統統收歸憂陀那並意守之，調息10次。然後搓手、擦面、擦頸部及大椎（有汗要把汗擦乾，無汗要把頸部搓熱）。

左腳再向左橫跨半步成馬步，雙手十指相對放在大腿上（近膝部位），而後由外向內旋轉6圈，再由內向外旋轉6圈。然後雙腳併攏，屈膝下蹲，雙手仍放原處，先向左旋轉6圈，再向右旋轉6圈。然後，身體直立，兩腳與肩同寬，平行站立，雙手向上而下，由下而上反覆拍打胸背、腰腹部；最後以左手拍打右臂、右手拍打左臂，再拍打雙腿。拍打次數以能使全身舒適為度。

四、注意事項

1.站樁時間以早晨或上午為好。每天一次，每次時間應逐漸延長，至40分鐘止（一般練一周左右時間即可達到），但開穴後則改為每次15～20分鐘。

2.站樁初期所出現的腿酸、臂痛或抖動等均屬自然現象，應該堅持下去，闖過疲勞關。

3.練功時出現頭暈、噁心、心慌、出虛汗等現象，是體弱或腦貧血的反映。出現這些現象時，暫停練功，休息一會兒就可恢復。

第三節　日月精華功

本功法係由大方諸宮服日月芒法衍化發展而成，屬意功範圍，分為日精功和月華功。日精功於太陽初升時面迎朝陽

練功，可用於治療各種陽虛證，有補陽作用；月華功於夜晚面對月亮練功，可用於治療陰虛證，有滋陰作用。健康人習練日月精華功，可有補陰壯陽，益氣寧神及潤澤肌膚、延緩衰老的作用。

一、日精功

清晨卯時太陽將出之時，面向東方練功。兩腳開立，與肩同寬，身軀、頭頸正直，下頜微內收，兩手置於小腹上，手心向內，指尖大約相對，全身呈自然鬆弛狀態，兩眼遙望朝陽。意想陽光和煦，照耀全身，然後用兩眼將太陽光芒收入丹田——吸氣時進入體內，呼氣時歸入丹田。旋即閉目內視小腹。隨著做功時間的延長，丹田內金光越聚越多、越來越亮、越來越熱。

二、月華功

當夜幕降臨、玉兔東升之時，面對月亮練功：姿勢同於日精功——全身放鬆後，雙目微閉，意念皎潔的圓月懸於百會，銀光籠照全身，清輝遍地，涼風習習。吸氣時月華由周身毛竅進入體內，呼氣時歸入丹田。隨著月華的進入，身體漸感清潔爽適，飄飄欲仙，繼而全身透明通亮，與周圍寧靜的月夜溶為一體。

三、注意事項

1.日精月華功每日一次，每次30～60分鐘。

2.將全身四肢百骸之氣吸入丹田，意守調息10次即為收功。

3.陰雨天或無月亮出現的日子，可在室內或其他適宜的場所練功，但意念上仍要有日、月高懸在天空。

4.練功場地必須安靜，防止干擾和驚嚇，空氣要清新，不能在工業污染區內練功。

5.陽虛病人多練日精功，少練或不練月華功，或者每月陰曆十五月圓時練一次月華功。陰虛病人要多練月華功，少練或不練日精功，或者在每月的初九、十九、廿九日練日精功。

第四節　鬆靜功

鬆靜功係現代功法，簡單易學，對幫助入靜和全身放鬆效果很好，可以作為練其他功法的預備功，亦可用於治療高血壓、神經官能症和冠心病等。

一、姿　勢

坐式、臥式、站式均可，具體做法同於放鬆功（見本章第一節）

二、呼吸與意念

深腹式呼吸。吸氣時默念「靜」字，安然入靜；呼氣時默念「鬆」字，全身放鬆。放鬆時要細心體會「氣」由胸至腹、至臀下沉放鬆的感覺，並逐漸向下放鬆到大腿、小腿和雙足。一次呼吸放鬆一次，周而復始。

三、收　功

將四肢之氣收歸丹田，雙手重疊置於小腹，意守調息10次即為收功。

第五節　降壓功

氣功治療高血壓病，在臨床上已經應用了20多年，取得了很好的療效。其作用機理是：氣功入靜可以促使大腦皮層主動地進入內抑制過程，而內抑制起著積極的保護性作用，能調節大腦兩半球細胞的機能，促進恢復過程的積極化，以及生物體與外界環境關係的均衡。這對高血壓病來說，無疑

是一種理想的病因治療。此外，長呼氣可使副交感神經興奮，使心率變慢，血管擴張、血壓下降。

從中醫的角度看，高血壓病大都是由於肝腎陰虛、肝陽上亢所致，在治療上強調滋補肝腎、平肝潛陽。而降壓功的作用恰恰在於能夠平肝潛陽，使上逆之氣血得到調整，從而達到降低血壓之目的。

一、練　法

取仰臥位或坐位。全身放鬆，自然調息3～5分鐘，達到心平氣靜。然後反觀內視，意想自身的血液從上而下，從頭緩緩流到兩腳，從足厥陰肝經的太衝穴和足少陰腎經的湧泉穴排出。同時，以呼氣為主，長呼短吸，呼氣時用「噓」字口型。內視與呼氣應同步進行，做到氣呼盡，內視血液從腳排出。

練完本功，要全身拍打，自上而下揉搓、活動，直到全身輕鬆舒適為止。

二、注意事項

1.每天早晚各練一次，每次10～15分鐘。若時間太長，血壓下降過猛、過快，會造成頭暈、目眩等不適症狀。

2.在任何時候若發現血壓上升，均可立即找凳坐下，練功降壓。

3.血壓恢復正常後應停練此功，而以鬆靜功維持療效。若再升高可再練本功。

第六節　閉氣功

閉氣功是少林門常用功法之一，它貫串於很多武術內功當中，特別是當練排打功或其他硬氣功時，閉氣功更不可少。

閉氣功在氣功醫療上有著廣泛的應用。它的閉氣方法有

兩種：一種是吸後閉氣——這等於延長了吸氣過程，多用於虛證的補法。此種方法，可以興奮交感神經，提高機體的應激能力，使人精神健旺、體力增強。另一種是呼後閉氣——這等於延長了呼氣過程，多用於實證的清瀉。此種方法，可以興奮副交感神經，使機體趨向抑制。所以，閉氣功的主要作用在於調節植物神經功能，凡與植物神經功能失調有關的疾患，都在調治範圍之內。另外，若閉氣到臟腑和病變部位，則對臟腑功能的補瀉和局部病變的修復極為有利。目前社會上流傳的內養功就是從閉氣功衍化而來的。

一、姿　勢

有側臥式、仰臥式、垂腿坐式和盤坐式四種。前三種姿勢與本章第一節所介紹的放鬆功完全相同，下面只介紹一下盤坐式。

盤坐式又分以下三種：

1. 自然盤

兩腿交叉、腳心向後盤坐（女子左腿彎曲，左腳跟對向會陰穴，右腳貼著左小腿。男子右腳跟對準會陰穴，左腳貼著右小腿），兩手疊放於腿上。（圖4—2）

2. 單　盤

女子左腿彎屈，腳跟對準會陰穴，右腿放在左小腿上，足心向上；男子盤法與此相同，只是右腿在下，左腿在上。坐時，兩小腿應放平；雙手疊放於腿上，手心向上。（圖4—3）

3. 雙　盤

盤坐時，左腳放在右大腿上，右腳放在小腿上，腳心都向上，雙手疊放於大腿上。男子的盤法與此相同，唯左腳換為右腳，右腳換為左腳。這種盤法難度較大，對練功有素者

較適合。（圖4—4）

三種坐式，都要求脊柱直、頭正、項直、下頜內收。

圖 4—2　　　　　　　　圖 4—3　　　　　　　　圖 4—4

二、呼　吸

本功呼吸方法有以下兩種，可根據需要（參見「常見病的氣功療法」一篇）加以選擇。

1.為深腹式呼吸，以吸氣為主，吸後閉氣，再呼氣。呼氣時間較為短暫，不要注意呼氣。

2.亦為深腹式呼吸，以呼氣為主，呼後閉氣，再吸氣。吸氣時間較為短暫，不要注意吸氣。

三、意　念

一般植物神經功能障礙、胃腸道疾病、婦科疾病等患者練功時，原則上意守下丹田。配合臟腑補瀉者，應閉氣到有關臟腑。特殊病灶需要擴張或清瀉者，可以意守病灶，將氣閉到病灶區。

四、收　功

將全身之氣收歸丹田，意守片刻。搓掌、擦面、全身拍打。

第七節　盤坐深調息

盤坐深調息是少林禪修功法之一，是一種適合於任何慢

性病治療的基礎功法。

方法：

一律採用盤坐式，有自然盤坐式、單盤坐式、雙盤坐式三種，方法同閉氣功。

全身放鬆、調整身形，腰直肩鬆、頭正頸直、下頷內收、舌抵上顎，意守下丹田，用勻、慢、細、長的腹式呼吸。要求高度入靜。每次練功60～120分鐘。

若在練功時雙腿麻木疼痛，可以伸直雙腿，搓揉、按摩、拍打後再接著練功。

第八節　四季養生功

四季養生功，有的叫「六字訣」，是古人根據「吐納」原理編製而成的一套健身功法。最早的文字記載，見於春秋時期的《莊子・刻意篇》：「吹呴呼吸，吐故納新，熊頸鳥伸，為壽而已矣……」吹呴呼吸就是六字訣的雛形。經過各代不斷的發展、變化，到梁・陶弘景編撰的《養性延命錄・服氣療病篇》中才正式定為六個字的氣訣。唐・孫思邈《千金要方》詳細地記載了「六字訣」的運用方法及其臟腑歸屬（這一點與目前流行的「六字訣」不同）。目前流行的「六字訣」，出自唐《幻真先生服內元氣訣》中的《六氣訣》：「六氣者，噓、呵、呬、吹、呼、嘻是也。五氣各屬一藏（臟）、餘一氣屬三焦。呬屬肺，肺主鼻，有寒熱不和及勞積，依呬吐納；兼理皮膚瘡疥，有此疾則依狀理之，立癒也。呵屬心，心主舌，口乾舌澀，氣不通及語邪氣，呵以去之──大熱大開口，小熱小開口呵。若須作意，是宜理之。呼屬脾，脾主中宮，如微熱不和，腹胃脹滿、氣悶不泄，以呼字氣理之。吹屬腎，腎主耳，腰肚冷、陽道衰，以吹字氣理

之。嘻屬三焦，三焦不和，嘻以治之。氣雖各有所治，但五藏三焦，冷熱勞極。風邪不調，都屬於心，心主呵，呵所治諸疾皆癒，不必六氣也。噓屬肝，肝主目，赤腫昏眩等，皆以噓治之。」宋代有人冒用孫思邈之名，編了一個完整的口訣，名曰「孫真人四季行工養生歌」，歌曰：

　　春噓明目木扶肝，夏至呵心火自閒。

　　秋呬定致金潤肺，腎吹唯要坎中安。

　　三焦嘻却除煩熱，四季長呼脾化餐。

　　切忌出聲聞口耳，其功尤勝保仙丹。

　以上是六字氣訣歌之始祖。後來之歌訣大都與之大同小異。少林前輩因感該歌有欠當之處，把它修改成如下的歌訣：

　　春噓明目要扶肝，夏日呵心火自閒。

　　秋呬要致金潤肺，冬吹益腎坎中安。

　　嘻理三焦除煩熱，四季長呼脾化餐。

　　切忌出聲聞耳內，方知功效勝靈丹。

　少林氣功界的前輩們，吸收其它氣功派別之長，結合少林功法的特點曾創編了一套「四季養生功」，並用此功指導人們進行自我鍛鍊和療疾，取得了很好的效果。我在臨床醫療工作中，運用此法作為辨證施功的基礎功法，也取得了明顯的效果。

一、功　法

　1.「噓」字功（噓音 xū）

用「噓」字口型呼氣以治療肝病。

作法：雙腿自然盤坐，兩手輕握拳，置於兩膝之上。先

吸足氣，然後用「噓」字口型呼氣。同時身體向後仰，並自左向右旋轉一周——「噓」氣呼盡也剛好轉完一圈。接著再吸氣，向相反方向旋轉一周，即自右向左旋轉，邊旋轉邊「噓」氣。每轉一圈為一次，共做六次。

本功法早晚各做一遍。肝腹水病人不做此功。

做功時意念兩肋，呼氣時兩肋微微鼓起，有發脹的感覺。

2.「呵」（喝音 hē）字功

用「呵」字口型呼氣以治心病。

作法：兩腿自然盤坐，兩拇指點在極泉穴上。先吸足氣，然後用「呵」字口型呼氣，並用兩拇指微用力點按極泉穴。氣呼盡，指力放鬆。此為一次。共做六次。

意念：呼氣時意念在咽喉，咽喉會自然微向外突。

六次呼氣結束，用兩手拇指交替搓小魚際穴，搓到發熱為止。

另外，心臟病人可用心臟胸外按摩「呵」氣法作為輔助治療的方法：

取坐位，以右手掌橫貼於心前區，掌心對準乳頭，中指點在極泉穴上，左手掌橫疊於右掌之上。上身自左向右旋轉，邊旋轉邊用「呵」字口型呼氣，同時雙手用力下按，右掌大魚際著力按壓二尖瓣投影區（在三、四肋間），中指則用力點按極泉穴。呼氣完畢向右旋轉直腰時，右手小魚際著力向內上托心尖部位，邊托邊吸氣。如此反覆按摩，次數不限，以身體不感疲勞不適為度。

然後，靜坐意守下丹田，作深調息三分鐘，以收回元氣，滋養下丹田。按摩的最佳時間是午時，即中午11～13時。

3.「呼」字功（呼音 hū）

用呼字口型呼氣以治脾胃之病。

　　作法：兩腿自然盤坐，雙手在腹前十指交叉、吸氣，雙手上抬至胸前時，翻掌向頭頂推去，同時用「呼」字口型呼氣。手推至極點時，氣呼盡；翻掌下落時吸氣。此為一次。共做六次。

　　然後，雙掌重疊（男子左手在內，女子右手在內），從上腕穴處用力下推至下腕穴。反覆推六次。雙手姿勢不變，依然相互重疊，在胃部左拉右推。左拉：雙手放在左肋下章門穴附近，右手（男子為左手）四個手指著力從左肋下拉到右側章門穴。右推：用右掌根（男子用左手手指）著力，從右章門推到左章門，直至腸鳴音出現為止。左右推拉時均為呼氣（用「呼」字口型），在左右肋部轉掌時吸氣。

　　接著，雙掌重疊放在中腕穴上按逆時針方向按摩36次，再按順時針方向按摩36次。

　　4.「呬」字功（呬音 sī）

　　用「呬」字口型呼氣以治肺病。

　　作法：雙腿自然盤坐，兩臂在胸前十字交叉，右手放在左肩上，中指點在左肩井穴上；左手放在右肩上，中指點在右肩井穴上。先吸足氣，用「呬」字口型呼氣。邊呼氣邊向左扭腰轉腹。轉到極點，氣也呼盡。再吸足氣，配合呼氣向右扭腰轉腹。轉到極點，氣亦呼盡。此為一次。左右轉體循環往復，一直做到鼻尖和上唇發熱，出微汗方可停止。其作用在於清瀉肺熱。

　　意念要始終集中在肩井穴。吸氣時中指放鬆；呼氣時中指用力下壓肩井穴。

　　5.「吹」字功（吹讀夫音，狀如吹燭。吹，音 fū）

　　用「吹」字口型呼氣以治腎病。腎為先天之本、藏精之

所，宜補不宜瀉。故做「吹」字功時要用補法。

作法：坐於床上兩腿平放伸直，吸足氣，彎腰向前，伸雙手抓腳，拇指在腳背上對準太衝穴，其餘四指在足底，中指對準湧泉穴，用力按穴，雙腳跟前蹬、足尖上翹加以配合。此時閉氣到腰，腰部發熱，腎有動感。閉不住時用「吹」字口型呼氣。邊呼氣邊直腰。然後再吸氣彎腰、閉氣搬足、呼氣直腰，如此往復在六次以上。意念始終集中在腰部命門、腎俞部位。

如彎腰搬足有困難，可暫改用下式：

仰臥床上，手自然放於體側，陰虛病人掌心向下，腎陽虛病人掌心向上。勾足尖、蹬腳跟、吸足氣後閉氣到腰，此時腰部隨氣到而略鼓起。閉不住時用「吹」字口型呼氣。（呼氣時間不宜過長）再吸氣、閉氣、蹬足跟重複做六次以上。

6.「嘻」字功（希音 xī）

用「嘻」字口型呼氣以通理三焦。也有主張此功不用任何方法，主要是平時調理好自己的情緒，始終保持樂觀自信心理，遇事不急、不怒，這樣內在氣機穩定，陰陽不易失調，元氣充足，真神不傷。不過在調理好情緒的同時，再做一些保健功法似乎更好一些。

作法：取坐位，兩手手心向上，指尖大體相對，置於小腹前，狀如托物，隨吸氣逐漸緩緩上端至胸，與膻中相平。接著用「嘻」字口型呼氣，同時翻掌下按至大腿附近。如此反覆六次。

二、注意事項

1.為保健而調理臟腑，可將六字訣依次序作完，每次每字呼6遍。每天1～2次。單獨做或配合其它功法均可。

2.某臟有病，可單獨選用與病臟有關的字訣多做。如心火熾盛，可用「呵」字訣，一次練它36遍或更多，1日2～3次。

3.吐字宜輕緩無聲，不要大吸大呼，以免損傷肺氣或造成酸鹼平衡的破壞。

4.做功時要全身放鬆、入靜，該意守那裡就意守那裡，不要胡思亂想。注意力也不要過分地集中在吐字上。

5.不管用任何口型呼氣，目的均在於清瀉各有關臟腑之熱，熱清則諸病消。

6.五臟當中腎為先天之本、藏精之所，宜補不宜瀉。若確有實證如腎盂腎炎（急性），可以用實則瀉其子的方法去瀉肝。因水生木，腎為肝母，肝為腎子。而肝主疏泄，宜瀉不宜補。若確有虛證，如肝陰不足，在氣功治療上則應使用虛則補其母的原則來補腎。中醫稱之為「滋水涵木」。

第九節　逍遙步

逍遙步是少林門的前輩們，根據行禪的功理，利用閑暇散步的機會，結合六字訣創造的一種健身治病的功法。它簡單易學，功效顯著，寓治療於散步之中，是一種深受人們歡迎的傳統功法。目前流行的各種慢步行功，究其源，莫不脫胎於此。它具有增強體質、改善患者免疫功能、促進病灶吸收、清熱、瀉火、補虛、壯陽之效。

它的治療範圍廣泛，適用於各種癌症，如各種心臟病，各型急、慢性肝炎，肝硬化，腦血管意外後遺症，高血壓病，腦動脈硬化，潰瘍病，慢性胃炎，慢性腸炎，慢性支氣管炎，肺氣腫，支氣管擴張，慢性咽炎，慢性喉炎，神經衰弱，神經官能症，糖尿病，更年期綜合症等等。

一、功法動作

分慢步行功和快步行功兩種：

1.慢步行功

和平常散步基本一樣，每分鐘步行8～20步（指復步）。所不同的有下列兩點：

⑴抬起腳跟即將邁步之前，大腳趾著地、足跟向內側微旋一下，身體亦隨著內旋之腳略微扭轉。如右足跟向左內旋，身體向右扭轉，幅度不要過大。其主要目的在於牽動足厥陰肝經和足太陰脾經，因這兩條陰經都起始於大腳趾，一個在內側，一個在外側。這樣具有舒肝健脾、改善消化吸收功能之效用。

⑵雙手的擺動幅度不宜過大，上至上脘、下達腹股溝，一上一下都在腹部中線附近來回擺動，始終不要離開腹部。擺動時，手成自然鬆弛狀態，掌心朝向腹部。

2.快步行功

步法要求和慢步行功一樣，只是頻率加快，每分鐘步行30～60復步。

二、呼　吸

逍遙步的呼吸方式有四種：

1.吸—吸—呼—①，這是一種以補為主的呼吸方式，多用於體質較差的病人，特別是陽虛的病人。

註①這裡和下面吸、呼二字後面的橫線表示呼吸時間的長短：線短的時間短，線長的時間長。

2.吸—吸—呼——，這是一種有補有瀉的呼吸方式，多用於本實標虛的病人，如各種癌症病人。

3.吸—呼——，這是一種以瀉為主的呼吸方式，多用於實證病人的清瀉，或本虛標實急需治標的病人（根據緩則治

其本、急則治其標的治療法則）。如急性支氣管炎（見證：風寒犯肺，入裡化熱）屬實證，需要清瀉肺熱，要配合「呬」字口型長呼。又如肝硬化腹水的病人，久病成虛，但腹水卻又是極待排除的實證，那就要先瀉其實，後補其虛——應配合「噓」字口型長呼並用快步行功加以急瀉。步伐要由慢逐漸加快，可根據體力情況加到30～60步／分。直至排尿為止。

　　4.吸—呼—，這是一種平補平瀉的自然呼吸法，多用於康復後的保健。

三、呼吸與口型的配合

　　按四季養生功六字歸臟和臟腑辨證的原則，那個臟有病就要用那種口型呼氣。虛證用補法、實證用瀉法。

四、呼吸與步伐的配合

　　1.以補為主的呼吸法，吸氣占兩個單步，呼氣占一個單步。如邁左腳吸氣、邁右腳再吸氣，再邁左腳時則為呼氣。

　　2.有補有瀉的呼吸法，吸與呼均各占兩個單步。如邁左腳吸氣，邁右腳再吸氣，再邁左腳時呼氣，邁右腳時呼氣。

　　3.以瀉為主的呼吸法，吸氣占一個單步，呼氣加長占兩個單步。

　　4.平補平瀉的自然呼吸，就是一個復步一次呼吸。

　　5.快步行功的呼吸配合原則上與慢步行功一樣。但當達到每分鐘60步的時候則應一個復步當作一個單步來配合呼吸。

五、注意事項

　　1.步幅與頻率要根據病人的身材和體力情況自行安排，除需急瀉的病人做快步行功外，一般以慢步為宜。

　　2.走步時不要拿架子，要全身放鬆，輕鬆自如，和平時散步一樣。

3.意念活動隨補瀉而定。吸長的要想像大氣中的正氣被吸入體內，呼氣時歸入丹田，培補真元；呼長的以瀉為主，要意想體內之病氣隨呼氣由體內被排除出去。腹水病人要意想排尿。有補有瀉的，要吸入正氣，排除病氣。平補平瀉的意守丹田。

4.要選擇地面平坦、沒有車輛行駛、行人稀少、空氣清新、不受干擾的地方練功。

5.每次做功20～60分鐘。特殊需要的另定。

6.逍遙步的療效與四季養生功一樣，決定於臨床辨證和口型及呼吸類型的選擇配合是否適當。而且，在練功過程中，不能一勞永逸地永遠用一種方式，而是要隨著證情的變化，隨時進行調整。而要做到這一點，不僅要對整個功法及其作用有深刻的理解，而且要具備相當的中西醫學知識和豐富的臨床醫療經驗。否則，是很難做到恰如其分的。

第十節　八段錦

八段錦是我國傳統的健身功法，也是少林氣功的重要組成部分。這種功法，動作簡單，功能全面，老少皆宜，故其流傳極為廣泛。

八段錦共分八段，下面這首歌訣就是說這八段的練法和它們的作用的：

　　兩手托天理三焦，左右開弓似射雕。

　　調理脾胃臂單舉，五勞七傷向後瞧。

　　攢拳怒目增氣力，兩手攀足固腎腰。

　　搖頭擺尾去心火，背後七顛諸病消。

一、兩手托天理三焦

1.功　法

身體直立，兩腳與肩同寬平衡站立，足趾抓地。雙臂自然下垂，兩手輕貼大腿。頸豎頭懸，雙唇微閉，舌抵上顎。兩眼平視，全身放鬆，鬆而不懈。自然呼吸，意守憂陀那。調息5～10次。此為預備式。以下各段，除須與前面的式子連做者外，其預備式均與此相同。

兩手從體側向腹前緩緩靠攏，掌心相對時十指交叉，掌心向上。雙手上提，吸氣；提到胸前時翻掌上托，同時呼氣。掌到額前時，剛好掌心向上。用力將兩掌向頭頂上推，邊推邊吸氣。兩臂要豎直、脊柱和全身關節要全部拉開；兩腿繃直，腳趾用力抓地。（圖4—5）呼氣時屈肘落掌至前額上部，整個關節全面放鬆。再吸氣雙掌用力上推。如此一推一落，連做3～5次。

第三次或第五次屈肘落掌至前額時翻掌，變掌心向下，雙掌下落至胸前，邊下落邊吸氣。然後彎腰用力將雙掌按至地上，邊按邊呼氣。下按時雙腿要繃直，腳趾用力抓地。不能著地者不必勉強。（圖4—6）

圖4—5

圖4—6

吸氣抬身，掌隨身起，但不過膝，下按上提，連做3～5次。

按上述要領直身上推和彎腰下按各做3遍。恢復預備式。

2．功　理

通過手掌的陰陽轉換，四肢、軀幹的伸屈和配合動作的呼吸（吸氣，氣貫雙掌；呼氣，氣行湧泉）可調動氣機由掌到腳上下運行，從而可疏通全身經絡、調理臟腑功能，活動四肢百骸。此式具有助心陽、補肝腎、理三焦、健脾胃、增大肺活量、消除疾勞的作用。

二、左右開弓似射雕

1．功　法

左腳向左橫跨半步，屈膝下蹲成馬步；兩手向胸前抬起，雙掌重疊，左手在內，右手在外，掌心向內。左手變成劍指，向左平伸，頭左轉目視劍指；右手握空拳，從左肩窩處像拉弓一樣拉到右肩窩處。（圖4—7）如此連拉3～5次。

圖 4—7

左手由劍指變掌，向右平行運轉到右肩窩處，變空拳向左拉弓射箭至左肩窩處，同時，右拳變成劍指，向右平伸，頭右轉目視劍指。然後如上述方法連拉3～5次。

手向胸前合攏時吸氣，氣聚膻中；拉弓張胸時呼氣，氣

行中衝。

　　按上述要領左右交替各做3遍。

　　2．功　理

　　雙臂對拉，胸部一張一弛，配合呼吸導引，對手太陰肺經和手少陰心經起疏通作用。多練此功，對心肺疾病有防治作用。

　　三、調理脾胃臂單舉

　　1．功　法

　　接下式，左腳收回半步，身體直立，雙手變掌在胸前交會。兩掌互繞一周，右手翻掌上舉，置於頭頂上方，五指併攏，掌心向上，指尖向左。同時，左手下落，置於左腿外側，掌心向下，指尖向前，雙肘微屈。（圖4—8）右掌用力上推，並將右側身軀及肢體盡量拉開拔伸；左掌用力下按，使左側身軀及肢體盡量壓縮。上推下按時呼氣。然後全身放鬆，雙肘微屈，吸氣。如此連做3～5次。

圖 4—8

　　右掌下落，左掌上抬，均以掌心向胸部，到胸前時同時翻掌上推、下按。左掌上舉過頂，五指併攏，掌心向上，指尖向右；同時右掌下按，置於右腿外側，掌心向下，指尖向

前，肘部微屈。再上推下按連做3～5次。

按上述要領左右各做3遍。

　2．功　理

上肢上下對拉，可使內臟器官受到牽引，腸胃蠕動加快，消化功能增強，從而有助於脾、胃、小腸、大腸諸經的調理，能防治脾胃疾病。

四、五勞七傷向後瞧

　1．功　法

接上式，左手下落，右手上抬，雙掌掌心向胸部，虎口向上，十指相對（不相接），兩掌前推，距胸30公分左右，成抱球式。同時，左腳向右橫跨半步，屈膝下蹲成馬步，眼看拇指。（圖4—9）向左轉體，要做到下肢不動，頭、臂隨腰轉，轉腰不轉胯，邊轉體邊呼氣。轉到盡頭時氣亦呼盡，眼向後瞧。（圖4—10）吸足氣後，再向右轉體，同時呼氣。轉到不能再轉時為止，眼向後瞧。

按上述要領向左右轉體各做3次。然後恢復預備式。

意念要求：轉體時要意念帶脈氣隨手轉。

　2．功　理

身體左右轉動，脊柱活動加大，有助於疏通任督二脈。扭腰轉腹，意想把帶脈練成柔軟如絲的經脈，對消除大腦疲勞，促進生理機制的改善不無裨益。

五、攢拳怒目增氣功

　1．功　法

雙手握拳（拇指在內，四指在外）置於大腿兩側，拳心向裡。（圖4—11）吸足氣後閉氣，緊握雙拳，全身用力，足趾抓地，怒目而視。閉不住時呼氣，全身放鬆。如此反覆做6次。

圖 4—9　　　　圖 4—10

圖 4—11

2.功　理

　　緊握雙拳和腳趾用力抓地有利於疏通肝經。肝屬木，開竅於目。怒目蹬眼可採外陽而補內陰，作用於肝。練此功可舒肝利膽，改善肝功能。同時，對增強體力和耐力，調和氣血有明顯功效。

六、兩手攀足固腎腰

1.功　法

　　兩手置於後腰部，手心貼在腰上，手指相對。屈體彎腰，雙腿繃直，兩手從臀部開始，沿腿後側下行到腳跟，拇指

在外，四指在內握住兩側踵部。（圖4—12）雙手叉腰時吸氣；彎腰握踵時邊彎腰邊呼氣。然後雙手握踵不放，吸氣抬頭，呼氣頭向腿部靠攏，連做3次。雙手鬆開足踵沿腿部後側向上滑行到腰，邊上滑邊吸氣邊抬上身。當上身與下肢約成135°角時停止運行，用雙手沿脊柱兩側上下拍打6次。然後雙手拇指在前，四指在後附著於後腰際，直腰起身。接著呼氣後仰（圖4—13），吸氣直立。連做3次。

圖 4—12

按上述要領做3遍。

意念要求：彎腰時內視命門，拍擊腰部與上身後仰時意念在腎。

2.功 理

通過身體的前俯後仰，可增強腰肌與腹肌的活動，從而起到壯腰健腎的作用，對於肥大性脊柱炎，腰肌勞損、腎虛腰痛等有較好的療效。

七、搖頭擺尾去心火

1.功 法

左腳向左橫跨半步，屈膝下蹲成馬步。兩手按在大腿上（拇指在外其餘四指在內），頭向左轉，尾閭微向右擺；當臉轉到對準左肩端時，下肢不動，上身略微向右傾斜。（圖4—14）上身豎直，頭向右轉，尾閭微向左擺；當臉轉到對

準右肩端時，上身略微向左傾斜。頭左轉時吸氣，右轉時呼氣。

按上述要領頭向左右轉各3次。

2. 功　理

這一節要求全身放鬆，自然呼吸，反覆轉體做到全身發熱，體出微汗，以使周身輕鬆自如，氣血流暢，促進新陳代謝。

圖 4—13　　　　　圖 4—14　　　　　圖 4—15

八、背後七顛諸病消

1. 功　法

接上式，左腳收回半步，身體直立，兩腳與肩同寬平行站立。雙手手指交叉，掌心向後，置於後腰命門穴上（圖4—15）；提踵，頓足跟，雙掌同時沿腰椎下滑，兩臂伸直。上提下顛反覆做7次。提踵時吸氣，頓足時呼氣。

2. 功　理

提踵頓足全身受到輕微震動，使身體各部位恢復原位，消除緊張狀態，起到調理全身的作用。

3. 收　式

兩手從腰際向前伸出，如蛙泳狀左右划弧。隨划弧節奏，手前伸、提踵、吸氣；手後划，頓足跟、呼氣。提踵頓足

7次。雙臂緩緩上拾,高與肩平,屈小臂,雙掌向胸前收攏,成胸前合十勢。調息3次。雙掌下按至小腹,成懷中抱月式,以意引氣回歸憂陀那。意守憂陀那5～10息。

左右兩手相互搓擦,發熱後擦面搓頸。再以雙手重疊於憂陀那,並向胸部膻中穴提起,再下推到憂陀那處,引氣在任脈上下運行,連做7次。

用掌根搓揉四肢,拍打腰腹,收功。

第二章　少林氣功師必練功法

少林氣功,源於河南登封嵩山少林寺,是名揚天下的少林功夫的一個重要組成部分,是千百年來寺內歷代僧人在與自然、衰老和疾病作鬥爭的過程中逐步形成的一整套上乘功法,是我國寶貴的文化遺產之一。少林氣功內容豐富、風格獨特,自成一派。

這套功法是我外祖父、清末武狀元井萬資幼年出家少林寺時所學。我幼年即得家傳,後又被少林寺名譽方丈德禪法師收為弟子和義女,深得釋氏真傳。此後,我便邊學醫術,邊練武術和氣功。

1979年以來,我曾在全國各地傳授這套功法,深受廣大氣功愛好者的歡迎。本功法不僅具有疏通經絡快、氣感強、祛病健身效果好、安全、不出偏差等特點,而且可使練功者較快地掌握利用外氣診治疾病功力。

本套功法共七個部分,其中放鬆功和劍指站樁功已在上一章介紹過,故本章只介紹其餘六個部分。如若將這兩種功法放在整個這套功法中,則放鬆功應放在最前面,而劍指站樁功應放在甲子功之後。

第一節　甲子功

甲子功又名子午輪轉功，為少林靜養功之一。本功法的目的在於疏通任督二脈，為先天元氣打開通道，使其重新溫煦內臟器官，改善人體生理機能，祛病強身、健腦益智，延年益壽。

一、預備式

取臥式、坐式均可，但以坐式為好，而坐式又以盤坐式為最佳。

坐式有四種：垂腿坐式，姿勢要求和放鬆功相同，見本書第十八章第一節。自然盤坐式、單盤腿坐式、雙盤腿坐式三種，姿勢要求同於閉氣功，見第十八章第七節。臥式採用仰臥式，姿勢、要求同於放鬆功。

1.調　身

調身就是調整身體，使輕鬆自如，以促進入靜。按上述方式坐好後，上身正直，不含胸拔背，項豎頭懸，頭微低，下頷微內收，鼻尖對準憂陀那，百會穴與會陰穴呈一線，舌抵上顎，雙目微閉，雙手重疊，放在小腹前。女性左手在下，右手在上，男性相反。掌心向上，拇指微微相接，然後按放鬆功的要求放鬆全身。

2.調　神

調神就是調節大腦中樞神經的意念活動，包括人的思維、精神、情緒等，用以消除雜念，以利入靜。入靜是練氣功的重要環節，為促使入靜，古今氣功家總結了許多行之有效的方法，如意守法、數息法等，練功者可根據自己情況加以選擇。

要練好甲子功，首先應練好放鬆功，通過調身關，解除

肌肉、內臟、筋骨的緊張狀態，如此方能入靜。方法如下：

(1)背詩憶景：我最初練功時，常背誦唐朝詩人王維≪山居秋暝≫的前四句：

> 空山新雨後，　　　　天氣晚來秋。
>
> 明月松間照，　　　　清泉石上流。

背詩憶景，猶如置身於優美清靜的環境之中，一切煩惱，急躁情緒、疲勞困倦之感，以及天氣環境的干擾全部消除，自覺如在九天之上，身心安然，於是很快就能入靜。

(2)意守專注：我幼時喜愛月季花，練功時便選一盆花又大又鮮的獨枝月季放在面前。每天上午9～10時面對花盆數花瓣、數花層。開始時心情急躁，數不好，後來習慣了，就數得準確了，心也靜下來了。後來我把花搬走，閉目意想，仍然數花瓣、數花層、天長日久，感到自己周圍都是花，猶如置身於萬花欉中，有時甚至會忘記了時間和空間，腦海中浮現出各種見所未見，聞所未聞的景象。這種現象老師們稱之為「模」，現代則稱之為「幻覺」。靜坐調神，達到入靜境界，出現「幻覺」，說明功夫已長進了。

由於人的素質、性情、生活習慣等各不相同，所以每個人出現的幻覺也不一樣。有的出現各種聲音如鳥語蟲鳴、人說話聲，以及打雷、爆炸等大的響聲；有的出現光亮，如紅光、白光、藍光、紫光或五顏六色的光環等。這些現象的出現，是習練氣功到一定程度時的正常現象，不要誤認為偏差。還有的則會產生各種動態。對於好的、優美的景象不要去追求，要順其自然，讓它自生自滅；對於不好的、可怕的景象不要緊張、不要害怕，可把眼睛睜開，則惡景自除；對於產生的各種動態則不要助長、不要控制，要順其自然。靜坐

中不管出現圖像、聲、光和動象，都是功夫向深層發展的標誌，絕非「走火入魔」。

3.調　息

　　調息就是調整呼吸。呼吸方法正確，調整得當，有助於身體的放鬆、入靜和意念的專注。呼吸方法不當，會出現胸悶、氣短，而影響入靜和意守。因此，調息為氣功習練的重要內容。調息應按照陰陽學說辨證處置，使之合乎陰陽，升降、出入的法則。≪長生胎無神用經≫中說：「鼻吸淸氣為陽，口吐濁氣為陰……夫自修之道，能出入陰陽、合其真矣。」≪讀法點睛≫中也談到：「吸之機闔，我則轉而至乾（上）；呼之機辟，我則轉而至坤（下）。」

　　≪小止觀≫說：「呼吸有四項，一風、二氣、三喘、四息。有聲為風、無聲為氣、出入為息，出入不盡為喘也。」≪修習觀陣坐禪法要≫中解釋道：「坐時鼻中出入覺有聲是風相；息雖無聲而出入結滯不通是喘相；無聲不結滯而出入不細為氣相；不聲不結不粗、出入綿綿、若存若無、神志安穩為胎息。」有人說：「守風則（氣）散，氣則（疲）勞、守喘則（氣）結、守息則（安）定。」從這裡可以清楚了解調息的方法和意義。

　　甲子功對呼吸的要求，除了按照上述原則對待外，還要做到細、勻、深、長四個字。這就是說要把呼吸放慢一點，拉長一點，吸氣和呼氣要均勻而細長，不要一段急、一段緩。吸與呼要基本對等，既不要吸長呼短，也不要吸短呼長。不到使用武火的時機不要急吸急呼。

　　調身、調神、調息三者之間雖然各有其涵義和作用，但它們之間互相聯繫、互相依存、互相促進、共同組成一個整體，在練功中要全面貫徹，不行偏廢。

二、預備功

1.任督意行導引法

練完放鬆功，姿勢不變，接練此功。

舌抵上顎，待津液滿口時，將津液咽下。下咽速度要慢，要讓意、氣、津三者同步而行。咽津下行的同時要返觀內視，要「看著」津氣下行，經膻中、中脘到憂陀那，然後意守憂陀那片刻，自然調息5～7次。再以意引津下行會陰穴，微撮肛門，吸氣上提，讓「津」返上尾閭，循督脈上行夾脊、到大椎、玉枕、百會。然後稍停片刻，等百會穴有壓感或熱感之後，以意引津慢下印堂。再在印堂稍停片刻（一般5～7息），待印堂有貼物感之後，引津下行到齒交穴。再咽津一口，讓意、氣、津沿任脈下行，送到憂陀那。按上述要領連做3遍。

2.四肢意行導引法

練完任督意行導引法之後接練此功。

方法：舌抵上顎，待津液滿口時咽下，以意引津下行至憂陀那，意守10～15息，待憂陀那有熱、麻、脹、癢等不同反應後，以意引津至會陰，再從兩腿內側緩緩下行到湧泉穴、十趾尖；稍停片刻，待足趾有熱、麻、脹、癢等反應後，以意引律返上腳背，再沿腿外側上行到胯，至尾閭，沿督脈上行，過夾脊、到大椎。然後分三線運行：

第一、二線從大椎向兩側經肩、順兩臂外側沿手三陽經到十指；待手指有熱、麻、脹、涼等反應後，以意引津返回手掌，順臂內側的手三陰經到膻中穴。

第三線從大椎起直上腦後，經玉枕到百會停留片刻；待百會穴有壓感或熱、麻、脹反應後，引津下行經前額到齒交穴，然後咽津下送至膻中與另二線之津會合，繼續下送憂陀

那。做深腹式呼吸10～15次，如此運轉一大周為一次，共做3～5次。

　　此功練之日久，循行路線已經熟悉，就不必再採取手足三陰、三陽經分線運行法，而是讓氣、津充滿整個肢體上下運行。

3.收　式

　　在四肢意行導引法做完之後，睜開眼睛，兩掌互相搓擦至發熱，然後用掌上下搓擦面部7次。再用雙掌疊放於膻中穴，向下滑行至憂陀那，呼氣，並引氣歸於憂陀那。如此反覆做6次，以調理氣機和內臟。再用掌相互搓擦上下肢，使氣機順暢、毛孔閉合，防止外邪入侵。

　　意行導引法的本質是意行，是在全身放鬆的基礎上，實現大小周天的意通，是甲子功的預演和排練，是煉津化精的基礎階段。精充後才能化氣，氣足後才能運行。所以說意行導引法與甲子功在形式上是一致的，在本質上是不同的。關鍵之處是運行於任督的是什麼，前者是「意」，後者是元精所化生的「元氣」。習者在熟悉了「氣的循行路線」之後，在元氣不足的情況下，可以不練或少練意行導引法，轉為返觀內視吞津法，繼續進行煉津化精、煉精化氣的修煉。這是打好基礎的關鍵，急於求成基礎不固，將一事無成。

4.返觀內視吞津法

　　在調身、調神、調息基本達到要求之後，開始練吞津法。

　　方法：取盤坐式，進行「三調」。舌抵上顎，承接津液，待口中津滿，咽津帶氣下行，經膻中、中脘到憂陀那。同時返觀內視，查看津液下行的速度、走向和目標。津液下行時會感到有一種硬物划動感。然後意守憂陀那，調息10～15次。按上述要求做3～5次。最後靜坐意守憂陀那30～60分鐘。

　　意守憂陀那，必須神情專注，把意念完全集中在小腹，隨腹式呼吸，體會自己腹部的起伏運動。呼吸要出入綿綿、若存若無，以促進入靜和意守。練此法時間長了，憂陀那會出現熱、脹、癢、氣球狀感或跳動感。

　　練習吞津法，若口乾無津，可練赤龍攪海生津法。只是生津之後，暫不下咽，接著練吞津法或子午輪轉法。

三、甲子功

　　甲子功又名子午輪轉法，分為小子午輪轉法和大子午輪轉法。

1.轉練小子午輪轉法的標準

　　練習吞津法，憂陀那出現熱、脹、氣球狀或跳動感時，就是氣機發動之兆，但此時不能操之過急，急忙轉練甲子功，而需繼續練習吞津法。待小腹內的氣球狀由小到大，至碗口大時，小腹發熱、腰部發燙，也就是常說的「腹如火熾、兩腎湯煎」的地步，說明元氣已足，方可以開始練甲子功。

2.小子午輪轉法

(1)口訣

　　微撮谷道暗中提，　　尾閭一轉皴夾脊。

　　玉枕難過目視頂，　　行到天庭稍停息。

　　眼前便見鵲橋路，　　十二重樓下降遲。

　　華池神水頻頻咽，　　行入丹田海中虛。

(2)功法

　　採用盤坐式，先練吞津法，等到憂陀那氣足時，以意領氣，從憂陀那下行到會陰；在會陰穴有氣熱感或跳動感之後，吸氣，微撮肛門（如忍大便樣）讓氣返上尾閭，經過夾脊、衝破玉枕、上行到百會穴；待百會穴有壓感或熱感時，將

氣由百會穴下引到天庭、呼氣、引氣到印堂，稍停片刻，自然呼吸；在印堂有貼物感之後，呼氣、引氣過鵲橋，沿任脈經膻中，中脘、直下憂陀那。此為1周。如此反覆以意領氣在任督二脈運行。

任督二脈打通之時，要以音領氣運行一段時間，等到氣能在任督二脈暢通無阻之時，才能讓元氣隨意運行。

小子午輪轉法，練習日久，隨著功的增長，將會出現胎息。

練習此功，必須配合呼吸，總的原則是：

一吸便提，氣氣歸臍。一呼便咽，水火相見。吸氣通督，呼氣舒任。

就是說，讓氣沿督脈上行，必須吸氣，結合提肛門；讓氣沿任脈下行就要呼氣，同時結合咽津，使氣回歸憂陀那。對此要認真領會和掌握。

3.大子午輪轉法

大子午輪轉法是儒家稱謂，道家叫大周天。

(1)口訣

内一交，外一交，　　三關一過不需勞。

尾閭已載黃河水，　　自載河車幾百遭。

(2)功法

大子午輪轉法的要領、氣的循行路線與四肢意行導引法相同，練時請參閱本節預備功的四肢意行導引法。

練大子午輪轉法，必須在掌握小子午輪轉法之後，任督二脈氣機暢通，功夫大有長進的基礎上再練，不要剛通小周天，就急於求成，急忙轉練大周天。

4.收　式

收全身之氣回歸憂陀那，意守片刻（大約10～15息），
睜眼、搓手、擦面、雙手在胸腹部導引6次，搓揉或拍打四
肢，即為收功。

第二節　易筋經外經十二式

易筋經外經，是練力與練氣並重的基本功法。它的主要
作用在於強壯筋骨、增強體力、促進食慾、改善體質。它以
形體變化、手指受力的不同，作用於筋骨、經絡，以疏通手
三陰三陽經為主；由於人的經絡互為表裡，上下貫通，網絡
全身，因此，在疏通手三陰三陽經的同時，其它經脈也可得
到相應的調理。本功法在增強體質，平衡陽陰、防治疾病方
面有顯著的功效。

一、預備式

面東開步站立，兩腳與肩同寬，雙臂自然下垂，頭微後
仰，兩目圓睜上視，全身放鬆，鬆而不懈。（圖4—16）氣
貫兩手，排除雜念，寧神調息。

圖 4—16

二、十二式

1．第一式

雙肘微屈，掌心向下，指尖向前。順勢伸臂，掌根用力
下按，十指上翹，同時呼氣；（圖4—17）氣盡力完後吸氣

圖 4—17

，放鬆雙掌，恢復原式為1次。共做49次。呼氣時要瞪圓雙
眼，不得眨眼，下面各式均應如此。練功諺語說：「瞪雙目
，練眼神，清肝熱，補腎陰，陰陽相合內外平。」

　　一至十一式為腹式呼吸，應做到吸足呼盡：用力握拳時
呼氣，氣貫雙拳；氣盡力完，鬆拳吸氣，達到意、氣、力三
者合一的境地。

　　預備式、十二式、收式均為自然呼吸。

　　2．第二式

　　雙手拇指平伸，其餘4指握拳，拇指尖對準大腿，拳心
向後。（圖4—18）緊拳用力、拇指上翹時呼氣，鬆拳時吸
氣。拳一緊一鬆為1次，做49次。

　　3．第三式

　　雙手拇指攢入拳心鬆握拳，拳眼朝前，臂與拳在一直線
上，拳不要內扣和外翹。（圖4—19）配合呼吸，鬆吸緊呼
，用力握拳一緊一鬆為1次，做49次。

　　4．第四式

　　拳形不變，兩臂向前緩緩上抬，至高與肩平。雙腕內屈

與臂成90°，拳心對向肩部，拳眼朝上，兩拳相距約一尺。
（圖4—20）配合呼吸，緊拳用力，拳一緊一鬆為1次，做49
次。

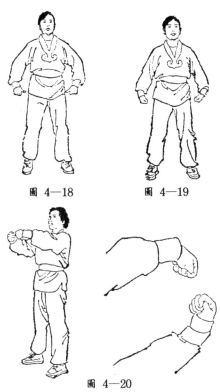

圖4—18　　　圖4—19

圖4—20

5.第五式

接上式，兩臂上舉過頂伸直，拳眼朝後、拳心相對。
（圖4—21）配合呼吸，拳一緊一鬆為1次，做49次。

6.第六式

接上式，雙臂屈肘下落，到大臂與肩平，翻腕轉拳，拳
眼朝肩、拳面對耳，距耳一拳。（圖4—22）呼氣時緊拳用

力，肘尖用力後張，意在肘尖。拳一緊一鬆為1次，做49次。

圖 4—21　　　　　　圖 4—22

7.第七式

接上式，兩前臂向兩側下落伸肘與肩拉成一字形，拳眼朝上。（圖4—23）呼氣時緊拳用力，同時腳尖離地，身體微向後傾；吸氣時放鬆雙拳，腳尖落地，身體復原。如此一吸一呼為1次，做49次。

圖 4—23

8.第八式

接上式，兩臂向胸前平行移動，伸直與肩平，臂距同於肩寬，兩拳心相對。（圖4—24）配合呼吸，吸氣時兩拳放

鬆，呼氣時用力握拳。拳一緊一鬆為1次，做49次。

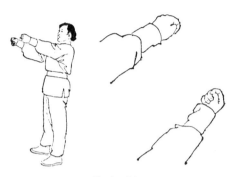

圖 4—24

9．第九式

接上式，雙臂屈肘內收，翻腕轉拳，雙拳面對著顴骨，拳心向前，食指第三節對向鼻翼，相距約1公分。（圖4—25）配合呼吸，吸氣時兩拳放鬆，呼氣時用力握拳。拳一緊一鬆為1次，做49次。

10．第十式

接上式，兩前臂向左右分開，豎直向上與頭成山字形，上臂與肩平，拳心向前，拳眼隔頭相對。（圖4—26）呼氣時緊拳用力，同時肘尖向前用力，意在肘尖；吸氣時鬆拳，肘尖後擺放鬆。如此一吸一呼為1次，做49次。

11．第十一式

接上式，雙拳沿胸前下落至肚臍兩旁，翻腕轉拳，拳心向上，拳面對向腹壁，食指大節對肚臍，相距1公分。（圖4—27）吸氣時放鬆，呼氣時用力握拳。拳一緊一鬆為1次，做49次。

做完上述動作，鬆拳張口吞氣三口，（圖4—28）每吞一口，意想津液隨氣下送至憂陀那。

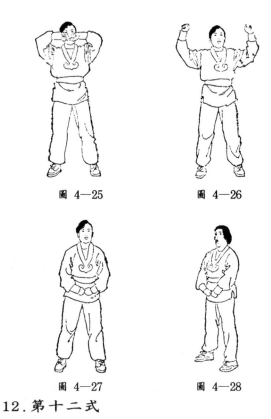

圖 4—25　　　　　　　　圖 4—26

圖 4—27　　　　　　　　圖 4—28

12．第十二式

⑴三端氣

接上式，雙拳慢慢鬆開，變成掌，自然下垂，微貼大腿。然後雙掌向腹部過渡上抄，掌心向上，如端重物，同時提腳跟以助其力。（圖4—29）當雙掌端至額前時，翻掌下按，經面部、胸部下行到憂陀那。（圖4—30）雙掌上端時吸氣，下按時呼氣並氣沈憂陀那。如此連做三次。

⑵三舉三軋

接上式，雙手握拳、吸氣、兩臂緩緩上舉伸直（圖4—

31）；呼氣時雙肘下軋，至拳與肩平。（圖4—32）上舉下軋連做三次。上舉意在拳，下軋用力不發聲。

圖 4—29　　　　　　圖 4—30

圖 4—31　　　　　　圖 4—32

(3)三踢腳

接上式，將雙拳置於腰際，左膝微屈，提右腿，繃直腳面，向左踢出。（圖4—33）然後還原，右膝微屈，提左腿，繃直腳面，向右踢出。（圖4—34）腳踢出高度以離地面1尺為準。左右兩邊交替各踢3次。

(4)三蹬腳

　　接上式，左膝微屈，提右腿，勾腳尖，以足跟為力點向左蹬出。（圖4—35）然後還原，右膝微屈，提左腿、勾腳尖，以足跟為力點向右蹬出。（圖4—36）左右交替各蹬3次。

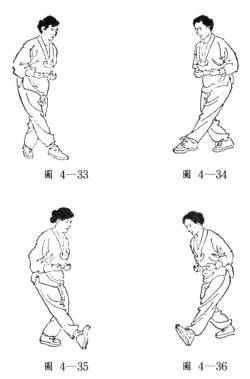

圖 4—33　　　　　　　　圖 4—34

圖 4—35　　　　　　　　圖 4—36

三、收式：與站樁功同

　　為了幫助大家記憶，特編順序口訣一套：

　　一按掌根二翹拇，三攢拇指四屈腕。五舉過頂六對耳，七成一字八向前。九對顴骨十成山，十一拳對臍兩邊。三吞氣後三端氣，三舉三軋意在拳。三踢腳後三蹬腳，收功同於站樁功。

第三節　易筋經內經十二式

易筋經內經是少林寺秘不外傳的功法。這套功法，以動靜相兼，剛柔相濟為主要特徵。它有兩種練法：一種以練氣、練力為目的，一種以調理臟腑，疏通經絡，袪病健身為目的。兩種練法，動作雖相同，風格則各異，功效亦不相同。我們傳授的是後一種練法。

一、預備式

身體正直，兩腳平行站立，與肩同寬；兩臂自然下垂，雙手輕貼大腿。

懸頂勾腮、頭正頸直、鼻準為肚臍相對。百會上領、尾閭下鬆。百會與會陰成一直線。雙肩微上抬，脊柱保持正直。

唇輕閉、齒微合、兩眼平視，按放鬆功方法連續放鬆三次。保持鬆而不懈，自然呼吸。

意念：頭頂百會穴上接青天，引天氣入憂陀那；腳心湧泉與地相連，引地氣入憂陀那。如此，天、地、人三氣合而為一。爾後意守憂陀那，自然調息10～15次。

二、十二式

　1.書陀獻忏

⑴口訣

　　　　立身期正直，　　兩眼前平視。

　　　　臂直向胸屈，　　調氣膻中聚。

　　　　氣定神皆斂，　　心誠貌亦恭。

⑵功法

兩臂向前抬起，與肩相平時屈前臂，雙掌緩緩向胸前收攏，距離胸壁一拳處兩掌相合，指尖向上，大魚際穴與膻中

穴相對，稱為合十當胸掌。（圖4—37）邊抬臂邊吸氣，向胸前收掌時，邊收邊呼氣。

　　兩臂上抬時意念調憂陀那之氣經胸、雙臂到掌心。兩掌相合，意念雙掌之氣由大到小，由遠而近像磁鐵一樣將兩掌吸在一起。合十當胸氣聚膻中，意守膻中片刻（一般5息左右）。

圖 4—37

　(3)功理

　　合十當胸、意守膻中，結合人體內的生理以調節內氣，使氣上下左右位置適中，經絡氣脈運行合理。按中醫理論，肺主氣、司呼吸，是控制全身氣機的總樞紐。肺功能正常，則氣運暢通、呼吸均勻調合、升降開合適度。這樣便可達到心平氣定，氣定神斂的目的。

　2.橫擔降魔忤

　(1)口訣

　　　　足趾柱地，　　兩手平開。

　　　　心平氣靜，　　目瞪口呆。

　(2)功法

合十當胸掌分開變成陽掌（掌心向下），兩中指微相接，兩掌隨呼氣從胸前緩緩下落至憂陀那。（圖4—38）吸氣，向左右分手上抬，與肩平成一字形，掌心向下。（圖4—39）同時，微提起腳跟，腳尖點地支撐全身。

圖 4—38　　　　圖 4—39

意念集中在掌心和腳尖。

(3)功理

雙掌從胸前下落時調氣海（膻中）之氣下送憂陀那；分手上抬，調憂陀那之氣到勞宮。手掌感到熱、麻、脹。本式重點在於舒通手三陰經，對心肺功能有調理作用。

3.掌托天門

(1)口訣

掌托天門目上視，　足尖柱地立身端。

力周腿肋渾如植，　咬緊牙關莫放鬆。

舌下生津將顎抵，　鼻能調息覺心安。

兩掌緩緩收回處，　弛力還將夾重看。

(2)功法

接上式，兩臂隨吸氣從左右向上劃弧，掌心向上，中指

微接。目光收回眼底,透過天門穴(前發際內正中二寸)內
視兩掌。自然呼吸,腳跟盡量上提。(圖4—40)同時舌抵
上顎,把牙關咬緊,直到耳根有振動感。站立片刻(5～15
息)。然後封陰開陽,即兩腳跟外展成內八字形,兩手隨呼
氣握成空心拳,像夾東西一樣,按上舉路線下落到與肩平成
一字形,掌心向下;同時,兩腳跟落平著地並內視氣歸憂陀
邪。(圖4—41)

圖 4-40　　　　圖 4-41

(3)功理

透過天門穴返觀內視雙掌,要認真體會:吸氣時,陰氣
(地氣)入湧泉如青龍繞柱沿腿上行,直達雙掌:呼氣時,
內視掌接陽氣(天氣)返回湧泉穴。如此上下反覆運行。氣
在全身上下運行可調理整個經絡系統,起到平衡陰陽的作用
。返觀內視時,要自然微調息。

　4.摘星換斗

(1)口訣

　　只手擎天掌復頭,　　更從掌內注雙眸。

鼻吸口呼頻調息， 兩手輪回左右目。

(2)功法

接上式，右手隨吸氣緩緩向右上方舉起，超過頭頂時轉掌，掌心側向頭頂，眼看右掌心；同時左手下落，向背後弧形運轉，手背橫貼在命門穴上。右腳尖點地，向右轉體，雙膝微屈，身體下沈，雙腳成丁字步，前虛後實，重心落於左腳。（圖4—42）鼻吸口呼，作腹式呼吸3～5次。

換式，身體轉正，右腳跟外展轉正落平著地，左手從腰部向左上方弧形運轉，超過頭頂時轉掌，掌心向頭，目視左掌心。同時，右手下落，向背後轉移，手背橫貼在腰部命門穴；左腳跟提起內旋，向左轉體，雙膝微屈，身體下沈，雙腳成丁字步，前虛後實，重心落在右腳。（圖4—43）鼻吸口呼，作腹式呼吸3～5次，如此左右交替各做3～5次。

圖 4—42　　　　圖 4—43

(3)功理

腹式呼吸，做到氣在掌心和腰，吸氣時氣由掌到胸，呼氣時氣由胸到腰。其作用為：一呼一吸補腎腰，吸氣入肺補三陰，呼氣下行補真元，氣行三陰包心肺，水火相濟陰陽平。

5.倒拽九牛尾

(1)口訣

一腿前弓一腿箭， 小腹運氣氣要鬆。

用意在於兩膀內， 擒拿內視雙目瞳。

(2)功法

接第四式，將身體轉正，左腳落平著地，右手從腰部順勢向右前方伸，與肩平時屈肘90°，變擒拿手。同時，右腳向右前方邁出一步成弓步；左腿順勢成箭步，左掌亦變為擒拿手。左臂下落到身體左側，與腿平行，雙目垂簾下視兩腳之中點。要做到身體成三條線：頭與左腿一條線，頭與左手一條線，雙手成一條線。（圖4—44）然後屈伸右腿——屈腿即是「順牽」，伸腿即是「倒拽」。順牽、倒拽時都只動前弓之腿，其它各部都不動。倒拽、順牽各做3～5次。

換式，上身後坐，屈左膝、伸直右腿，右足尖盡量內扣，踏實，身體重心移至右腿，左腳收回成左丁步。同時雙手變掌，向前胸部運行，右手在上，左手在下，成抱球狀。然後，向左邁左腳，屈膝成左弓步，右腿伸直成箭步；同時，左手向左上運行，右手向右下運行。

左臂與肩同高，屈肘成90°，左手變擒拿手；右手運行至右膀時也變擒拿手。雙目垂簾下視。爾後伸直左腿，起身倒拽、吸氣；再屈左膝，口呼氣，俯身順牽。（圖4—45）倒拽與順牽各做3～5次。

按上述要領左右兩邊各做3～5遍。

此式要求腹式呼吸，鼻吸口呼。倒拽時內視前臂，氣貫前臂；順牽時內視，氣貫後臂。

(3)功理

圖 4—44

圖 4—45

內視氣在體內的運行情況，可舒通經絡，調和氣血，平衡陰陽，防病治病。

6．出爪亮翅

⑴口訣

　　挺身兼怒目，　　推窗望月來。

　　排山還海汐，　　隨息七徘徊。

⑵功法

接上式左弓右箭步，吸氣、右腳向前一步，與左腳看齊，與肩同寬成半馬步，然後直腿平行站立。雙手收回，置於兩乳旁。手成排山掌，指尖向上。（圖4—46）向前推掌，邊推邊呼，輕如推窗；推到極點，掌根用力，重如排山。（圖4—47）自然呼吸，停留1～3分鐘，從兩掌中間靜觀明月，但不要追求。靜觀時要放鬆。收回雙掌如海水還潮，邊收掌邊吸氣，置於兩乳旁。前推後收為1次，做7次。

做此式要求身體直立，推掌時兩眼平視，推到極點時，掌形和姿勢不變，從兩掌中間意觀明月。多練功，功夫深後，當雙掌前推到極點時，可見雙手掌指之間發出白色光線連成一個圓形，好似手捧明月。

這一節氣的運行路線：前推時氣分三路，其中兩路從命

圖 4—46　　　　　　圖 4—47

門到大椎後，向左右分行經肩、臂至雙掌；另一路從命門、大椎、經百會到天目穴。雙掌收回時，引掌心和天目穴之氣經膻中匯總下送憂陀那。

(3)功理

呼氣前推「開陽合陰」，吸氣收掌「開陰合陽」。雙臂後收，努力將兩肩胛骨收到中間中隔一指寬。這樣反覆做對心肺功能調理有很大幫助。對肺氣腫、老慢支、肺心病、心率不齊、冠心病等都有較好的防治作用。

7.九鬼拔馬刀

(1)口訣

側首屈肱，　　抱頭拔耳。

右腋開陽，　　左陰閉門。

扭腰轉腹，　　目視崑崙。

左右輪廻，　　陰陽調平。

(2)功法

接上式，雙掌下扣，兩臂左右分開，成一字形。轉腕變

陰陽掌，在掌向上划弧抱於腦後玉枕關，食中二指夾住左耳垂，壓迫天成穴；右手下落向後上划弧，掌心向後，指尖向上貼於肩胛骨中間，即胸椎5～7椎處。（圖4—48）爾後，右指拉耳，向左扭腰轉腹，雙膝微屈，身體下沈，呼氣，眼看右腳崑崙。（圖4—49），然後右手食指與中指夾緊耳垂，掌壓玉枕，直身，吸氣，恢復到圖4—48的姿勢。如此轉體3～5次。

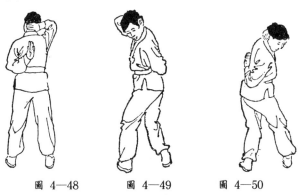

圖 4—48　　　圖 4—49　　　圖 4—50

換式，右手鬆開耳垂，向背後做划弧運動，掌心向後，指尖向上，貼於肩胛骨中間；同時左手從背後起向左上方划弧，掌抱玉枕關，食指與中指夾住右耳垂。然後按向左轉體方式，（圖4—50）向右轉體3～5次。呼吸用鼻吸口呼。

按上述要領左右兩邊做3～5遍。

⑶功理

左右轉體是調理腎與膀胱的方式。腎主骨、生髓、開竅於耳。手夾天成穴，緊拉耳垂，吸氣，氣上天成穴，感覺耳垂發熱，使腎經得到調理；呼氣，氣下崑崙穴，感覺崑崙發熱，使膀胱經得到調理。扭腰轉腹舒通帶脈，把腰練得柔韌如絲，會感到氣在腰間旋轉。

8.三盤落地

(1)口訣

舌尖抵上顎，張目又咬牙。

開襠騎馬式，雙手按兼拿。

兩掌翻陽起，彷彿千斤壓。

口呼鼻吸氣，蹲足稍英斜。

(2)功法

接上式，兩掌分別從腦後和背部向左右划弧，到兩臂伸平成一字形，掌心向下。左腳向左橫跨一步，呼氣，雙膝下蹲成騎馬式；與下蹲同時兩掌緩緩下按至與膝關節平為止。（圖4—51）爾後，翻掌變掌心向上，腿與臂一起緩緩上升，至臂與肩平時翻掌，恢復原式。鼻吸口呼，連做3次。

(3)功理

練此式，是對全身氣血進行調理，要求下蹲和直身起立，上身保持正直，使氣在任督二脈上下運行。下蹲時，兩掌如同吸住兩個壇子並輕輕放下，到掌與膝平時，要有壇底著地的感覺。同時引氣下行於腳，感到腳心發熱。翻掌上行，手如托千斤重物，並引地氣與天氣相合，手心有熱感，頭頂有物壓感。練好本式的標準是體內有氣機起伏之感。

9.打躬擊鼓

(1)口訣

兩掌持腦後，　　　躬身膝後瞧。

頭垂探胯下，　　　口緊牙關咬。

舌尖微舐顎，　　　神水慢慢消。

掩耳鳴天鼓， 氣足上後腦。

(2)功法

接上式，左腳收回半步，兩腳與肩同寬平行站立，兩掌從左右向上划弧至腦後，掌根捂住雙耳孔，中指在腦後微微相接，抱著玉枕關。（圖4—52）全身放鬆，舌抵上顎，牙關咬緊，用雙手食、中和無名指敲打玉枕關，邊打邊向左右轉體（雙腳不動），最後將身體轉正。捂耳雙掌放鬆，手指抱腦後，兩腿繃直，閉氣彎腰，彎到極點。（圖4—53）然後直腰抬頭，恢復原式。自然呼吸，按上述要領做3次。

彎腰時意念在腰，直立時意念在玉枕。鼻吸鼻呼，彎腰時吸後閉氣到腰（目的在於補腎），身體直立後自然呼吸。

圖 4—51　　　　圖 4—52

(3)功理

通過彎腰直體，引氣沿任督二脈上下運行，有利於疏通任督。本式的主要目的在於壯腰健腎，培補真元。

10.青龍探爪

(1)口訣

青龍探爪，左封右潮。

乘風破浪，尋食氣高。

扭腰轉腹，章門左露。

調息微噓，卷膀肋部。

(2)功法

接上式，兩臂下落，與肩平成一字形，掌心向前。左腳向左橫跨半步，兩掌變龍探爪。左爪向左肩窩收回，收時動作要慢。左臂夾緊胸肋，掩閉章門、期門。同時屈左膝，身體重心落於左腿。右肘屈曲90°，右爪略回收。做好龍探式的準備。（圖4—54）

圖 4—53　　　　圖 4—54

第一探，在爪向正前方探出，同時伸直右腿，重心在兩腿間，探爪時臂不宜過直。（圖4—55）然後收回右爪，微屈左膝，重心左移，恢復原來勢姿。

第二探，右爪向左前方探出，同時伸直右腿，身體重心在兩腿之間，並略向左扭腰轉腹。前探之臂仍不宜過直。然後收回右爪，微屈左膝，身體重心左移，恢復原式。

第三探，右爪向左側方探出，隨探勢扭腰轉腹，伸直左腿，身體重心在兩腿之間。

圖 4—55

然後屈左膝，身體下沈，尋食：用腰胯向左旋轉的力量帶動右臂和右掌，向左劃弧。然後，用脆勁抖一下腰，慢慢收右爪於右肩窩處，向右轉正身體，伸直左腿，身體重心在兩腿之間。

換式，屈右膝，左爪向前方、右前方、右方連探三次，然後尋食，方法及要領同於左式，只是方向不同。肢體由右爪、左腿的活動，變為左爪、右腿的活動。

按上述要領左右兩側各探9次。

探爪時，鼻吸口呼，用「噓」字口型呼氣，但不要出聲；收爪時吸氣。

(3)功理

爪前探，用「噓」字口型呼氣；尋食後收爪把氣收入勞宮穴，沿臂經胸，下行腹部，順足厥陰肝經直至太衝穴。練此式，能清肝熱，除肝鬱，解煩躁，舒肝經。

11．餓虎捕食

(1)口訣

兩腳分蹲下身傾，左弓右箭腰更鬆。

昂頭胸作前探勢，翹腿朝天掉換行。

　　　　呼吸調勻均出入，指尖著地賴支撐。

(2)功法

　　接青龍探爪式，兩爪變掌，向左右划弧下落，右腿上抬至平、大小腿成90°；同時兩掌翻掌上托，置於右膝兩側。（圖4—56）接著，右腳向前跨一步，腳落平著地；身體前傾像老虎撲食一樣向前撲。（圖4—57）兩手翻掌成陽掌著地後，昂頭、塌腰，目視前方，掌心凹起，十指著地，雙腳跟提起，支撐全身。（圖4—58）然後作俯臥撐3～5次。

圖4—56　　　　圖4—57　　　　圖4—58

　　然後，做尋食動作：頭從後向左轉一小圈，抖腰，頭微向後收。然後左小腿上翹，腳心朝天，大小腿成90°，是為虎尾腿。（圖4—59）接著放下左小腿，起身直立，身體重心移於左腿，微屈左膝；右腳尖盡量內扣，同時向左轉體。右腳踏實後，微屈右膝，身體繼續左轉並將重心移於右腿；抬平左大腿，小腿自然下垂，同時雙掌從胸前經兩側向下划弧並翻掌上托於左膝兩側，掌心向上。然後做撲食、俯臥撐、尋食、抖腰、虎尾腿等動作。（同於右式，只是方向相反）

　　按上述要求左右交替各做3次。

練此式時均應鼻吸口呼——做俯臥撐時俯身呼氣，抬身吸氣；做其它動作時自然呼吸。

圖 4—59

(3)功理

做俯臥撐時，俯身呼氣，引氣到指，感覺手指發熱，抬身吸氣，引氣到腰，感覺腰背發熱。起身直立時，感覺陰氣（地氣）推動身體上升。

練此式目的在於調理四肢氣脈，加強末梢的氣血循環，增強指力，為練鷹爪功、點穴功打好基礎。對於做氣功醫療或推拿按摩的人來說，多練此功，可增加手部的力量，從而有利於較長時間地工作和提高療效。

12．搖頭擺尾

(1)口訣

膝直膀伸， 推手及地。

瞪目搖頭， 凝神一志。

(2)功法

接上式，起身直立，右腳上前一步。兩腳平行站立，與肩同寬，兩手在小腹前十指交叉。吸氣，提掌到胸；呼氣，翻掌變掌心向前，推出。再吸氣，收掌至胸，然後翻掌上推，手心向上，至兩臂完全伸直。（圖4—60）呼氣，雙掌下

落到胸前，並翻掌變手心向下，彎腰下按至雙手及地，頭尾
（閭）左右各搖擺3次。（圖4—61）直身起立，恢復原式。
連做3次。

圖 4—60　　　　　圖 4—61

　　此節要求推掌及地，腿不能彎曲，不能及地者不勉強。
身體直立，意念在鼻尖（高血壓患者為意守膻中）；推掌及
地，意念在掌心。

　　⑶功理

　　通過頸、腰、臂、腿等各部位姿勢的變化，促使內氣在
諸經運行，具有舒肝、健脾、補腎、強心和調理三焦的作用
。認真鍛鍊，可以察看內景。

　　三、收　式

　　1.口訣

　　　　直起頓足，伸肱直臂。

　　　　左右七次，功課完畢。

　　2.動作

　　接上式，直起腰身，雙手分開，手心向上置於腰際。雙

掌前伸，復左右划弧如蛙泳姿勢。隨兩臂划動節奏，伸臂時提腳跟，收臂後划時頓足跟抬腳尖。連做7次。

然後合十當胸，收氣歸憂陀那，意守10息左右。

搓手、擦面、搓擦頸項和大椎。雙手搓揉或拍打雙臂。用雙掌揉搓腎俞穴9次。用雙手揉搓或拍打兩下肢。

3.作用

收功時，要求全身放鬆。提踵頓腳使天、地之氣與身體分離，將練功時所生之真氣收歸憂陀那，以培補元氣。

第四節　鶴功三十六式

一、預備式

面向南方，左腳向左橫開一步，兩腳與肩同寬，平行站立。兩手自然下垂，全身放鬆，雙目微閉，下頜微收，頭正頸直。意想人與大自然融為一體，人在氣中、氣在人中。調息3～5次。

雙手十指自然伸直，指向地面，意念入地三尺。翻掌，掌心向上（十指自然取向——大體上左手指指向右前方、右手指指向左前方），並配合意念沿腹前緩緩上提至腰際（圖4—62）；然後翻掌緩緩下按至原位。（圖4—63）如此連做三次。

意念與呼吸：雙掌上托時吸氣，意想地氣由雙足湧泉穴進入體內，經雙腿內側上行至腹部會合，然後向上至胸、至頭，由百會穴升入空中，進入宇宙；翻掌下按時呼氣，意想宇宙正氣由百會穴進入體內，隨意念下行經頭、頸、胸、腹分兩支至兩腿、兩腳由湧泉穴入地。

第二次調氣時，呼吸、意念活動及引氣路線均與第一次相同，惟地氣提至百會時不再升空，引氣下行時氣至湧泉亦

不再入地。

圖 4—62　　　　　圖 4—63

　　第三次調氣時，亦是雙掌上提時吸氣，下按時呼氣。向上導引時氣至膻中不再上行，向下導引時氣入丹田不再下行。三次調氣的動作完全一樣，但氣機起伏都有三個不同的層次，這一點必需注意。調氣時要作到意、氣、形三者協調一致，以意領氣，內氣帶動外形，動作促進意氣，意動則掌隨氣行，意停則掌隨氣止。

二、三十六式

1.仙鶴拜師

　　左腳收回，平行站立。雙臂經身體兩側向上抬舉至頭頂上方，指掌向上，掌心相對，雙手合十。然後，雙手緩緩下移至胸前。（圖4—64）意念集中、平心靜氣、調息3次。向前略躬身下拜，然後雙手自然分開，食中二指相接，掌心向下，雙手下按，引氣入下丹田。然後直背，恢復胸前雙掌合十勢。雙足不動向左轉體90°。當轉到極點時，略躬身下拜、雙手自然分開、食中二指相接，掌心向下，雙手下按至左髂骨上緣、引氣下行歸丹田。抬頭直背、恢復雙掌合十勢。再向右轉體90°，面向前方，成胸前雙掌合十勢。再如前下

拜。然後直體向左轉身90°，面向前方，成胸前雙掌合十勢
。再如前下拜。然後直體向左轉身90°，面向前方，引氣歸
入下丹田，雙掌向兩側分開，自然下垂於體側。

圖 4—64

　本式的呼吸均為自然呼吸，只是在下拜時要略加閉氣，
向下導引時為呼氣。其主要作用在於調整帶脈，使帶脈變得
柔勒如絲，促使十二正經及奇經八脈的氣機運行有條不紊。

2.仙鶴探路

　左腳向左橫跨一步，雙臂隨吸氣向前緩緩上抬，至與肩
相平，掌心向下；雙腿隨呼氣緩緩下蹲成馬步。（圖4—65）
接著雙臂隨吸氣屈肘後收，掌心向前，置於兩側肩窩處。然
後雙肘微下垂，調氣、氣沈丹田。（圖4—66）略抬肘，然
後調氣到掌心，用內勁推動雙掌一起前推。（圖4—67）待
臂推直時，坐腕、挺掌，然後鬆腕，雙手成自然鬆弛狀態。
接著屈肘收掌、沈氣、推掌亦如前述，總共三次。

　接著，轉腕翻掌、掌心向胸、十指相對、雙掌向胸前緩
緩屈肘回收，邊收掌邊吸氣、邊起立。（圖4—68）以意念
將所發出之氣全部回收。雙手距胸壁約10公分處翻掌，變手

圖 4—65　　　　　　　圖 4—66

心向下、指尖斜對，緩緩下按，（圖4—69）邊按邊呼氣，
引氣歸入下丹田。雙掌至小腹後向兩側擺動，自然下垂於體
側。

圖 4—67　　　圖 4—68　　　圖 4—69

3.仙鶴展翅

接上式，雙臂向兩側平展緩緩上抬，與肩相平，手心向
下，意在雙掌。（圖4—70）邊上抬邊吸氣。然後，慢慢向
胸前平移合攏，同時雙腿緩緩下蹲成馬步。邊蹲邊微調息沈
氣。然後將雙掌收至腋窩前，做好推掌準備。（圖4—71）
以下做三次推掌、收掌，其動作及調息等均與仙鶴探路相同
，不再贅述。

圖 4—70　　　　　圖 4—71

4.驚天動地

接上式，雙腳不動，向左轉體，以腰脊的轉動帶動雙手向左胯部划弧，左手在前、右手相隨。一面轉體、一面下蹲成馬步，同時吸氣。當雙手移至左胯部時，兩手心均應對向前方、十指朝下。（圖4—72）然後向右轉體面向前方，兩手亦隨之由左向右弧形運轉至腹前，並立即將雙手五指撮攏，形如雞頭，指尖朝下，（圖4—73）加內力上提至與肩平，兩臂向前平伸。向右轉體時邊轉邊呼氣；兩手上提時邊提邊吸氣。然後擒拿手變掌，屈雙肘收掌於兩側肩窩處。下面接著做三次推掌及收掌動作。調息及意念活動均與仙鶴探路

圖 4—72　　　　　圖 4—73

和仙鶴展翅相同，不再贅述。

5.展翅調氣

　　雙腳開大步站立，兩膝挺直，兩手自然下垂。雙臂從兩側緩緩上抬，至與肩平，手心向下，同時吸氣。向左轉體90°，面向東方（圖4—74），同時呼氣。重心移於右腿，並屈膝下蹲；左腿上抬，大腿抬平，膝關節成90°，左腳掌平置，同時雙掌緩緩弧形下落至左至膝兩側，翻掌上捧，指尖向前，同時吸氣。（圖4—75）左腳向前一步，踏實成左弓右箭步，上身前送帶動雙掌略向前伸。（圖4—76）

圖 4—74　　　　圖 4—75　　　　　　圖 4—76

6.懷中抱球　水中撈月

　　接上式兩腳跟同時向左展動，突然轉體面向南方，成馬步站樁勢；同時，雙手翻掌向胸，自然舒展，十指向上，右手在裡在上，左手在外在下。（圖4—77）吸氣。右手向右上運行，眼看右手，意在右掌心；同時左掌向內摟抱，向右微轉體，面向西南。（圖4—78）調氣。急運丹田之氣至右掌小魚際部，向左轉體帶動右掌向左下方運行，邊轉體邊吸氣。意在掌根，眼看右掌。身體下沈，左手隨轉體回抽置於左胯部，掌心向上，手指朝前；右手運至左大腿外側時，突

然下斬。（圖4—79）下斬時運氣急呼。旋即五指撮攏，微
上提。右手立即變掌向右上方運行，邊運掌邊吸氣，眼看右
手，意在掌心。同時左掌向前向右運轉，掌心向內，狀如抱
球。如此連做三次運掌、抱球及下斬動作。

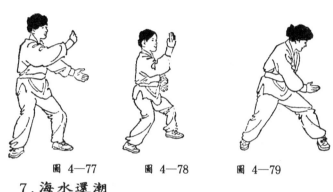

圖 4—77　　　　圖 4—78　　　　圖 4—79

7.海水還潮

上式第三次下斬動作做完後，向右轉體，身體重心移於
右腿，成右弓左箭步。同時右手掌心向外，微屈肘，經面額
部向右運行；左手掌心向上，緊隨右手之後，呈上托姿勢，
邊托邊吸氣。繼續向右轉體，當達到面向西方時，雙手同時
下落，完成一個過背動作。雙手下摔時呼氣。左腿微屈膝，
身體重心移於左腿上，右腳回抽、提膝，大腿抬平，小腿自
然下垂，右腳掌基本擺平，弓背含胸；雙手隨吸氣同時回抽
，置於兩側胯部，手心向上。（圖4—80）接著右腳前探踏
實，同時上身前移帶動雙掌略前送，調氣。旋即雙手屈腕，
手心向胸、手指朝上，身體重心逐漸移於左腿。左膝微屈，
右腿伸直，雙手置於胸前。邊屈腕邊吸氣。然後右腿前弓，
左腿伸直，成右弓左箭步；同時雙手翻掌前推，手心向前，
上身向前俯，與左腿成一斜線。（圖4—81）邊前推邊呼氣

。接著左膝微屈，上體後坐上仰，帶動雙手向後上運行，掌
心向前，十指向上。（圖4—82）上體邊後坐邊吸氣。然後
雙掌沿左右耳前緩緩下落至胸脇兩旁，掌心大體上與膻中穴
齊平。手心向前、十指向上。旋即弓右腿，左膝伸直，呈右
弓左箭步，上身前俯，雙掌向前推出。（圖4—83）邊推掌
邊呼氣。如此連做三次。

圖 4—80　　　　　圖 4—81

圖 4—82　　　　　圖 4—83

8．陰陽相合

「海水還潮」第四次推掌至極點時，轉腕翻掌，指掌相
對，手成鬆弛狀態。（圖4—84）邊轉腕邊吸氣。然後雙掌

用內力向左右撐開，兩掌相距比肩略寬。雙手邊外撐邊吸氣
。接著雙掌放鬆緩緩向中間合攏，十指撮攏相接。（圖4—
85）雙手裡合時吸氣。十指保持撮攏狀態，緩緩拉開，狀如
抽絲。邊拉開呼氣。身體重心移至右腿，屈膝下蹲，左腳前
掌擦地，由後向右，向前向左向後（逆時針方向）划一圓圈
。（圖4—86）抬平左小腿，腳心向右。同時右手下移，以
中指點左腳心湧泉穴；左手略上抬。（圖4—87）左腳轉圈
時吸氣，點穴時呼氣。

圖 4—84　　　　　圖 4—85

圖 4—86　　　　　圖 4—87

9.仙人照鏡

接上式，左腳向左下落，約距右腳60公分，平行站立屈膝下蹲成弓步。右手變掌，向右上運行，手心向內，指尖向上，與額部齊平，大小臂屈曲成90°；左手亦變掌，由上向下向右按，放於右肘下，托住右肘尖，手心向上，指尖向右。目注右掌心勞宮穴。（圖4—88）屈肘托掌時吸氣。

下肢馬步不動，以腰為軸，向左扭腰轉腹，至不能扭轉為止。扭腰時帶動上肢向左運行，上肢的姿勢及其與面部的距離和相對方位都不變。（圖4—89）邊扭腰邊呼氣。再向右扭腰轉腹，至不能扭轉為止。扭腰時帶動上肢向右運行，上肢的姿勢及其與面部的距離和相對方位亦都不變。邊向右扭腰時邊呼氣。如此，左右來回共作三次。

圖 4—88　　　　　圖 4—89

10.青龍出水　白蛇吐信

接上式，當扭腰運掌至最後一次，右掌到達身體左側時，右肘上抬，前臂橫置於額前，翻掌變掌心朝外，指尖向左、拇指在下；同時，左掌向左上方移動，高與右手平齊，掌心斜向上，指尖向左。邊抬肘邊吸氣。然後雙掌同時隨轉體向右平移，至右肩上方時，右手翻掌變掌心朝上，向下劃弧，左手亦一同下落至右大腿上方，此時雙手掌心都向上，指

尖都向前。同時,身體下沉,重心移於右腿,左腿下仆,膝關節略微彎曲,成左仆步。(圖4—90)邊下仆邊呼氣。雙手不要停頓,繼續向左運行,當到達左膝附近時,左膝逐漸前弓,右腿逐漸伸直。(圖4—91)雙掌均變為側掌,拇指在上微屈於食指根部,左掌注內勁繼續前伸,肘部不要伸直,約成160°角;右掌置於右肋下。(圖4—92)在手掌前送的同時,雙足下蹬,雙膝關節同時挺直,利用地面的反彈力,以加強手部吐信的力量。然後左掌回抽,同時右掌前衝。(圖4—93)每一次吐信都要將丹田之氣運至指尖。在換掌

圖 4—90　　　圖 4—91

圖 4—92　　　圖 4—93

的同時，腿部應有一次起伏，腰部亦應隨之而略加扭轉，以腰腿部的力量推動掌指前衝。要真正做到「其根在腳、發於腿、主宰於腰、形於手指、周身形成一氣」。

　　只有這樣，才能使內勁沈著透達，把指尖的前衝力提高到最大限度。除第一次吐信外，再像前述之轉換方式，進行五次雙手左右前衝的轉換，恢復成第一次吐信右手在前的姿勢。然後身體下沉，雙膝屈曲成馬步，向右轉體。同時右肘上抬，右前臂橫置於額前，手指向左、掌心向外；左手亦同時上托，手心向上，手指向右，約與右掌等高。邊抬肘邊吸氣。然後隨著向右轉體逐漸將身體重心移至右腿。雙手運掌至右肩部時，身體下沉，屈右膝伸左膝（略有彎曲），下仆成左仆步；同時雙手弧形下落至右大腿上方。右掌在弧形下落時轉腕翻掌，故此時雙手掌心朝向上方、手指朝前。邊下沉邊呼氣。雙手不要停頓，繼續向左運行，當到達左膝附近時，左膝逐漸弓起，右膝基本伸直，雙掌均變為側掌，掌心向內，拇指在上微屈於食指根部。左掌注內勁繼續向前伸出，肘部不要伸直，約成160°角；右掌置於右肋下。做五次左右交換的吐信動作。然後再按上述方法做一遍。（共做三次）

11. 抱球轉身　劍指除魔

　　接上式，身體重心逐漸前移，左膝屈曲成弓步、右腿伸直。左手翻掌向腹部弧形上抄，變掌心向上，右手前推翻掌變掌心朝下，雙掌相對成抱球狀。（圖4—94）向左轉體180°的同時右腿後撤一步，立即彎膝並將身體重心置於右腿之上，左腳在前成左虛丁步，雙掌均變為劍指。置於腹側，左手在前，右手在後，（圖4—95）邊轉體邊吸氣。然後雙手劍指用內力向左上方伸出。左臂伸直在上，與身體大約成135°

角；右劍指在下，距左肘約10公分，右肘彎屈成90°角。在伸出劍指的同時，伸直雙膝，右足跟提起，身體重心移至左腿，目視左手劍指，意在雙手劍指。（圖4—96）劍指前伸時呼氣。約停留三個呼吸。

圖 4—94　　　圖 4—95　　　圖 4—96

12.後撩掌抱球　旋轉陰陽

右手劍指變掌，以掌背用內力向下向後撩。（圖4—97）此為撩陰掌。右掌繼續向上划弧翻掌，變掌心向下，指尖向左，置於右肩部；同時左手劍指亦變掌，並向右下划弧運行至小腹右側，手心向上，指尖向右，兩手心相對成抱球狀。與此同時，右足跟著地，右膝彎曲，身體後坐，成左虛步。（圖4—98）右掌後撩時呼氣，抱球時吸氣。接著右掌向右向下，左掌向左向上划一半圓，掌心相對成抱球狀。旋轉陰陽前後的球形應一樣大小。（圖4—99）旋轉時呼氣。

13.轉身抖膀　馬步單鞭

左腳尖外撇90°，踏實，右腳向左前方邁一步，與左腳平齊，兩腳相距約50公分。隨左腳尖外撇及右腳向左前方邁步的同時向左轉體，面向西方，雙腿下蹲成馬步。同時左手

圖 4—97　　　　圖 4—98　　　　圖 4—99

下移，右手上移，於胸前十字相交，左手在內，右手在外，手心向胸。旋即兩臂同時向下、向兩側各划一半圓，兩臂與肩相平，兩肘微屈，掌心向下，指尖向外。（圖4—100）邁步轉身時吸氣，兩臂外展時呼氣。然後，伸臂送掌，兩膝挺直；再屈肘收掌、屈膝下蹲成馬步。（圖4—101）此為一次。連做三次。每做一次伸屈臂呼吸一次。伸臂時要氣達指尖。第四次伸臂送掌時要肘部微屈、坐腕、立掌、手指向上、掌心向外、力注掌心；右手五指撮攏，指尖向下成鉤手。（圖4—102）

圖 4—100　　　　圖 4—101　　　　圖 4—102

14.風擺楊柳

鬆左腕、變掌心向下，右手變掌向上向左劃弧運行至左腕部。（圖4—103）邊劃弧邊吸氣。然後，向右側扭腰轉腹、帶動雙掌從左向右下方劃弧，經腹部至右大腿上方時，再向右上方運行，掌心依然向下，指尖向右。（圖4—104）雙掌向下運掌時要氣注雙掌，意在掌心，沈著有力，但外觀上卻要顯得輕鬆自如，恰似風擺楊柳。雙掌由下向上運掌時，要收氣歸丹田，全身放鬆。再如上述由右向左運掌，方法一樣只是方向相反。如此共做五次。每一次運掌呼吸一次。

圖 4—103

圖 4—104

15.空中觀路

風擺楊柳最後一次由左向右運掌到達小腹部時，左手自然翻掌變掌心向上、手指向右；右手繼續向右上劃一半圓置於額部，手指尖向左，掌心向下，與左掌相對成抱球狀。左腳收回，腳尖點地，置於右腳內側成丁字步。兩手邊運掌邊吸氣。身體略下蹲，呼氣，氣沉丹田。眼看前方，是為前觀。（圖4—105）以腰為軸，左轉90°，腳不動，眼看左方，是為左觀。（圖4—106）邊轉體邊吸氣，停住左觀時呼氣。然後向右轉體180°，眼看右方，是為右觀。（圖4—107）

邊轉體邊吸氣,右觀時呼氣。接著向左轉體90° ,面向前方,恢復成前觀姿勢。邊轉體邊吸氣。

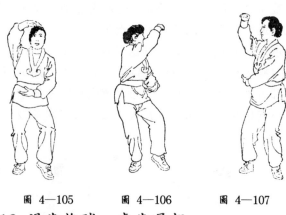

圖 4—105　　　圖 4—106　　　圖 4—107

16.退步抱球　虛步展翅

　　右掌自額部下壓至頸部,左掌不動,縮小抱球的距離。同時,左腳後退一步,用力踏實,身體後坐,重心落於左腿,膝屈曲;右腿膝關節微屈,足跟微提成右虛步。(圖4—108)右手下壓時呼氣。

　　右手下壓至腹,翻掌變掌心朝上,與左掌相疊於小腹前,接著向兩側划弧平舉,約與肩同高,掌心自然於平舉中變為朝下。立即抬起右腿,大小腿約成90° ,旋即向前邁出半步,踏實;接著左腳向前邁出一步,足尖點地,右膝屈曲成左虛步。(圖4—109)大腿上抬時吸氣,左腳前邁時呼氣。接著,右腿再下蹲,同時兩肘彎曲,兩掌向體側內收,吸氣。然後右腿挺直同時伸直兩肘,以內勁貫注指尖向左右挺掌。(圖4—110)送掌時呼氣。如此共做三次。第三次展翅時兩臂明顯加力,氣貫雙掌。

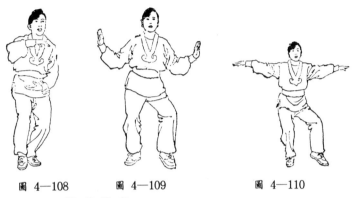

圖 4—108　　　　圖 4—109　　　　圖 4—110

17.龍鳳飛舞

　　兩腿直立，右腳原地不動，左腳以前掌為軸，腳跟外展90°，帶動身體右轉面向北方。邊轉體邊吸氣。右肩內扣帶動右臂內移，並屈肘將右掌收至胸前，掌心向下；同時左肩內扣，帶動左臂內移，並屈肘將左掌收至胸前，掌心向下，置於右掌之上。邊收掌邊呼氣。

18.左顧右盼

　　接上式，雙手經額前向上、向兩側各划一圓，當雙手運行至髖關節附近時，同時翻掌下抄，變掌心向上。同時抬平右大腿，小腿及足尖自然下垂，雙掌置於右膝兩側成雙掌捧膝狀。（圖4—111）邊划圓邊吸氣。

　　右腳上前一小步，踏實，右腿前弓，身體略前移，帶動雙掌略前送。短呼氣。屈腕收掌，變掌心向後，指尖向上；右膝伸直，左膝微屈，身體略後坐，重心落在兩腿之間。邊後坐邊吸氣。旋腕翻掌，變掌心向前，指尖依然向上，置於兩側肩窩處。然後右腿前弓，左膝伸直，成右弓左箭步。帶動上身前移形成前俯狀，上身與左腿成一斜線。用上身前俯帶動肩胛，以內勁推動雙臂、雙掌前推（肘關節不宜過直，

要留有餘地，且應坐腕）。邊推掌邊呼氣。（圖4—112）接著轉腕翻掌，變掌心向胸，指尖相對，屈肘收掌至胸前10公分，邊收掌邊吸氣，邊彎左膝，上體後坐，伸直後膝，身體重心落於左腿。（圖4—113）然後翻掌變掌心向下，雙掌同時緩緩下按，邊下按邊呼氣。氣沉丹田，雙腿緩緩伸直。雙掌按至腹前時分向兩側弧形運轉，置於大腿的股骨大粗隆下方，手心向下，指尖向前。邊分掌邊吸氣。然後向左轉頸，眼看左側地面，左掌根用力下按，氣注掌根，呼氣。此為左顧。鬆左掌，頭頸向右旋轉，邊轉頸邊吸氣。眼看右側地面，呼氣，右掌根用力下按，氣注右掌根。此為右盼。然後頭頸左轉，面向前方，雙目平視。

接著，雙掌上抬經腹前交會上行至胸，分兩側下行划圓至胯部時翻掌上托，同時抬平左大腿，小腿及腳尖自然下垂。雙掌在大腿兩側呈上托勢。雙手邊划圓邊吸氣。左腳前跨一小步，踏實，左腿前弓，身體略前俯，帶動雙掌略前送。（圖4—114）

圖 4—111　　　　圖 4—112

圖 4—113　　　　　圖 4—114

19.降龍伏虎

右肩上提，帶動右肘上抬，前臂約與耳廓相平，翻掌手心向外，置於右額角部；同時左手翻掌向左前方上托，手心向上，高度大體與左肩相平。（圖4—115）同時雙腳跟向左展動80～90°，落實，右膝屈曲，左腿繃直，呈斜方向的右弓步。隨著足跟展動而轉體，由面向北方而轉向東西、邊轉體邊吸氣。緊接著，猛然擰腰轉體，面向南方（圖4—116），雙臂用內力下摔，雙手置於右髂部，手心向下。同時左腿從北向南猛跨一大步，此時身體重心在右腿，右膝彎屈，左腳在前，左膝微屈，成左虛丁步，完成一個完整的過背動作。（圖4—117）邊下摔邊猛呼氣。

20.青龍纏絲

左腳踏實，左膝屈曲，身體重心移於左腿，右腳向左前方弧形掃出，足尖點地，膝微屈，成右虛步。同時身體微左轉，帶動雙臂向左上方弧形運轉。右臂在前，屈肘屈腕，扣掌，拇指內扣，置於食指第一節指肚部，其餘四指併攏，指掌關節微屈，指尖朝向前方成蛇掌，高與鼻尖平齊；左手亦如右手成蛇掌，屈肘、屈腕、指尖向前，置於右腕的左下方

圖 4—115　　　　圖 4—116　　　　圖 4—117

，眼看前方。（圖4—118）然後眼光瞪圓，用腰胯旋轉之力
，帶動蛇掌和眼光作逆時針旋轉划圓動作3～5次。此時，意
、氣、力三者俱凝聚於指尖，作隨時出擊準備之狀。旋轉時
自然呼吸。

圖 4—118

21.回頭望月

　　右腳向前跨一小步，翻掌變掌心向胸，成胸前十字手，
左手在外，跨步時吸氣。接著兩腳以前掌為軸，足跟同時向
右展動，撐腿、撐腰，轉體90°，上身前俯與右腿成一斜線

。頭轉向左方，眼望左上方天空。同時兩掌分開翻掌划弧，右掌向前運行，置於頭頂前方，掌心向外，右臂成弧形；左掌向下向後運行，置於臀部外側，掌心向後。（圖4—119）撐腰時呼氣。

圖 4—119

22. 降龍伏虎

同於第十九式。

23. 青龍纏絲

同於第二十式。

24. 彌陀初醒

右腳前跨一步，上身前俯，右腿屈膝成弓步。兩蛇掌變普通掌型，翻掌分向前後運行。右手向前，掌心亦向前，臂部呈弧形；左手向後運行，置於左胯部，手心向後。轉頭頸面向東方，頭頂朝南，彷彿頭枕右臂而臥。（圖4—120）保

圖 4—120

持這個姿勢,調息三次。然後腰脊發力,摧動左肩向左猛抖,肩動摧臂、臂動則摧掌,內力透達左掌。此時,身體重心亦隨抖掌而移至兩腿之間,右弓步亦隨之而成為馬步。腰、脊、頭頸正直,雙臂與肩等高,成一字排開。坐腕、指尖向上,掌心向外,面向東方而立。抖背時猛吸氣。

25.雷公擊鼓

右手從右側向上經頭部的前上方向左側划圓,當右手與左手基本平齊時(圖4—121),則共同繼續向下划圓。兩手到達左側髖關節前上方時,同時輕握拳,並繼續向右側划圓。(圖4—122)與此同時,右腳向左側橫邁一小步(大約10公分)。當右腳落地時,左腳立即抬起向左側橫邁一小步,其步幅應基本相等。右掌向上運行時吸氣,握拳時呼氣。當雙拳划至身體右側時(圖4—123),鬆拳變掌,繼續沿圓的軌跡運行。如此,反覆三次,兩掌按逆時針方向划四個圓圈,兩腳各向左橫邁三小步。每划一個圓呼吸一次。然後再向右划圓四個,雙腳各向右橫邁三小步。動作與向左時完全一樣,只是方向相反。

圖 4—121　　圖 4—122　　圖 4—123

26.四方拜師

當上式最後一圈兩手從左上向右下劃圓至右髖部時，不再握拳，右手停止運行，左掌經腹前繼續向左運行至左髖部，兩掌掌心向下，指尖朝前。然後，兩手翻掌掌心向上，從兩側同時向上劃弧運行至額前上方時合掌，引合十掌下行至膻中。（圖4—124）接著雙腿進一步下蹲，成低樁馬步，同時雙手掌根分開，指尖相接，在氣機和身體下沉的同時，由膻中穴按至臍下。兩掌上行時吸氣，合掌下沉時呼氣、引氣歸入下丹田。兩掌由腹前分別向兩側弧形運行至大腿外側，自然下垂，此時面向東方。

圖 4—124

接著，以左腳掌為軸，左腳跟內旋90°，右腳向左前方弧形邁出，兩腳尖平齊，兩腳相距約50～60公分。身體隨左足跟內旋和右腳邁出而轉體面向北方。兩手由兩側向上劃弧，掌心向上，運行至額前上方時合掌，指尖向上，合掌下落至膻中。接著雙腿進一步下蹲成低樁馬步，同時雙手掌根分開，指尖相接，隨著身體和氣機下沉而沉按至臍下。兩手向上劃弧時吸氣，合掌下沉時呼氣，引氣歸入下丹田。兩手分開由小腹前向兩側運行，下垂於體側。

接著繼續向左轉體，面向西方，動作與上述方法一樣。

再向左轉體，面向南方，動作亦與前述一樣。

27.宇宙拓荒

　　兩臂後張，狀如仙鶴展翅，兩肩胛骨盡量向脊柱靠攏，兩肩向後展，以助雙臂後張之勢。當雙臂像鶴翅一樣展開時，雙臂均成弧形，手心向前，高度略與肩平。同時上提左大腿，使貼近胸腹，小腿自然下垂，足尖向下；並圍身、弓腰、屈背，上身盡量前俯，但不要低頭，仍保持目視前方。（圖4—125）上動不停，繼續完成下述動作：雙臂由兩側向內含，形狀如抱著個大氣球；兩手逐漸內移，指尖相接，掌心向胸，雙手向懷內逐漸收攏，距胸壁20公分。同時左腳向前蹬出，狀似大步，但應弧形下落（圖4—126），跨出小半步，落在右腳的左前方約一腳掌或半腳掌的地方。然後雙手同時翻掌變掌心向下，下按至小腹。（圖4—127）雙手由外向內攬時吸氣，意念將大氣中的正氣攬入懷中；翻掌下按時呼氣，意念將採入體內的正氣引入丹田。在雙掌下按時，逐漸直腿伸腰。手至小腹，兩掌分開，向兩側弧形下移至體側。繼續按前述方法再做三次。第二次邁右腿、第三次邁左腿

圖 4—125　　　　圖 4—126　　　　圖 4—127

、第四次再邁右腿。做完右腿前邁的整個動作後，左腳跟上半步，雙腳並立，兩手自然下垂於體側。

28.大鵬吸珠

兩臂向後展，手心向前，當掌運行至身體側後時，向下、向上再向前划圓。掌至胸前，兩腕交會成十字手，左掌心向右、右掌心向左，右掌在上，左掌在下。十字手由胸前下移至小腹，同時左腳後退一小步。（圖4—128）雙手向前划圓時吸氣，落掌退步時呼氣。

再依前述動作做兩次，第二次退右腳（圖4—129），第三次退左腳。最後，再退右腳，踏實、屈膝、身體重心移於右腿，左腳收回，足尖虛點於右腳內側，成左丁步。同時，右掌由下向右上弧形運轉至胸前，手心向下，左掌由左下向右上弧形上抄，置於腹前，手心向上，兩掌相對，成抱球狀。（圖4—130）邊運掌邊吸氣，抱球時呼氣。

圖 4—128　　圖 4—129　　圖 4—130

29.扭轉乾坤

左腳後退一步，以雙腳前掌為軸，向左向後轉體180°，變左腳在前，右腳在後，兩腿直立，身體重心落在兩腿之間。同時，左掌向左划弧置於腰間，手心向上，指尖朝前；

右手翻掌變掌心朝上，經腹部划弧達於右腰部，隨轉體用內勁從右向左平砍。右手掌略高於臍部，直對右肩，指尖向前，大小臂約成120°角。（圖4—131）退步時吸氣，轉體平砍時呼氣。

接著，身體重心稍前移，置於左腿之上，右腳經右側划弧向前擋出，成虛丁步。同時，右掌收回，置右腰部，指尖向前；左掌從腰際經左向右向前划弧平砍，略高於臍，直對左肩部，指尖向前，大小臂約成120°角。（圖4—132）身體重心邊前移邊吸氣，左手邊砍邊呼氣。

然後，身體重心稍前移，右腳踏實、右膝屈曲微蹲，左腳向前邁出一小步，置於右腳內側，膝微屈、足尖點地，成左丁步。同時左手划一平圓置小腹前，手心向上，指尖向右；右手從下向上划弧翻掌變掌心向下，指尖向左，置於胸骨柄部位，兩手相對抱球。（圖4—133）兩手邊運轉邊吸氣，抱球時呼氣。

圖 4—131　　　圖 4—132　　　圖 4—133

30.釋伽參禪

右掌翻掌下落至小腹部左掌之上，兩手分開，向兩側划弧運轉：右手經右側向上，置於頭部右前方，直對耳廓、手

心向左，指尖向上，拇指尖高與鼻尖齊平；左手經腹前向左、向前、向右划一圓圈，托住右肘尖，手心向上，指尖向右。同時，左腿繼續下蹲，右腳提起，右小腿抬平，右外踝置於左膝之上，腳心向左，腳尖向前，成羅漢椿勢。（圖4—134）兩手邊運轉邊吸氣，成椿勢後呼氣，並保持椿勢片刻。

圖 4—134

31.金剛殺手

左腳向左跨步約50公分落地，雙腳平行站立成馬步。兩臂同時向下經兩側向上划圓，當兩前臂到達頭部的左前、右前方時，翻腕、變指尖朝上，掌心向前，然後變爪屈肘下拉置於兩側肩窩處。（圖4—135）邊運掌邊吸氣。然後右爪前探，肘部微曲。（圖4—136）接著探左爪、收右爪，（圖4—137）再探右爪、收左爪。第4次探爪為左爪，右爪同時收回。在左爪收回時，右爪不再前探。每次探爪時要略加閉氣，運氣於爪。最後收左爪時吸氣。探爪時馬步要站穩，眼睛要瞪圓。

32.羅漢雙掌

右爪向前下方弧形探出，經腹部收回，正好划一圓圈；在收回右爪的同時，探出左爪，左爪也同樣經腹部回收划一

圖 4—135　　　　圖 4—136　　　　圖 4—137

圓圈。收回左爪時右爪不再前探。同金剛殺手一樣，探爪時要閉氣，運氣至爪，瞪圓雙眼。收左爪時吸氣。接著右爪變掌、旋腕，掌心對向頭部，左爪同時變掌旋腕，掌心向上，向腹部下抄。（圖4—138）吸氣。右掌經額前向左下方弧形下斬，運氣於掌側小魚際；左掌同時向右伸出。下斬動作止於左大腿外側。（圖4—139）下斬時急呼。接著，下斬之右掌向上經額部向右向下劃圓置於左腋下，左掌同時由右腋下經腹部向左向上，經額前向右大腿部弧形下斬。（圖4—140）邊運掌邊吸氣，下斬時急呼。

圖 4—138　　　　圖 4—139　　　　圖 4—140

33. 撥雲見日

雙掌交叉擺動，左掌從右大腿中部擺向左胯部，右掌從左腋下經腹部擺向右胯部。兩腿伸直，由馬步變為開立步，並立即將左腳跟內旋90°，右腳向左前方邁一步，轉體90°，面向西方，雙足平齊，距離約50公分，雙膝微屈。與此同時，兩手由兩側向腹部運轉。交叉上舉至額部時翻掌，變掌心向外。兩手分開，雙掌置於左右額角之上方，兩掌距離約為30公分，掌心斜向前上方，眼看兩手中間，狀如觀日。（圖4—141）邊運掌邊吸氣，完成定式時呼氣。

34. 天王托塔

右手由上向下運行至腰帶水平時翻腕下抄，並立即旋腕挽手上托，右臂挺直，掌心向上，指尖向左；左手翻掌下壓，掌心向下，指尖向前。同時，左腳向右腳靠攏並立。右半身隨右掌上托之勢盡量向上拔伸，左半身隨右掌下壓之勢盡量下拉。（圖4—142）右掌下行時吸氣，上托時呼氣。

圖 4—141

圖 4—142

35. 佛法無邊

右掌挽手旋腕，變掌心向右，指尖朝前，向右推出；同時左腿向左跨一大步，身體向右傾斜，與左腿成一斜線，右

腿屈曲成斜弓步。左掌亦同時向左推出，掌心向左，指尖朝前。（圖4—143）挽手旋腕時吸氣，跨步推掌時呼氣。

　36.萬佛歸心

　　左足跟內旋90°，重心移於左腿，右腳向左方邁一大步，兩腳並齊，轉體90°，面向南方，雙手內收合掌於胸前，閉目調息三次。（圖4—144）

　　兩掌跟分開，指尖相接，緩緩下按至小腹、引氣歸丹田。兩手相疊置於丹田處，男子左手在內，女子右手在內。意念將四肢百骸之氣統統吸入丹田，調息10次。然後搓掌、擦面、拍打全身即為收功。

圖 4—143　　　　　　　圖 4—144

第五節　練習內氣外放的功法

　　發氣，古稱「布氣」，即今之所謂內氣外放。這是氣功醫師為人診治疾病的一個重要方法。下面，我們介紹一些練習內氣外放的功法。

　一、青龍騰空

　　青龍騰空是練習利用劍指發放外氣的基本功。經過鍛鍊，可以掌握氣流量的強弱與大小，隨時採集地陰之氣經劍指

發出。

1．練 法

劍指站樁功站達40分鐘之後，姿勢不變即可練習靑龍騰空。

若單練靑龍騰空，必須先練站樁功10～15分鐘，始可練習。

具體做法：劍指站樁姿勢不變，全身放鬆，鬆而不懈，自然呼吸。（圖4—145）然後兩臂緩緩上抬，由劍指向前，變成劍指直指天空。（圖4—146）略停片刻，兩臂沿上舉路線慢慢下落至兩胯旁（圖4—147），然後以兩小臂帶動劍指前後擺動3～5次，如靑龍擺尾。待最後一次兩手後擺至極點時，分左右上指至與肩平（圖4—148），再將兩臂向胸前合攏，還原成劍指站樁式。此為1次，連做3次。

圖 4—145　　　　圖 4—146

2．意 念

雙臂上抬，意念地陰之氣進入湧泉穴，如靑龍纏絲沿兩腿盤旋而上，經會陰穴沿腹至胸，經兩臂而達劍指。此時，「氣」隨雙臂上舉騰空而起，衝出劍指，故曰靑龍騰空。練

圖 4-147　　　　　　圖 4-148

習時，要認真體會，仔細分辨採集陰氣，會合內氣和調動氣息在體內運行情況，分辨氣運行的速度，氣流量的強弱和大小，以及控制氣流量的方法等。

二、白虎下山

白虎下山是練習用掌發放外氣的功法。

1. 練　法

練完青龍騰空，還原成劍指站椿式。然後變劍指為陽掌，指尖朝前。全身放鬆，鬆而不懈，自然呼吸。（圖4—149）兩臂緩緩上抬，兩掌隨之變成陰陽掌，當指尖指向天空時，伸腕使掌心自然對向天空。（圖4—150）稍停，兩臂沿上舉路線下落，同時掌心微向外挺。當雙掌下落至胯旁時，掌心向後，以小臂帶動雙掌，盡量向後擺。然後翻掌、掌心向前，向前擺動。如此前後擺動3～5次。在最後一次向後擺動擺到極點時，兩臂分左右緩緩上抬，至與肩平。（圖4—151）接著兩臂慢慢向胸前合攏，還原。此為1次，連做3次。

2. 意　念

雙掌朝天，意念天陽之氣，如白虎下山，如煙似霧，若有若無，進入百會穴和內勞宮穴，而達於丹田；復結合丹田

之氣，從腹到胸、臂，由勞宮穴發出。練此功時，要認真體
會氣在體內運行情況和手感反映。

圖 4—149　　　圖 4—150　　　圖 4—151

三、白虎探路

練白虎探路之目的，在於鍛鍊手感，增強雙掌接收外來
信息的靈敏度，為探病打基礎。

1. 練　法

接白虎下山式，當兩臂向胸前合攏後，左腳收回半步，
全身放鬆，雙目微閉，自然呼吸。屈腕變指尖向上，掌心向
前，微屈雙肘，平行向左運行。（圖4—152）當雙掌運行到
左側方時，轉掌向右運行。在兩掌運行到右側方時，再轉掌

圖 4—152

向左運行。如此反覆來往運行，次數不限。

2.意　念

在雙掌左右運行時，將意念集中於掌心，如白虎嗅物，去仔細探測與分辨雙掌所接收到的各種物質的不同信息，如熱、麻、涼、刺、癢等。

3.注意事項

①白虎探路的重點，在於培養和鍛鍊雙掌對外來信息的敏感性，所以在練功時，要集中意念，全神貫注，全身放鬆，毛孔開放。毛孔開放得越好，接收外來信息的靈敏度越高。

②練白虎探路，對場地要求很高，要選擇環境優美，沒有污染物，沒有傳染性疾病，沒有毒性植物的地方。因此，練功前，要認真選擇場地。

③若因不慎，遇到有毒物質和傳染病時（受有毒物侵襲的表現為身上有刺癢感；遇有傳染性疾病或重病患者，身上有涼感。）要注意防守。

方法：意念毛孔閉合，意守憂陀那。進行腹式深呼吸，使周身發熱，增強正氣，病邪即可排出。

第五篇　常見病氣功療法

在以上各篇中，我們分別介紹了有關氣功醫療的各種基礎知識；而在本篇中，我們將就 60 種常見病的氣功療法加以介紹。在接觸這些具體療法之前，我們想首先說明以下幾個問題：

一、本篇所收之疾病，以各種常見病、多發病為主，而且是經實踐證明運用氣功療法治療確有實效者。

二、疾病名稱，均以西醫叫法為準，並儘可能加注中醫病名。

三、各病的順序，大體上按解剖系統分類排列，而不再按中醫或西醫的標準分科排列。

四、各病所介紹的內容，一般都包括以下幾方面：

　1.西醫診斷要點。

　2.中醫辨證分型。

　3.治療方法（包括外氣治療、辨證施功、秘方或偏單方）。

　4.食療（原則上每個病種介紹一種方法）。

一、冠狀動脈粥樣硬化性心臟病（真心痛）

㈠心絞痛（胸痹）

【診斷要點】

1.歷時較短的陣發性胸痛，一般都少於5分鐘，很少超過15分鐘。胸痛部位多在胸骨後，常放射至左肩，左臂內側、甚至腕部；偶爾亦有放射至右肩、頸部、面部者。疼痛為

絞榨性劇痛，並多於用力或飽餐後發作。

2.血液膽固醇、甘油三酯增高。平時心電圖常有改變；ST段低壓，T波改變及束枝傳導阻滯等。發作時心電圖至少在一個以上導聯上，整個ST段呈水平壓低至少一毫米或有明顯下垂。心絞痛發作時心率和血壓有不同程度的增高。

【辨證分型】

1.心氣虛型：神疲乏力，懶言胸悶，氣短怔忡，舌質胖嫩，邊有齒痕，舌淡苔白，脈細弱或結代。

2.心陰虛型：心煩失眠，五心煩熱，盜汗喜飲，胸悶便乾，舌光無苔，脈細數。

3.心血淤阻型：劇烈胸痛、痛在膻中且固定，舌質紫暗或有淤斑、脈澀結代。

4.痰濁阻心：噁心嘔吐、腹脹納呆、胸悶氣憋、舌淡苔白膩，脈象弦滑。

以上四型常可兼見又可轉化。在非發作期，主要根據病史和心電圖改變作出診斷。

【治療】

1.心氣虛型

⑴外氣治療：用按法向膻中、心俞、大陵、靈道等穴發熱氣。用全掌向心區發熱氣並作外氣按摩。作全身導引。

⑵辨證施功：日精功每日1次，晨起30分鐘。「呵」字功、「吹」字功以吸為主，每日3～4次。逍遙步用「呵」字口型吸長呼短，慢步行功，每天2次，每次30分鐘。非發作期作八段錦、盤坐深調息功每日2次，每次30～60分鐘。

⑶處方：本方可理氣止痛，活血益氣。

黃芪20克、歸尾9克、紅花5克、桃仁5克、川芎5克、地龍4克、赤芍5克。

水煎服。

2.心陰虛型

⑴外氣治療：用揉按法向膻中、中脘、心俞、靈道發熱氣；用點法向內關發涼氣；單掌發熱氣作心臟按摩。用導引法作全身導引。

⑵辨證施功：每晚做30～60分鐘月華功。「呵」字功吸短呼長以去心火。「吹」字功吸長呼短，以補腎水而濟心火。逍遙步以「呵」字口型長呼氣作慢步行功，每天2次，每次30分鐘。八段錦、易筋經每天各1次。盤坐深調息每天2次，每次30～60分鐘。

【食療】

丹皮桂元參雞湯

丹皮15克、桂元12克、丹參30克、老母雞一只。

做法：殺雞後去臟腑，洗淨，用紗布包藥裝雞肚內，用砂鍋燉爛後吃雞喝湯。

3.心血瘀阻

⑴外氣治療：向膻中、心前區用全掌發熱氣，並作外氣心臟按摩，向曲池、靈道用按法發熱氣。作全身導引。

⑵辨證施功：「呵」字功心外按摩。自我導引。閉氣功（閉氣到心臟以擴張冠狀動脈）。盤坐深調息功，每天2次，每次30～60分鐘。八段錦每天1次。逍遙步以「呵」字口型長吸短呼作慢步行功，每天2次，1次30分鐘。

說明：心血瘀阻本屬實證，照例應取瀉法，但冠狀動脈與其他血管不同，副交感神經興奮時它處於收縮狀態，交感神經興奮時它卻擴張，因此，按照辨證與辨病相結合的原則，靈活處理，均取吸長呼短，以便興奮交感神經擴張冠狀動脈，改善心肌循環。

(3)化死血方：歸尾15克、川芎15克、丹皮9克、蘇木9克、紅花12克、桂枝12克、桃仁12克、赤芍12克、番降香5克、通草5克、炒麥芽12克、穿山甲6克。水煎，以上為一日量。

4．痰濁阻心

(1)外氣治療：用按法向合谷、內關、中脘、足三里、三陰交發熱氣，用點法向太淵發涼氣，作全身導引。

(2)辨證施功：「呵」字功、「呼」字功（均以呼為主）。閉氣功（吸—呼—閉），以改善消化功能。逍遙步以「呼」字口型長呼，作慢步行功，每天2次，每次30分鐘。「吹」字功每天3次。盤坐深調息功每天2次，每次30～60分鐘。

註：冠心病辨證較為複雜，主要是它兼證較多，變證又快，所以必須經常觀察，隨時調整治療方案。

(3)除痰化瘀湯：制半夏12克、麥冬9克、五味子12克、炒枳實15克、丹參15克、北沙參15克、雲苓25克、大川芎15克。小麥為引，水前服。20劑為1療程。

【食療】

長命包子：馬齒莧、韭菜等量，分開洗淨攤開陰乾2小時，切碎，將雞蛋攤皮切碎拌在一起，酌加各種調料適量為餡，和麵包成包子蒸熟食用。

常吃可以防治冠心病，使老年人延年益壽，故有長命包子的美稱。

(二)心肌梗塞（心痛）

【診斷要點】

1.突發前胸壓迫性疼痛，噁心、嘔吐，常引起心律失常、低血壓、休克或心力衰竭。

2.可有發熱、白細胞增多、血沉加快、24～48小時內血清谷草轉氨酶與乳酸脫氫酶升高。

3.偶有無痛性心肌梗塞，極易誤診為心力衰竭、休克或腦血栓形成。

4.心電圖：Q波異常，ST升高，以後T波對稱倒置。

【辨證分型】

1.心陽不振、氣血瘀阻：疲乏無力，氣短汗出，精神倦怠，懶言聲低，膻中劇痛，面唇發灰，舌質紫暗，苔白膩，脈澀結代。

2.氣滯血瘀：心痛突發，持續不止，痛引左臂，痛徹肩背，胸悶憋氣，肢冷汗出，面白唇紫，手足青涼，舌質紫紺，舌苔薄白，脈澀結代。

3.氣虛亡陰：四肢冰冷，口乾心煩，冷汗淋漓，氣短怔忡，舌紅苔少，脈細數。

4.氣衰亡陽：面色青白，四肢厥冷，大汗淋漓，神遲鈍，煩躁少尿，唇紫舌暗，苔白膩，脈微欲絕。

【治療】

1.外氣治療

無論何型均以溫補心陽為主要治療方法。用揉按法向極泉穴發熱氣5～10分鐘，向靈道、心俞發熱氣5分鐘。再用全掌向膻中、心前區發熱氣以溫補心陽加以急救。同時應立即送內科入院治療。

2.辨證施功

急性期不宜做功。恢復期的施功方法同於心絞痛。

【食療】

本方用於恢復期。

用料：雞腿肉150克、曬參15克、麥冬25克。

製法：將洗好去皮的雞腿肉和適量冷水同時入鍋，在文火中煨開10分鐘後，放入洗淨的藥物，直煨至肉爛，加入適

量的精鹽和味精，趁熱服用。

功效：具有益氣、養陰、清熱之效用，適用於心肌梗塞併發的休克或恢復期，有促進康復之效用。

二、風濕熱（痹證）

【診斷要點】

1.心臟炎，必需具備下列條件之一：(1)過去無風濕熱或風心病史，而在觀察中心前區有肯定的雜音改變或出現新的雜音；(2)心臟增大，Ｘ線顯示心臟較正常增大15%以上；(3)靑少年無其他原因引起的心力衰竭；(4)有心包磨擦音或心包積液。

2.小舞蹈病。

3.游走性多發性關節炎。

4.皮下小結。

5.環形紅斑。

以上五項為主要標準。

還有六項次要標準：

1.發熱；2.關節痛；3.心電圖Ｐ—Ｒ間期延長；4.血沉增速或Ｃ反應蛋白陽性或白細胞增多；5.有新近罹患溶血性鏈球菌感染的證據；6.過去有風濕熱史或現在有非活動性風濕性心臟病。

如同一病人有下述兩項主要標準或一項主要標準兼有兩項次要標準，風濕熱之診斷即可成立。

【辨證分型】

1.風熱濕痹：惡風發熱，多汗口渴、咽峽紅痛，關節紅腫熱痛，伸屈不利，且多游走。舌質紅苔黃燥，脈洪數。若濕熱偏重則有黃膩苔，脈濡數。

2.風寒濕痺：關節疼痛，活動不利，或有腫脹，皮色不紅，舌淡苔白，脈弦緊。

其中以風為主者善游走為行痺；以寒為主者痛甚叫痛痺；以濕為主者固定不移叫著痺。

3.瘀血阻痺：關節腫痛，皮膚紅斑，皮下小結，血質紫暗，脈澀。

4.氣陰兩虛：心悸氣短，胸痛發悶，關節腫痛，反覆發作，舌胖而紅，苔薄白，脈細數。

【治療】

1.風熱濕痺

⑴外氣治療：取風池、風府、心俞用按法發熱氣，取天突、心臟點（尺澤一線，肘橫紋上3寸）、小腸俞用點法發涼氣。關節紅腫以全掌發熱氣以消腫、止痛。取附近穴位發涼氣或熱氣要據情而定。如膝關節腫痛取膝眼、梁丘、委中、足三里用揉按法發熱氣；取曲泉用點法發涼氣。作全身導引排病氣。

⑵辨證施功：月華功每天1次，1次30～60分鐘。逍遙步以「呵」字口型長呼氣，作慢步行功，每天2次，1次30分鐘。盤坐深調息功每日2次，每次30～60分鐘。

⑶處方：金銀花30克、連翹20克、木瓜15克、知母20克、薏米30克、粳米20克、甘草6克、生石膏50克，水煎服。

功效：消熱解毒、祛風滲濕。

2.風寒濕痺

⑴外氣治療：以風邪為主，痛無定處的行痺，宜用導引法疏導排風邪；以寒邪為主的痛痺，宜用寒則熱之的原則以全掌發熱氣在疼痛最厲害的地方驅寒止痛；以濕邪為主的著痺，治療上最為困難，雖經疏導、點按（根據部位就近取穴）

，可收一時之效，但往往反覆發作而發展成風濕性關節炎
（慢性風濕性關節炎的治療亦如下法）。

①肩痛：取肩井、肩髎、臑俞、巨骨、曲池、秉風、天
宗等穴。

②腰脊痛：取身柱、脊中、腎俞、腰陽關、委中、承山
、崑崙等穴。

③大腿痛：取環跳、居髎、秩邊、承扶、懸鐘、風市、
伏兔等穴。

④膝痛：取膝眼、梁丘、曲泉、委中、陰陵泉、陽陵泉
、足三里。

⑤踝痛：取申脈、照海、崑崙、丘墟。

⑥足趾痛：取通谷、公孫、跗陽、八風。

⑦肘臂痛：取臂臑、臑會、肩髃、肘髎、曲池、手三里
、合谷。

⑧腕痛：取陽池、外關、陽溪、陽谷。

⑨手指痛：取合谷、後溪、八邪、十宣。

以上穴位均以發熱氣為主，並結合其他推拿手法如推、
捏、拿、揉、拍等進行治療，必要時使用針刺，並通過針體
向穴內注氣。

(2)辨證施功：每天1次劍指站樁功，每次40分鐘。日精
功每晨半小時。逍遙步以「噓」字口型長呼氣作慢步行功，
每天2次，每次30分鐘。八段錦每天1次。深調息功每天2次。

(3)偏方：蹄筋湯，功能祛風散寒滲濕。

蹄筋80克（發好）、桂枝12克、雞血藤25克、木瓜10克
、烏頭10克，放砂鍋內加水兩碗，煎至半碗，蹄筋爛熟後，
吃筋喝湯。

　　3.瘀血阻痹

(1)外氣治療：以疏導為主，重點部位用全掌發熱氣加以散發，並進行全身性導引，以促進氣血流通，加快吸收，減輕疼痛。

(2)辨證施功：劍指站椿功每天1次30分鐘。日精功每晨30分鐘。八段錦每天1次。逍遙步以「呬」字口型長呼氣，作慢步行功，每天2次，每次30分鐘。深調息功每天2次。

(3)處方：紅花9克、丹參18克、元胡9克、益母草35克、桃仁12克、白烏25克、地骨皮12克、桂枝12克、鬱金12克，水煎服。

功效：活血化瘀、溫通經脈。

4.氣陰兩虛型

(1)外氣治療：以補氣為主，這種類型的胸悶、氣短、心悸源於心臟炎，應以全掌向心前區發熱氣，以促進炎症的吸收。心悸向內關用點法發涼氣。全身導引。

(2)辨證施功：日精功每早1次30分鐘。月華功每晚1次30分鐘。「呵」字功以呼為主，「吹」字功以吸為主，每天3～5次。劍指椿功每天1次30分鐘。深調息功每天30～60分鐘。

(3)方藥：黨參20克、麥冬10克、丹參20克，雞血藤20克、五指毛桃30克，赤芍12克、甘草6克，水煎服。

【食療】

用料及製法：兩面針15克、雞蛋1個、二者同煮、蛋熟去殼再煮片刻，食雞蛋喝湯。

功效：治風濕骨痛、胃痛、牙痛、挫傷。

三、風濕性心臟瓣膜病（心痹）

【診斷要點】

1.既往可有風濕熱病史。

2.活動時常有心悸、氣短等症狀，嚴重時可有咳喘，端坐呼吸及水腫等，二尖瓣區或主動脈瓣區可聞器質性雜音。

3.胸部X線、心電圖、超聲心動圖檢查可有與瓣膜相應的改變。

【辨證分型】

1.心血虛型：心悸氣短，頭暈目眩，面色無華，舌淡苔白，脈細數或結代。

2.心脈瘀阻型：心悸不寧，氣短喘促，兩顴紫紅，唇甲青灰，咳嗽甚至咯血，心痛陣發，舌質紫黯有瘀點，脈細數或結代。

3.心腎陽虛型：心悸氣喘，不得臥，小便少，浮腫明顯，惡寒肢冷，舌淡苔白，脈沉細或結代。

【治療】

1.心血虛型

(1)外氣治療：以揉按法向神堂、心臟點、心俞、小腸俞、郄上（郄門穴上3寸）發放熱氣，並用導引法排除、舒通經絡。

(2)功法選擇：劍指站椿功、八段錦、易筋經外經12式、深調息功、逍遙步、「呵」字功並結合胸外外氣按摩、搓揉小魚際直至發熱。靜坐調息，意念排除風濕病氣，一般從湧泉穴排入地下；低血壓、神衰、貧血患者從勞宮或全身毛竅外排。加「吹」字功以補腎氣。

(3)處方：桂枝10克、太子參20克、黃芪12克、麥冬15克、淮小麥30克、紅棗7枚、百合15克、龍骨30克、牡蠣30克、炙甘草6克，水煎服。本方益氣升陽、健脾養心，適用於氣血虧虛之風心。

2.心脈瘀阻型

(1)外氣治療：向心前區用全掌發熱氣以溫通經絡，促進瓣口開放。向內關用按法發熱氣。向極泉、心兪、小腸兪、神堂用揉按法發放熱氣。在發氣治療時讓患者內視心臟，感到有氣流在心區旋轉，瓣口開合自如，這樣內外氣相互結合，作用更大。以導引法排除病氣。

(2)辨證施功：劍指站樁功、八段錦、閉氣功（二尖瓣狹窄的患者要閉氣到心，意念氣流擴張瓣口；閉鎖不全的要意想瓣膜閉合）、深調息、「呵」字功結合外氣心臟按摩、逍遙步（「呵」字口型大口吐氣）。

(3)處方：益母草30克、紅花12克、丹參18克、麥冬15克、黃芪20克、桃仁12克、川芎9克、桂枝12克、赤芍50克、甘草6克，水煎服。

3.心腎陽虛型

(1)外氣治療：以揉按法向心兪、腎兪、小腸兪、郄上、心臟點、內關發熱氣。外氣導引排病氣。心臟外氣按摩。

(2)辨證施功：劍指樁功、日精功、八段錦、深調息、逍遙步（快步行功意念排尿，用「吹」字口型）。自我導引外氣按摩心前區。閉氣功（吸後略閉）。

(3)偏方：老母雞一只去毛及內臟，雞肚內加入黃芪50克，茯苓50克，用黃酒1公斤同放鍋內煮熟吃雞。有補虛利尿作用，適用於心病性水腫。

【食療】

瓜皮柏子粥：西瓜皮500克（去老皮）、冬瓜皮120克、柏子仁50克、大米200克，共煮為粥，一日分次吃完。

性味及成分：性平、味甘、無毒，含蛋白質、多種維生素、菸酸柏子素、精氨酸等。

功效：養心安神、解毒利尿。

四、高血壓病（眩暈、肝陽）

【診斷要點】

1.三次檢查收縮壓均達到或超過21.3KPa，舒張壓達到或超過12.7KPa。

2.除外慢性腎炎、腎盂腎炎、腎動脈狹窄、嗜鉻細胞瘤、原發性醛固酮增多症等病所致的症狀性高血壓。

【辨證分型】

1.肝陽偏盛型：表現為頭痛、失眠、急躁、口乾苦、面紅目赤、舌尖邊紅、苔黃脈弦。

2.肝腎陰虛型：有頭部空虛感，頭痛，眩暈，耳鳴，面部潮紅，手足心熱，腰膝酸軟，心悸易怒，失眠健忘，舌紅而乾，薄苔或少苔，脈弦細或沉細。

3.陰陽兩虛型：嚴重眩暈，走路輕浮，四肢無力，面色㿠白，心悸氣促，面部或雙下肢水腫，夜尿多，記憶力減退，畏寒肢冷，腰膝酸軟，胸悶，舌質淡嫩，苔薄白或無苔，脈沉緊。

4.陰虛陽亢、肝風內動型：劇烈頭痛，噁心嘔吐，煩躁不安，視力模糊，手足抖動或抽搐，偏癱失語，意識模糊或昏迷，苔黃，脈弦。

【治療】

1.肝陽偏盛型

⑴外氣治療：用點法對百會發涼氣，並讓患者配合呼氣，讓氣從湧泉排入地下。用全身導引，讓病氣從四肢排出。

⑵辨證施功：劍指站樁功、日精功、八段錦、「噓」字功（以呼為主）、逍遙步、鬆靜功、降壓功。

⑶處方：當歸12克、白芍25克、茯苓12克、夏枯草15克

、川牛膝12克、鉤藤12克、菊花30克、柴胡12克、黃芩12克
、梔子12克、丹皮15克。水煎服。

功能：清肝解鬱、降壓。

2.肝腎陰虛型

⑴外氣治療：除向百會發涼氣，讓患者配合呼氣，從湧
泉下排並做全身外氣導引外，再用按法向心兪、極泉、內關
、曲池、大陵發熱氣。

⑵按證選功：劍指椿功、日精功、「噓」字功、「吹」
字功、逍遙步。鬆靜功、降壓功。

⑶偏方：天麻15克、杜仲20克、豬腦一具。同放磁罐內
隔水燉熟服食。每日或隔日一次。具有滋補肝腎、平肝潛陽
之效用。

3.陰陽兩虛型

⑴外氣治療：除用肝腎陰虛型的治療方法外，加用揉按
法向腎兪，足三里、三陰交、血壓點（第六頸椎棘突下旁開
2寸）發熱氣。

⑵依證選功：劍指站椿功、日月精華功、「噓」字功、
「吹」字功均以呼為主（本來虛證應補，該以吸為主，但高
血壓病乃標實本虛之證，若以吸為主，交感神經興奮勢必造
成血壓進一步升高。因此，應該本著急則治其標、緩則治其
本的原則，先治標把血壓降下來才是當務之急）、鬆靜功、
降壓功、逍遙步。

⑶處方：引火歸原湯：地黃15克、棗皮10克、山藥10克
、丹皮10克、澤瀉9克、茯苓10克、官桂3～5克，牛膝10克
。水煎服。

4.陰虛陽亢、肝風內動型

⑴外氣治療：以雙手導引法進行全身導引，並讓患者以

「噓」字口型大口吐氣,用意念配合導引將血液向下排放,以平肝潛陽,息風鎮驚。應連續導引10～15分鐘,等血壓下降後再停止。其他治法同肝腎陰虛型。

(2)依證選功:肝風內動時不宜做動功與椿功,有時連靜功亦不能做。等血壓下降,一切平穩後,按肝腎陰虛型選功即可。

(3)處方:生地12克、元參15克、懷牛膝12克、丹參25克、夏枯草30克、天麻15克、鉤藤12克、生牡蠣30克,黃芩12克。水煎服。

功能:滋陰潛陽,息風活絡。

【食療】

芹菜粥:芹菜2兩,洗淨留根,葉切碎;大米二兩。先將米放鍋內煮,將熟時放入碎芹菜煮熟食之。每天1～2次。

性味及成分:性味甘、涼、無毒,含尼克酸、揮發油、甘露醇、環乙大醇、菸酸、鈣、磷、鐵及多種維生素。

作用:健胃利尿、鎮靜降壓。

高血壓性心臟病的治療請參閱高血壓病與冠心病,此不贅述。

五、慢性充血性心力衰竭（怔忡）

【診斷要點】

1.左心衰竭:因肺靜脈回流受阻,故以肺部鬱血症狀為主要表現。

(1)呼吸困難:輕者勞動時出現,重者休息時亦有,甚至不得不端坐呼吸。夜間陣發性呼吸困難是左心衰竭的典型表現。

(2)咳嗽,嚴重時可咯血,肺水腫時咯出大量白色或粉紅

色粘痰；肺部聽診可聞乾、濕囉音。

(3)左心增大，心動過速，奔馬律，心尖部收縮期雜音，肺動脈第二音增強。

(4)因肺水腫氣體交換障礙，出現缺氣而見紫紺。

(5)X線檢查：左心室增大，單純二尖瓣狹窄為左心房擴大。肺部可見肺鬱血及肺水腫的特有徵象。

2.右心衰竭：因體靜脈回流受阻，故以器官鬱血及缺氣症狀為主要表現。

(1)尿少、水腫，甚至出現胸水或腹水。

(2)肝腫大，頸靜脈怒張，出現肝頸靜脈回流徵陽性，甚至可出現肝功能異常或黃疸。

(3)胃腸道鬱血可出現食慾不振、噁心、嘔吐等症狀。

(4)常有紫紺。靜脈壓增高。

(5)心臟擴大，三尖瓣區有收縮期雜音。

【辨證分型】

1.氣虛咳喘：咳嗽喘促，勞動時加重。重者張口抬肩，肢冷汗出。舌淡苔白，脈沉細。

2.陽虛水腫：尿少水腫，心悸神疲，氣促咳唾，胸肋脹滿，重者懸飲，舌質胖嫩苔白，脈沉細或虛數。

3.陽虛血瘀：心悸氣促，咳唾血痰，唇紫爪暗，頸部及舌下青筋顯露，脅下痞塊，舌紫暗，脈沉細澀。

【治療】

1.氣虛咳喘

(1)外氣治療：用按法對心兪、肺兪、大椎、膻中、中脘、內關發熱氣。用導引法進行全身性導引。用揉法向天突發熱氣，用全掌向大椎和定喘發熱氣。

(2)選功：日精月華功、「呵」字功、「呬」字功、逍遙

步、深調息功。

(3)偏方：銀耳15克、太子參25克、冰糖適量，水煎飲服。用治氣虛心悸。

2.陽虛水腫

(1)外氣治療：用揉按法向心俞、肺俞、脾俞、腎俞、水分、足三里、三陰交、氣海發熱氣。用勞宮向心前區發熱氣以溫補心陽。

(2)選功：日精功、月華功、「呵」字功、「吹」字功、逍遙步、深調息功、「呼」字功。

(3)處方：黨參25克、茯苓25克、白朮12克、麥冬12克、桂枝9克、車前子30克（沙布包用）、葶藶子12克、五味子12克、澤瀉35克、制附片9克。水煎服。

功效：益氣強心，生脈利水。

3.陽虛血瘀

(1)外氣治療：用揉按法向心俞、腎俞、內關、郄上、心臟點、小腸俞發熱氣。用全掌向心臟發熱氣以溫通心脈。用導引法疏通經脈，排除病氣。

(2)選功：日精功、逍遙步、「呵」字功、深調息功、外氣心臟按摩功、搓小指外側的手少陰心經（左右交替進行）並點按少海穴。

(3)處方：當歸15克、赤芍15克、桃仁12克、紅花12克、地龍12克、川芎15克、黃芪25克。水煎服。

功效：益氣活血強心，化瘀止痛。

【食療】

烏魚冬瓜湯：活烏魚一條（約350克），冬瓜350克，蔥白7根，大蒜5頭，味精少許。

做法：烏魚去腸留鱗，洗淨；冬瓜去瓤、削皮、切塊，

洗淨。加水入鍋，將烏魚、冬瓜及削下的冬瓜皮、蔥、蒜一並放入煮爛，加味精調味。吃魚、瓜、喝湯。每日一劑，共7天。

六、感冒

【診斷要點】

1.冬春易發，氣候突變時流行，受涼、過勞易誘發。

2.患者可有發熱或不熱、鼻塞、流涕、打噴嚏、頭痛、關節痛、乏力、咽痛、咳嗽等症狀。

【辨證分型】

1.風寒型：鼻塞，流清涕，噴嚏，喉癢，咳嗽，痰稀或無痰，頭痛身熱，無汗，苔白，脈浮或浮緊。

2.風熱型：發熱，微惡風寒，頭痛，鼻塞流黃涕，口乾而渴，咽喉腫痛，咳嗽，痰黃粘稠，苔薄黃，脈浮數。

3.表寒裡熱型：惡寒發熱，無汗，身痛，鼻塞身重，口渴咽痛，咳嗽氣急，痰黃，尿黃便秘，舌苔白或黃，脈浮數。

【治療】

1.風寒型：

(1)外氣治療：以按法向肺俞、大椎、風府、大杼、外關、列缺、合谷、復溜發熱氣。全身性導引排病氣。

(2)選功：劍指站樁功、日精功、八段錦，每次練完功多按摩頭面部。

(3)偏方：五神湯發汗解表，散發風寒：荊芥10克、蘇葉10克、茶葉6克、生薑10克、紅糖30克。以文火煎荊芥、蘇葉、茶葉、生薑，15～20分鐘後，加入紅糖待溶化後隨量服用，每日2次。

2.風熱型

⑴外氣治療：以按法向大椎、風門、曲池、少商發熱氣。以點法向太陽、上星、迎香發涼氣。咳重加尺澤、太淵，喉痛加魚際、關衝。全身導引排病氣。

⑵選功：劍指站樁功，月華功，八段錦，「呬」字功（以呼為主），頭面部按摩，揉尺澤、太淵、魚際，逍遙步。

⑶偏方：銀花10克、菊花10克、苦竹葉30克、桑葉5克，薄荷2克放入茶壺內用開水沖泡2分鐘隨時趁熱飲用。可清熱解表散風，治療風熱感冒。

3.表寒裡熱型

⑴外氣治療：以按法向大椎、定喘、肺俞、風門、曲池、少商發熱氣，向上星、迎香、天突發涼氣。用揉法向尺澤、太淵、魚際、關衝發熱氣。全身導引排病氣。

⑵選功：日精月華功，劍指站樁功，八段錦，「呬」字功，「呵」字清瀉肺、心之熱。逍遙步。

⑶偏方：青龍白虎湯：白蘿蔔200克，洗淨切碎，加橄欖5枚共煮湯飲，每日3次，用量不限。可清熱解毒，防治流感。

【食療】

白胡椒熱湯麵治感冒：白胡椒末、蔥、薑末適量，煮熱湯麵條一碗，混合趁熱急吃，蓋被而臥，汗出即愈。

七、急性支氣管炎（咳嗽）

【診斷要點】

1.冬春季節常發於感冒之後，可有惡寒發熱、頭痛身倦、咳嗽胸悶。

2.體徵不明顯，X線檢查多無異常發現。白細胞可略增加。

【辨證分型】

1.風寒型：惡寒發熱，頭痛身倦，咳痰稀薄，苔薄白，脈浮緊。

2.風熱型：發熱口乾，咳痰黃稠，舌紅苔黃，脈滑數。

3.燥咳型：乾咳無痰，或痰少而稠，咳吐不利，可有發熱，舌紅苔乾黃，脈滑或數。

【治療】

１．風寒型

⑴外氣治療：以按法向肺俞、大杼、風門、外關、列缺、復溜、合谷發熱氣，全身導引排除病氣。

⑵辨證施功：劍指站椿功、八段錦、日精功，「呵」字功、逍遙步。

⑶偏方：芥菜薑湯祛痰止咳：鮮芥菜80克洗淨切碎，鮮薑10克切片，加清水四碗煎至兩碗，加鹽適量，分兩次服用。一日2次，連服三天見效。

功能：宣肺止咳、疏風散寒。

２．風熱型

⑴外氣治療：以按法向大椎、風門、曲池、少商、尺澤、太淵發熱氣。用劍指發涼氣從天突向下沿任脈至鳩尾，反覆六次以上。用掌根揉按大椎、定喘。導引法排除病氣。

⑵辨證施功：日精功、劍指站椿功、易筋經外經12式、「呵」字功長呼為主以清瀉肺熱。自我按摩魚際、尺澤，點刺少商。

⑶偏方：三瓜汁功能止咳化痰，對風熱型急性支氣管炎有較好效果。

製法：將絲瓜、冬瓜、南瓜根莖離土3尺剪斷，分別插於乾淨瓶內，密封瓶口，務使液體滴盡為度，然後各取出

700ml混合置一容器內。另取甘草30克、柴胡30克、大蒜15克、生石膏90克,用消毒紗布包好放瓜汁內,再一并蒸煮至沸,取出過濾,俟冷卻,分裝三瓶,每瓶500ml左右,密封備用。每日2次,每次50ml。療程視病情而定。

　　3.燥咳型

　　⑴外氣治療:以按法向大椎、風門、肺俞、天突、中府,豐隆發熱氣。全身導引排病氣。

　　⑵辨證施功:月華功、劍指站樁功,易筋經外經12式、「呬」字功(以呼為主)、「吹」字功(以吸為主)、深調息功。

　　⑴偏方:生芝麻15克、冰糖10克共放於碗內,以開水沖泡飲用,有潤肺、生津之作用,用以治療夜咳不止、咳嗽無痰的燥咳型急性支氣管炎有較好效果。

　　【食療】

　　銀沙百合湯滋陰潤肺

　　用料:銀耳15克、沙參20克、百合20克、冰糖30克、蜜棗4枚。

　　製法:先將銀耳浸發好備用。用砂鍋先煎沙參、百合、棗,煎煮40分鐘後,下銀耳和冰糖,再煮一會兒即可食用。

　　功效:滋陰潤肺、化痰止咳。本方適用於燥咳型支氣管炎。

八、慢性支氣管炎(痰飲)

　　【診斷要點】

　　1.經常咳嗽吐痰,冬天或氣候突變時發作頻繁,且症狀加重;夏季時症狀減輕以至消失。咳嗽早晚較重;波及細支氣管則可氣喘。

2.兩肺上下、特別是下部，常有位置不定的、粗細不等的乾性或濕性囉音，有時可聽到笛音或飛箭音。

3.慢支的後期往往產生支氣管擴張及肺氣腫的症狀與體徵。

4.X線調查有肺門陰影增大，紋理多有增粗，但並無特殊的重要性。

【辨證分型】

1.風寒型：咳嗽，痰白而稀，惡寒，頭痛，舌淡苔白，脈浮緊。

2.風熱型：咳嗽吐黃痰，發熱，微惡風，口乾咽痛，苔黃或白，脈浮數。

3.肺脾兩虛型：氣短自汗，納差便溏，每遇氣候變化則咳嗽、吐痰，喘促加重，苔白、脈細。

4.肺腎兩虛型：咳喘日久，動則益甚，呼多吸少，痰稀色白，畏寒肢冷，舌苔白滑，脈沉細無力。

【治療】

1.風寒型

同於急性支氣管炎的各類型，此不贅述。

2.風熱型：同上。

3.肺脾兩虛型

⑴外氣治療：以揉按法向肺俞、大椎、脾俞、大腸俞、胃俞、合谷、太淵發熱氣，以全掌向肺區、大椎、定喘發熱氣。用導引法進行全身導引以排除病氣。

⑵辨證施功：劍指站樁功、八段錦、易筋經外經12式、逍遙步、「呵」字功、「呼」字功（以吸為主）、閉氣功（吸、閉、呼）、深調息功。如有可能再加上日精功。

⑶處方：黨參15克、黃芪9克、蒼耳草9克、佛耳草9克

、百合9克，水煎服。蜂蜜5克，上藥煎好飲時，先服蜂蜜後飲藥。

功效：清熱解毒，止咳化痰，補脾健胃，固本益氣。

4.肺腎兩虛型

(1)外氣治療：以按法向肺俞、大杼、合谷、俞府、足三里發熱氣；以全掌向腎俞、命門、關元、氣海發熱氣。重點在於補腎與培補元氣，只有這樣，才能使真氣有所依附，為腎所納，進而喘促自消。

(2)辨證施功：日精月華功，「呬」字功，「吹」字功（以吸為主，吸後略閉氣），逍遙步（用「吹」字口型以吸為主的慢步行動），仰臥蹬足跟，團身抱膝，搓腎俞、湧泉。

【食療】

蜜餞雙仁補腎益肺：

用料：甜杏仁250克、核桃仁250克、蜂蜜500克。

製法：先將甜杏仁炒黃（勿焦）、放在鋁鍋中加水煮一小時，再下核桃仁，收汁將乾鍋時，加入蜂蜜，伴勻，再沸即成。每日2次，每次3克。

功效：潤肺補腎。經常食用可治療肺腎兩虛型久咳、久喘等證。

九、肺氣腫（肺脹、痰飲）

【診斷要點】

1.起病緩慢，用力後的呼吸困難是在不知不覺中發生，休息時的呼吸困難很少見，只是在晚期或合併支氣管炎症時才有，端坐呼吸更少見。

2.桶狀胸、借輔助肌呼吸，呼長吸短、哮鳴音較為常見。

3.咳嗽痰多，很難排盡。

4.過度充氣和胸膈肌變平為X線特徵。

【辨證分型】

1.脾虛挾濕型：喘咳乏力，痰多稀白，納呆腹脹，大便稀溏，舌淡苔白膩，脈滑。

2.痰濁阻肺型：發熱喘促，咳痰黏膩或黃稠，胸悶脹滿，舌質偏紅，苔厚膩或黃膩，脈弦滑數。

【治療】

1.脾虛挾濕型

(1)外氣治療：以揉按法向肺俞、定喘、脾俞、胃俞、大腸俞發熱氣，以全掌向膻中、中脘及肺野發熱氣。用兩手食指由外向裡揉按天樞穴16圈，邊揉邊注入熱氣。全身外氣導引。

(2)辨證施功：劍指樁功、日精功、易筋經外經12式、深調息功、「呬」字功、「呼」字功、「吹」字功、逍遙步。

(3)單方：南瓜藤液：將地裡生長的活南瓜藤剪去頭，插入瓶內，經過一夜，藤液流入瓶中，早晨取液開水沖服。

作用：因脾虛生痰，肺陰不足或肺有鬱火，而證見咳嗽多痰，泡沫色白者，用以清肺化痰。南瓜藤液性甘苦微寒，入肝、脾經，有健脾、潤肺、和胃等功效。

2.痰濁阻肺型

(1)外氣治療：以揉按法向肺俞、大杼、腎俞、大腸俞、膀胱俞、膻中、中府、太淵、合谷發熱氣。用導引法作全身導引。

(2)辨證施功：混元樁功、易筋經外經12式、「呬」字功、「吹」字功、強壯功。

註：本病係因肺泡彈性組織缺陷及肺泡回縮無力所致，因此，在做功時不能勉強長吸氣和吸後閉氣，否則將造成肺泡內殘留

氣體增多、壓力增大，而使氣體交換更加困難，這樣會加重呼吸困難，加重喘息狀態，甚至會造成肺大泡的破裂（若肺大泡破向胸腔則造成自發性氣胸），後果將會更加嚴重。若以為對於本病呼氣期延長這種症狀，只有加強吸氣和閉氣才能取得最大療效，是缺乏科學依據的。我們認為在做靜功調息時可適當加深呼吸，但不應以吸為主，吸後閉氣。多做調息有助於改善呼吸性能，對本病的治療是有益的，但要掌握好分寸。

(3)處方：黨參12克、白朮12克、茯苓12克、半夏9克、陳皮9克、炒白芥子12克、炒萊菔子12克、炒蘇子12克、沉香3克、紫河車9克、仙靈脾15克、紫白英15克。水煎服。

功效：補脾助運化痰平喘，溫腎納氣。

【食療】

新擬八寶粥：杏仁6克、桃仁6克、核桃仁10克、芡實20克、苡米20克、百合20克、花生米30克、銀杏（去殼）20克，加水適量先煮20分鐘，再加入粳米100克煮成粥。此為一日量，二次分服。飯量大者一次食完亦無不可。

功能：補腎健脾，宣肺止咳。

十、支氣管擴張（咳喘、痰飲、咯血）

【診斷要點】

1.慢性反覆咳嗽，排出大量濃痰，反覆咯血。

2.肺下葉可有乾囉音或濕囉音。

3.X線平片很少變化；碘油造影支氣管呈柱狀或囊狀擴張。

4.支氣管鏡檢查：管壁充血、出血、增厚、狹窄或擴張。

【辨證分型】

1.脾虛濕重型：咳嗽痰多、色白，腹脹納呆、神疲。舌

淡苔白膩，脈緩滑。

2.肺熱傷絡型：咳嗽痰多，色黃粘稠，痰中帶血或大口咯血，伴發熱口乾，舌紅，苔黃，脈滑數。

3.陰虛火旺型：咳嗽，痰帶血絲或咯血，口乾咽痛，潮熱盜汗，心煩。舌紅少苔，脈細數。

【治療】

1.脾虛濕重型

(1)外氣治療：以揉按法向肺俞、大杼、大椎、脾俞、胃俞、大腸俞、膈俞、足三里發放熱氣。用全掌向整個肺區、膻中、中脘發熱氣。用導引法進行全身導引。

(2)辨證施功：劍指站樁功或日精功（根據體力任選一種），易筋經外經，深調息功，四季養生功中的「呬」字功，「呼」字功，「吹」字功，逍遙步，八段錦。

(3)處方：甜杏仁12克、川貝母12克、法半夏6克、桔絡10克、萊菔子12克、白朮12克。以上藥用紗布包好裝殺好的雞肚內，用砂鍋炖，雞爛後吃雞喝湯。

2.肺熱傷絡型

(1)外氣治療：以按法對大椎、肺俞、腎俞、脾俞、膻中、寒闊、塔埃發熱氣。全身導引以清瀉肺熱。必要時以點法向百會穴發涼氣以清肺熱（只用於熱盛大量咯血不止者）。

(2)辨證施功：月華功、劍指樁功、八段錦、深調息功、逍遙步（慢步行功）、「呬」字功、「噓」字功、「吹」字功、「呼」字功。患者應自行按摩魚際（向前臂方向用力）、尺澤（用瀉法即由裡向外旋轉），以清瀉肺中之火；以補法按摩太溪以壯水制陽；錘擊中府以清調肺臟之氣。如此可收喘緩、咳輕、血止之效。按摩每天3～4次，每次36遍或54遍。錘擊中府每天3～4次，每次36下或54下。消毒針點刺少

商，每日1次，兩邊輪換行之。

　　所有需要清瀉肺熱的呼吸道病症，均應如上法為之。

　　⑶處方：桑白皮18克、地骨皮9克、花蕊石15克、三七粉3克、粳米10克、甘草6克。水煎服。血餘炭10克水沖服。

　　功效：清肺瀉火，止血生新。

　　隨證加減：伴發熱、頭痛、咽痛等風熱症者，去地骨皮，加桑葉10克、菊花10克、牛蒡子10克。見鼻乾、咳嗆、舌紅少津、脈細數等燥火見證，加沙參、麥冬、天花粉各10克。有發熱、痰多黃稠的熱證，加魚腥草15～20克、炒黃芩、大貝母各10克。煩躁易怒、脇肋引痛、脈弦數為肝火犯肺，加黛蛤散（包煎）15～20克，炒山梔10克。便秘者加生大黃5～10克。

　　3.陰虛火旺型

　　⑴外氣治療：以揉按法對大杼、肺兪、腎兪、大腸兪、太淵、列缺、太溪發熱氣。從手太陰肺經及足少陰腎經二經著手加以調理。再用導引法清瀉虛火。

　　⑵辨證選功：劍指椿功，月精功，「呬」字功，「吹」字功，「呵」字功，深調息功，逍遙步，體力允許時加做八段錦、易筋經。

　　⑶偏方：清熱潤肺方

　　用料：鴨梨1000克、白蘿蔔1000克、鮮薑250克、煉乳250克、蜂蜜250克、黃酒少許。

　　製法：鴨梨洗淨去核、切碎，白蘿蔔、生薑洗淨、切碎，分別以紗布絞擠取汁。將蘿蔔汁、鴨梨汁放入鍋中煎熬濃縮，再將薑汁、煉乳和蜂蜜以及黃酒加入共煮，變稠後裝瓶待服。每日3次，每次10ml。

　　【食療】

二母元魚：（王中舉提供）

原料及製法：元魚（鱉）肉500克切塊，加川貝母、知母、前胡、柴胡、杏仁各9克，黃油50克，鹽適量，放入高壓鍋內加水蒸15分鐘，取出趁熱吃肉喝湯。

作用：滋陰補腎、舒肝宣肺、鎮咳止血。

十一、支氣管哮喘（哮證、喘證）

【診斷要點】

1.陣發性喘鳴性呼吸困難，尤以呼氣性困難為其特點。發作時病人煩躁不安，胸部悶痛，常取坐位，輔助呼吸肌大都參加呼吸運動，鎖骨上下顯著下陷，張口抬肩，大汗淋漓，唇指紫紺，伴劇烈咳嗽、吐泡沫樣痰。這種情況，可持續數分鐘或幾小時，待吐出粘痰後，氣喘停止。

2.發作期的哮鳴音和乾性囉音，發作停止後逐步減少或消失。

3.發作期嗜酸性粒細胞明顯增高；痰內亦可見之。合併感染時有白總增高及發熱。

【發作時辨證分型】

1.肺寒型：哮鳴性咳喘、痰少而清稀、舌淡苔滑、脈弦滑或浮緊。

2.肺熱型：喘咳增劇，胸膈脹滿，喉有哮鳴，痰量多而黃稠，身熱多汗，口苦口渴，舌質紅，苔黃膩，脈滑數。

關於本病的病因、辨證和治療問題，這裡要做如下的說明：支氣管哮喘簡稱哮喘病，為常見的發作性肺部過敏性疾病，兒童及少年較為多見，好發於秋冬。春季次之。成人的發作誘因約有2／3為感染所致；其次為外界過敏原、精神因素、運動與勞累。因此，提高身體素質、防止和控制感染是

預防本病發作的最好方法。此外，防止過敏原的接觸、精神因素的排除、避免勞累也都很重要。

　　按中醫的觀點，本病在發作時的見證為肺寒型（一般發作）和肺熱型（合併感染）兩種；而在非發作期間則與常人無異。無證則無所謂辨證。但氣化理論認為：肺為氣之主，腎為氣之根；若腎虛根本不固，吸入之氣不能歸納於腎，就會造成氣機紊亂，上擁於肺，而導致哮喘。故本病的表現在肺、其根在腎。在臨證治療上則主張發作時治肺、非發作時治腎，並將其作為主要法則來對待。氣功醫療是中醫的一個組成部分，按中醫的理論來指導氣功治療是理所當然之事。因此，本病在發作時要「急則治其標」，以外氣治療來控制症狀；平時則要「緩則治其本」，教給病人以補腎和瀉肺的功法，自行練功，以充實腎氣、扶正固本。補腎固本就是改善人體免疫功能，提高身體素質。在這個問題上中西醫的觀點是完全一致的。

【治療】

1.外氣治療

　　(1)肺寒型：以按揉法向肺俞、大杼、定喘、合谷、太淵、大腸俞、列缺、復溜發熱氣。用全掌向肺區、膻中發熱氣。用拿法拿大椎和定喘，並用全掌發熱氣。然後用導引法進行全身導引，排除病氣。

　　(2)肺熱型：以按揉法向肺俞、大椎、中府、尺澤、魚際、太溪發熱氣。用全掌較長時間地向肺區發熱氣以定喘止咳，控制感染。最後用導引法作全身性導引以清瀉肺熱。

2.選功：

發作期不能做功。發作緩解後肺熱型的要繼續清瀉肺熱，感染基本控制後和肺寒型的緩解期病人一樣，都以補腎的功法為主。

　　清瀉肺熱以「呬」字功吸短呼長，做到鼻尖與上唇出微汗為止。逍遙步亦以「呬」字口型長呼為主的慢步行功為適宜。其他功法兩型病人一樣選功。

　　功法：劍指站樁功、日月精華功、八段錦、易筋經、深調息功或閉氣功（以吸為主、吸後閉氣）、「吹」字功（以吸為主）、逍遙步（以「吹」字口型短呼長吸）。

　　此外加做團身抱膝：仰臥床上，屈膝團身，以雙手緊抱雙膝，勾頭，下頜貼緊胸部，大腿貼於腹部，以腰部接觸床面。吸氣後抱膝並閉氣到腰、閉不住時鬆手伸腿、直腰直頸以「吹」字口型呼氣。然後吸氣團身抱膝，如此反覆進行六次以上。或者立於地上作下蹲抱膝：兩腳並步站立，全身放鬆，兩膝屈曲下蹲，以雙手緊抱雙膝下部，使大腿與胸腹貼緊，屈頸勾頭盡量向膝部靠攏，意念集中於命門。呼吸的配合：下蹲時吸氣，吸足後勾頭閉氣到腰，閉不住時直腰起立，邊起邊用「吹」字口型呼氣。如此共做六次以上。或者直腿弓腰：雙足並立、直腿彎腰，以雙手扳雙足跟，吸足氣後閉氣到腰，閉不住時呼氣直腰。呼氣時用「吹」字口型。

　　【食療】

　　冬蟲夏草15克、鮮胎盤1個，洗淨加水炖熟，酌加調料。吃胎盤、喝鮮湯。

　　作用：補腎、益氣、養血。適用於支氣管哮喘緩解期、肺結核、性功能紊亂或減退、貧血、神衰及各種病後虛損。

十二、肺源性心臟病

　　本病在中醫臨床中多屬於「咳嗽」、「哮喘」、「痰飲」、「心悸怔忡」、「痰厥」等範疇。

　　【診斷要點】

1.肺源性心臟病是由胸廓、肺組織或肺動脈及其分支的病變導致肺循環阻力增加，肺動脈高壓發生，並進而導致心臟負荷加重而引起的。所以，這種病的患者都有慢性支氣管炎、支氣管哮喘、肺氣腫或其他足以影響肺循環的肺胸病變史。

2.有長期反覆的咳嗽、吐痰病史，並有心悸，氣急，發紺，頸靜脈怒張，肝腫大、有壓痛，肝頸靜脈回流徵陽性，下肢浮腫，P^2亢進等一系列右心衰竭的表現。

3.嚴重的可發生肺性腦病，出現頭痛、嗜睡、反應遲鈍、短暫的神智模糊、煩躁不安甚至精神失常。部分病人會出現缺氧和二氧化碳瀦留，呼吸循環衰竭，並可造成死亡。

4.血CO_2結合力升高；有感染時白細胞增高。

5.X線檢查，每可發現肺氣腫、脈動脈總乾弧突出、肺門部的肺動脈擴大。心臟呈垂直位，右心室擴大，心衰時可有全心擴大。心電圖出現肺型P波，心電軸右偏，右胸導聯出現高R波，Vo出現深S波，提示右心室肥大。

【辨證分型】

1.肺腎氣虛型：咳喘氣短，活動加重，發熱惡寒，面色無華，舌淡苔白，脈浮緊。（此為肺功能不全階段）

2.心腎陽虛型：浮腫心悸，氣短難臥，胸悶尿少，腹脹不適，唇顴紫紺，舌質紫暗，脈沉細滑。（心功能不全階段）

3.痰迷心竅型：意識朦朧，或狂躁譫妄，或昏睡以至昏迷。呼吸急促，伴有痰鳴，眼泡浮腫，舌質紫紺，脈滑數。（肺性腦病）

4.陰陽欲脫型：面色晦暗，汗出肢冷，怔忡心悸，息促神疲，表情淡漠，舌質紫暗，脈微欲絕。（休克）

【治療】

1.肺腎氣虛型

(1)外氣治療：以按法向肺兪、大杼、定喘、大腸兪、腎兪、膀胱兪、曲池、合谷、列缺發熱氣。向整個肺區用全掌發熱氣。用導引法作全身導引。

(2)辨證施功：日精功、八段錦、易筋經外經、盤坐深調息功、逍遙步、「呬」字功、「呵」字功、「吹」字功均以吸為主。搓腎兪、湧泉、魚際、太淵、內關等穴。

(3)處方：黨參12克、當歸12克、丹參15克、生乳香9克、百部9克、肉蓯蓉9克、紫河車9克、琥珀3克沖服。

功效：固本逐瘀、益氣活血、止咳化痰、滋補肺腎。

2.心腎陽虛型

(1)外氣治療：以揉按法向心兪、肺兪、腎兪、膀胱兪、內關（重點）、水分、足三里、三陰交、氣海發熱氣。向心前區、肺區用全掌發熱氣。

(2)辨證施功：日精功、深調息功、「呵」字功、「吹」字功、「呬」字功，以吸為主。逍遙步（用「呬」字口型）每天1次，一次10～20分鐘。

(3)處方：雞血藤25克、紅花9克、鬱金12克、赤芍15克、丹參18克、白朮12克、附片15克、茯苓25克、生薑7克、桂心6克、澤瀉25克、木通30克、車前草30克。水煎服。

功效：活血化瘀、溫陽利水。

痰迷心竅型（肺性腦病）和陰陽欲脫型（休克）係肺心病的危候，死亡率極高，宜送內科搶救，不宜在氣功門診或療養院治療。故其治療問題從略。

【食療】

蟲歸芪苓母雞湯：

材料及製法：母雞一只（宰殺去毛去內臟）、蟲草15克

、當歸20克、黃芪30克、茯苓30克，洗淨，共放鍋內加水煮
爛，酌加精鹽及其他調料，吃雞喝湯。

作用：補腎益氣、養血利水，適合一切虛損之證。

十三、肺結核（肺癆）

【診斷要點】

1.常有發熱、長期發熱、潮熱或婦女經前發熱；夜間失
眠、盜汗；食慾不振、疲勞不適；體重減輕、脈搏加速。

2.咳嗽、吐痰、咯血、胸痛、氣急。

3.肺部聽診有時可有局限性濕囉音、磨擦音。

4.X線檢查有特異發現（亦有毫無症狀僅在體檢透視時
被發現），痰塗片可找到抗酸杆菌，血沉於活動期可增速。

【辨證分型】

1.肺陰虛型：乾咳少痰，咯血胸痛，潮熱顴紅，咽乾口
燥，舌尖邊紅，脈細數。

2.腎陰虛型：兩顴潮紅，潮熱盜汗，心煩失眠，煩躁易
怒，咳痰咯血，脅痛聲嘶，男子夢遺，女子經少，舌質紅絳
少苔，脈細數。

3.脾腎兩虛型：面色蒼白，手足不溫，食少便溏，氣短
聲嘶，咳嗽多痰，肌肉瘦削，面浮肢腫，舌淡胖、苔白，脈
細弱。

【治療】

1.肺陰虛型

(1)外氣治療：用按法對肺俞、大椎、膻中、結核穴（大
椎穴下旁開2.5寸處）發放熱氣。另外用揉法向間使、魚際
、膈俞發熱氣。用勞宮向肺部病灶區發熱氣。全身導引排病
氣。

(2)辨證施功：月華功、八段錦、易筋經、太極拳、深調息功、閉氣功（以吸後閉氣）、「呬」字功、逍遙步（以「呬」字口型長呼。慢步向中速過渡，每天30分鐘）。身體體力增強後加劍指站樁功。

(3)偏方：蜂蜜20克、百部25克、白芨20克、瓜蔞25克。先將三味中葉水煎，去渣取汁，再調入蜂蜜勾勻。每日一劑，二次分服。

功能：潤肺止咳、清熱止血。

2. 腎陰虛型

(1)外氣治療：以揉按法向肺俞、大椎、尺澤、膏肓、足三里、三陰交、魚際、膈俞、太淵、豐隆、陰郄、後溪、腎俞、關元發熱氣，每天七穴，輪流使用。用勞宮向肺部病灶投影區發熱氣。全身導引。

(2)辨證選功：月華功、「呬」字功（以呼為主）、「吹」字功、逍遙步（以「吹」字口型長吸短呼）、深調息功、八段錦、易筋經、太極拳、閉氣功（呼後閉氣）。

(3)處方：此方滋腎潤肺、鎮咳安神，和抗結核藥配合使用，有迅速改善症狀的作用。

黃芩15克、沙參15克、鱉甲15克、地骨皮10克、百部10克、川貝15克、杏仁10克、黃芪15克、龍骨20克、牡蠣20克、百芨6克、柏子仁10克、生地15克、熟地15克。水煎服。

3. 脾腎兩虛型

(1)外氣治療：以揉按法向肺俞、大椎、腎俞、脾俞、中脘、關元、四花、患門發熱氣。用全掌向病灶區發熱氣。全身性導引。

(2)辨證施功：日精功、八段錦、「吹」字功、「呼」字功、「呬」字功（以吸為主）、逍遙步（以吹字口型短呼氣

、長吸氣）、深調息功；體力增強後加做易筋經。

【食療】

孫悟空專治白骨精：（本食療方由王中舉提供）

原料及製法：麵粉1斤、雞蛋6個、骨髓油100克、加鹽適量，揉成麵團，做成置豆大小的猴頭狀麵塊，加水煮熟撈出，用豆腐炸醬澆拌食之。

作用：補腎助陽、健骨，治肺結核、腎虛腹痛。

十四、矽肺（胸痹、咳喘）

【診斷要點】

1.有長腳接觸游離二氧化硅粉塵史。

2.起病緩慢，早期可無症狀，隨著疾病的發展，咳嗽、吐痰、針刺樣胸痛、胸悶、氣急等症狀相繼發生，且日漸加重；部份病人還可出現頭暈、乏力、心悸、食慾不振等全身性症狀。嚴重時可發生肺氣腫、肺源性心臟病，氣胸或心力衰竭、大咯血等症狀，甚至會出現死亡。

3.X線胸片：可在肺的中下葉發現若干網織陰影，並可在網織陰影的背景上發現十個以上的矽結節陰影集聚在直徑2.0公分的區域內。根據肺門陰影的增大和增密等特點，即可診為矽肺。若網、結陰影的分佈到達兩側肺上部，而且網結陰影增多、增大、更為密集，則應診為矽肺Ⅱ期。結節融合成塊狀陰影的直徑大於2公分時則應診為矽肺Ⅲ期。

【辨證分型】

1.脾虛痰濕型：咳嗽痰多，色白而稀，胸悶胸痛，舌淡苔白膩，脈滑。

2.痰熱壅肺型：胸悶氣急，痛如針刺，發熱口乾，痰黃帶血，舌紅苔黃，脈細數。

3.脾腎兩虛型：頭暈乏力，氣急加重，心悸難眠，胃納減退，舌淡苔薄，脈沉細。

【治療】

1.脾虛痰濕型

⑴外氣治療：以揉按法向肺俞、脾俞、淵液、足臨泣發熱氣。以全掌向胸部發熱氣。全身導引。

⑵辨證施功：劍指站樁功、八段錦、逍遙步、「呼」字功、「呬」字功、深調息功，揉腹、退步擴胸、左右轉體等動作，以鍛鍊呼吸肌、改善呼吸功能。如體力允許加練易筋經、太極拳。

⑶處方：焦白朮12克、生地12克、焦三仙各12克、陳皮10克、桔梗10克、蘇子9克、丹參12克、赤芍12克、乳香6克、沒藥6克、桃仁9克、當歸12克、炙甘草6克。水煎服。

辨證加減：有實熱者加黃蓮、黃芩、黃柏、知母、丹皮，虛熱型加知母、丹皮、龜板，虛弱型加黨參、黃芪、黃精等，咳嗽加杏仁、桔梗、沙參、麥門冬，如有胸悶加瓜蔞、蘇子、萊菔子等。

功效：活血化瘀、清熱利氣，促進矽塵排出。

2.痰熱壅肺型

⑴外氣治療：以揉按法向肺俞、大杼、大椎、脾俞、足三里、尺澤發熱氣。用全掌向肺區發熱氣。導引法排除病氣。

⑵辨證施功：月華功、八段錦、「呬」字功（以呼為主、清瀉肺熱）、逍遙步（也以「呬」字口型長呼）、深調息功。

⑶中藥治療亦用「祛瘀化矽湯」加減。

3.脾腎兩虛型

⑴外氣治療：以揉按法向肺俞、脾俞、腎俞、心俞、神

門、三陽交、四花等穴發放熱氣。用勞宮向膻中、中脘、關元發熱氣。

(2)辨證施功：日精功、八段錦、易筋經、「呼」字功（以呼為主）、「呬」字功（以呼為主）、「吹」字功（以吸為主）、深調息功、逍遙步（慢步行功「吹」字口型以吸為主）、閉氣功（吸─閉─呼）。在體力允許的情況下做退步擴胸。

(3)中藥治療亦用「袪瘀化矽湯」加減。

【食療】（本食療方由王中舉提供）

原料及製法：黑豆、豌豆、軟棗、柿餅各100克、杏仁10克、桃仁10克、蘇子10克，加水煎成粥狀內服。

作用：補脾壯筋、補血安神、寬胸宣肺、活血化瘀。有助於矽肺之康復。

成分：含精氨酸、多種維生素、蘿蔔素、鈣、磷、鐵、蛋白質、脂肪和糖類等。

十五、支氣管肺癌（肺積）

【診斷要點】

1.周圍型支氣管肺癌，早期無症狀，一旦發現時多為晚期，有的甚至已經胸膜轉移出現胸水。肺門附近的癌腫，則出現症狀較早，有氣促、咳嗽、胸痛、血痰或咯血、發熱、消瘦、胸膈脹滿、食少納呆等症狀。

2.部分病人可有吸氣時的喘鳴音，咳嗽後不消失。

3.X線檢查：周圍型肺癌，早期常呈局限性小斑片狀陰影，邊緣不清，密度較淡；以後可形成結節狀或圓形腫塊、成分葉狀，邊有毛刺。中心型肺癌，肺門部有不規則腫塊，壓迫支氣管可出現局限性肺氣腫、阻塞性肺炎、某段或某葉

肺不張。轉移性癌一般為多發、圓形陰影。

4.痰液內有可能發現癌細胞。

5.纖維支氣管鏡檢查、活體組織檢查可幫助確診。

【辨證分型】

1.脾虛痰濕型：咳嗽，痰多清稀、色白，胸膈脹滿，納呆便溏，舌淡苔白膩，脈滑。

2.陰虛痰熱型：咳喘氣促，發熱胸痛，痰少黃稠或呈泡沫、或帶血，心煩，口乾，大便秘結，小便黃赤，舌紅苔黃，脈細數。

3.氣滯血瘀型：氣促咳嗽，胸痛胸悶，痰中帶血，大便秘結，舌質紫暗或有瘀斑，苔薄黃，脈弦或澀。

4.氣陰兩虛型：咳嗽氣短，痰少粘稠，聲息低微，動則喘促，倦怠乏力，面色蒼白，形體消瘦，胃納減少，口乾不飲，舌紅苔少，脈細弱。

【治療】

1.脾虛痰濕型

⑴外氣治療：以揉按法向肺兪、脾兪、合谷、足三里、膏肓、尺澤發熱氣，以補其虛。令病人取坐位或仰臥位用劍指向百會穴發涼氣：發氣時要以意念採地陰之氣以助其力，這樣病人會感到從頭頂一直涼到腳心；並讓病人與氣功醫師同步呼吸，意念向下排除病氣，以瀉其實。這是因為任何部位的癌症，都有一個腫瘤在生長，在本質上是一個確確實實的實證；而其症狀表現則多種多樣，但大多出現虛損的證候。這是一種標虛本實的疾病，在進行外氣治療時，既不能一味大瀉，也不能一味蠻補。大瀉不補則病人體質虛弱，承受不了；蠻補不瀉則會促進腫瘤生長，加速惡化。

另外再用劍指從病灶外圍螺旋向內發放冷氣，反覆多次

，以便限制病灶擴散，或爭取直接殺滅癌細胞，促進腫瘤的吸收。最後再用導引法全身性導引，以再次排除病氣。

(2)辨證施功：劍指站椿功、八段錦、易筋經、深調息功或閉氣功。閉氣功要求吸氣後閉氣到病灶，並意想全身的白細胞或吞噬細胞，以及全身的所有免疫系統進行總動員，一起隨著閉氣攻向病灶部的癌細胞：有的用槍、有的用刀，將癌細胞一個個地殺死；再隨著呼氣將癌細胞的屍體由湧泉排入地下。一次次地攻，一層層地殺，直到殺完為止。每次做功均應如此。長期堅持必有好處。這是一種改善人體免疫功能的自我暗示療法。在部分病人中能收到意想不到的奇蹟般的效果，甚至可以在幾個月之內將病灶消除乾淨，達到全部吸收消散的目的。這種方法不僅可以在各類腫瘤當中應用，而且其它病症只要將意念內容稍加改變亦可應用。

另外還需做「呬」字功、「呼」字功、「吹」字功、逍遙步。「呼」、「吹」用補法；逍遙步用「呬」字口型長呼，作慢步行功，以瀉肺之實。

(3)方劑：宜燥濕化痰，健脾益氣，佐以散結。常用加味二陳湯：陳皮10克、法夏10克、黨參15克、黃芪15克、蒼朮10克、白朮10克、川朴10克、川貝15克、白花蛇舌草30克、石上柏30克、炙甘草6克、瓜蔞皮10克。水煎服。

2.陰虛痰熱型

(1)外氣治療：以揉按法向肺俞、尺澤、合谷、腎俞、中脘、瘰根發熱氣。其餘手法均同於脾虛痰濕型。

(2)辨證施功：月華功、劍指椿功、八段錦、「呬」字功、「吹」字功、閉氣功、深調息功、逍遙步（用「呬」字口型以清瀉肺熱）。

這裡需要說明的是，所有用於治療癌症的閉氣功意念的

用法都同於脾虛痰濕型，後文不再重複。

　(3)方藥：治宜養陰清肺、解毒散結。用百合固金湯加減：生地20克、熟地20克、麥冬20克、天冬20克、百部10克、川貝10克、百合20克、白花蛇舌草30克、半枝蓮30克、魚腥草30克。痰黃稠加黃芩12克、瓜蔞皮12克。咯血加白芨30克、茜草根20克、側柏葉20克；或三七末1.5克（沖服），每日3次，阿膠15克（熔服）。胸痛甚加枳殼10克、赤芍12克；喘甚加紫苑12克、葶藶子15克。

　3.氣滯血瘀型

　(1)外氣治療：以揉按法向肺俞、大杼、大椎、中府、足三里、血海、膻中穴發熱氣。其餘治法同於脾虛痰濕型。

　(2)辨證施功：劍指樁功、八段錦、易筋經外經、月華功、「呬」字功（以呼為主）、逍遙步、閉氣功。

　(3)方藥：治宜行氣活血、化痰軟堅。方用血府逐瘀湯加減：當歸、紅花、桃仁、赤芍、枳殼各10克，浙貝、天花粉各15克，炙山甲12克，白花蛇舌草30克，龍葵30克，夏枯草15克，瓜蔞仁10克。水煎服。

　4.氣陰兩虛型

　(1)外氣治療：以揉按法向肺俞、大椎、腎俞、脾俞、膻中、關元、氣海、足三里發放熱氣。其他治療方法同於脾虛痰濕型。

　(2)辨證施功：日精月華功（若站式有困難，可取垂腿坐式或盤坐式做功）、八段錦、閉氣功（吸—閉—呼）、逍遙步（以「呬」字口型長呼）、深調息功。

　(3)方藥：治宜益氣養陰、化痰散結。方用加味生脈散：黨參20克、麥冬20克、五味子6克、淮山藥30克、北芪20克、川貝10克、瓜蔞皮12克、石上柏30克、白花蛇舌草30克、

熟地20克。或用西洋參10克炖服。血痰或咯血選加阿膠15克
（熔服）、白芨30克、三七末（沖服）1.5克，每日3次。

【食療】

杏仁蒸肉：

用料：帶皮五花豬肉500克、甜杏仁25克。冰糖30克、
濕淀粉5克、醬油、料酒、豬油、蔥、薑等調料各適量。

製法：將杏仁用水浸泡去皮備用，豬肉洗淨切成方塊。
將鐵鍋放爐灶上燒熱，倒入豬油燒熱後，加入冰糖15克，翻
炒熬成紫紅色時，把豬肉放入鍋內翻炒。當肉塊成紅色時，
加溫水淹沒肉塊，並放入調料，將杏仁另用布包好放入湯內
。煮沸後改用文火煨炖，隨時翻動，勿使糊底。待肉塊炖至
七成熟時，放入餘下的冰糖。再燒一會兒，將杏仁取出，舖
在大碗底上；將肉塊撈出，皮朝下擺在杏仁上。倒入一些原
湯，上籠蒸熟取出，扣在盤內，然後將剩下的原湯勾芡，澆
在肉上即成。

作用：甜杏仁有抗癌作用，並可宣肺止咳。故本食品可
作為肺癌病人的輔助治療，有補肺潤腸，止咳定喘的功用。

十六、潰瘍病（胃脘痛）

【診斷要點】

(1)上腹部疼痛是潰瘍病的主要症狀，其特點是長期反覆
發作，呈一定的周期性和節律性。秋冬易於犯病。潰瘍主要
發生於胃和十二指腸。胃潰瘍的疼痛不很規則，常在餐後1
小時內發生，經1～2小時緩解，下次進餐後再出現上述節律
。十二指腸潰瘍的疼痛多在兩餐之間發生，持續不減直至下
次進餐或服用制酸劑後緩解。每次發作可持續數天、數周或
更長，繼以較長時間的緩解。

體徵：上腹部有局限性壓痛，胃潰瘍的壓痛點偏上偏左、十二指腸潰瘍的壓痛點稍偏下偏右。

(2)除有上述節律性的疼痛外（一般為鈍痛、灼痛或飢餓樣疼痛），尚有噯氣、吐酸、間或可有噁心嘔吐。亦可毫無感覺，等發生出血或穿孔等併發症時，才明確潰瘍病的存在。

(3)合併出血時可見柏油樣大便，小量出血大便外觀可無明顯改變，而只是潛血陽性。出血量大的可嘔出咖啡樣液體，甚至出現休克。

(4)X線檢查：鋇餐發現龕影為診斷本病的直接依據；潰瘍對側痙攣性切跡或激惹，以及十二指腸球部變形等則為診斷的間接依據。

(5)胃鏡檢查可直接看到圓形、線形、不規則形的基底平整呈白色或灰白色的潰瘍面，邊緣清楚，周圍紅腫。必要時可夾取組織進行活體組織的病理檢查，以確定是良性或惡性。

【辨證分型】

中醫將本病大致分為下述五型：①肝胃不和型；②虛寒型；③鬱熱型；④痰飲型；⑤瘀痛型。

在氣功醫療上可以將其歸納為兩大型，這樣有利於辨證施功，執簡馭繁，方便治療。

1.肝胃不和型：胃脘脹滿，脘痛連脅，泛酸噯氣、苔白、脈弦。肝鬱化火者見心煩口苦；氣滯血瘀者，痛有定處，劇如刀割，痛時肢冷，面青汗出。

2.脾陽不振型：胃脘隱痛（飢時易發、得食則緩），噯氣泛酸（受寒易發），大便溏薄，納食減少，肢體倦怠，舌潤苔薄或膩，脈細弱或濡滑。

【治療】

1.肝胃不和型

(1)外氣治療：用按法向中脘、胃俞、肝俞、內關、足三里、章門、陽陵泉、太衝發熱氣。再用一手全掌向章門、另一手全掌向足三里發熱氣。其目的在於疏肝和胃。發熱氣進行全身導引。

(2)辨證施功：劍指站椿功、八段錦、月華功、逍遙步（用「噓」字口型長呼以疏肝）、閉氣功（用吸—閉—呼的呼吸法）、「噓」字功（以呼為主疏肝解鬱）、「呼」字功（用長吸短呼以調理脾胃）。每天晚上做深調息功。

(3)處方：白朮12克、白芍15克、黨參12克、桔梗6克、當歸9克、川芎6克、雲苓12克、澤瀉12克、蒲公英12克、煅牡蠣24克，水煎服。大棗5個與藥同煮，吃棗肉、核入藥時取出。

辨證加減：痛重加蒲黃、五靈脂，提高白芍用量至25克；泛酸太多加海螵蛸、煅瓦楞；易怒脇痛加柴胡、鬱金，去桂枝；寒凝氣滯去公英、牡蠣、烏梅，加乾薑、附子、香附、廣木香；脾陽不振或胃陰不足不用此方。

2.脾陽不振型

(1)外氣治療：以揉按法對胃俞、脾俞、三陰交、公孫、內關、足三里、中脘穴發熱氣。用雙掌發熱氣，一掌對向中脘、另一掌對向足三里，掌距穴位3～5寸。全身導引。

(2)辨證施功：日精功、劍指站椿功、八段錦、易筋經、深調息功、閉氣功（吸—閉—呼）、「呼」字功（以吸為主）、逍遙步（用呼字口型以吸為主），大便稀加揉大樞（由外向內揉36次）。

合併幽門梗阻，做閉氣功時要吸氣後閉氣到胃，意想「氣」在胃內向幽門部膨脹、並擴張幽門，使幽門部炎症、水腫吸收消散，內徑增大。若幽門完全梗阻則不宜如此，應

和大出血、穿孔等合併症一樣，轉外科手術治療。

【食療】

仙人掌炒牛肉：（本食療方由王中舉大夫提供）

原料及配製方法：用新鮮仙人掌30～60克去皮刺切片，牛肉60～90克切薄片，調料適量，急火爆炒，迅速裝盤即食。

營養成分：仙人掌性味微苦澀、涼。含三萜、蘋果酸、琥珀酸、碳酸鉀等。牛肉性味甘溫無毒，含蛋白，脂肪，維生素A、D、E，膽酸，鋅，鎂等。

功效：行氣和血，健脾益氣，民間用以治療慢性胃痛（潰瘍病、慢性胃炎等）。

十七、慢性胃炎（慢性胃痛）

【診斷要點】

1.上腹部疼痛、悶脹，無明顯規律性，食後加重、噯氣、嘔吐、納差、局部壓痛廣泛而不固定。

2.X線檢查：淺表性和萎縮性胃炎具有特徵性的陽性發現很少，胃竇炎有胃竇粘膜增粗、胃竇大小彎側呈鋸齒狀或胃竇部痙攣收縮及幽門前區常處於半收縮狀態等現象。肥厚性胃炎（增生型）可有胃粘膜皺襞肥大，稍形強直，或呈結節狀。

3.纖維胃鏡檢查：這是診斷慢性胃炎最有效、最可靠的方法。若是淺表性胃炎，可見灰白色或膿樣粘液附著於粘膜，並有小斑狀或線條狀粘膜充血現象。若是萎縮性胃炎，則胃粘膜色澤變淡、變灰，粘膜層變薄，皺襞變細或消失，血管清晰可見。若是肥厚性胃炎，則粘膜皺襞粗大，有的呈腦回狀，有的有結節，且光澤消失，有的還伴有糜爛或出血。

【辨證分型】

1.肝胃不和型：胃脘脹痛，痛連脇肋，噯氣頻作，噁嘔泛酸，苔白脈弦。

2.脾胃虛寒型：胃脘隱痛，喜溫喜按，嘔吐清涎，神疲乏力，四肢不溫，納呆便溏，舌淡苔白，脈細無力。

3.陰虛胃熱型：脘痛燒灼，痛無定時，口乾而苦，心煩易怒，舌紅苔黃，脈弦細數。

【治療】

１．肝胃不和型

根據中醫異病同治、同證同治的原則，本證型的治療方法同於潰瘍病肝胃不和型，請參閱本書有關部分。

２．脾胃虛寒型

(1)外氣治療：以揉按法向胃俞、脾俞、中脘、內關、足三里、三陰交、章門、公孫發熱氣。用全掌向胃區發放熱氣。用全身導引法排除病氣，溫通全身經脈，和胃止痛。

(2)辨證施功：劍指站椿功、八段錦、易筋經、日精功、「呼」字功（以吸為主）、閉氣功（吸—閉—呼）、逍遙步、深調息功、揉腹、攪海。

(3)偏方：乾薑10克、胡椒10粒。曬乾、搗碎、研末、用開水沖服，一日2次分服。

功能：健胃驅寒，用於治療胃寒痛。

３．陰虛胃熱型

(1)外氣治療：以揉按法向胃俞、中脘、足三里、內關、梁丘、豐隆、內庭發熱氣。用導引法進行全身疏導。

(2)辨證施功：劍指站椿功、八段錦、易筋經、月華功、閉氣功、逍遙步、「呼」字功、摩腹、叩齒、赤龍攪海、鼓瀨吞津。

(3)方劑：石斛12克、麥冬12克、玉竹10克、知母10克、

生地12克、白芍12克、公英20克、地丁15克、大花粉12克、延胡15克、陳皮10克，水煎服。

功能：養陰清胃，消熱除煩。本方重在滋陰，故多寒涼之品；但久服礙胃，故以陳皮、延胡略加調適。

【食療】

1.五香山藥雞溫中祛寒

用料及製法：雞一只去毛及內臟，洗淨。山藥一根約250克，去皮洗淨、切成塊狀。薑、肉桂、花椒、木香、砂仁、白芷、玉果各3克裝入紗布袋內扎緊，共置砂鍋內，加蔥、鹽、味精適量。加水煮開後，以文火煨炖至雞肉爛熟，取出紗布袋，即可吃雞飲湯，山藥亦可內服。日用2次。

2.百合粥健脾養胃清熱

百合60克、糯米100克煮粥，加糖適量，每日1次，連服10天。此粥適於胃陰虛型。

十八、胃下垂（胃痛、腹脹）

【診斷要點】

1.上腹不適，易有飽脹、厭食、噁心、噯氣、便秘等症狀，有時感覺深部有隱痛。飽餐後多取立姿或勞累後症狀加重。有的人還有其它內臟下垂的現象，以及體位性低血壓、心悸等循環無力的表現。

2.體徵：肋下角小於90°，身體呈瘦長型。站立時胃囊下垂，上腹部可以觸到腹主動脈的搏動，以雙手托撫患者下腹部位，可以減輕墜脹感。上腹部壓痛可因體位的改變而不固定。有的胃內有振水聲，有的還伴有肝、右腎、脾或結腸下垂的現象。

3.X線檢查：胃腸鋇餐檢查表現為胃小彎弧線的最低點

在髂嵴連線以下，胃體呈垂直方向，體部較底部寬大，竇部低於幽門水平以下，胃蠕動無力。

【辨證分型】

中醫無胃下垂病名，一般都根據症狀將其歸入胃痛或腹脹的範疇，在臨證工作中則主要依據內臟下垂這一特點，將其歸入中氣下陷一類疾患之內。所以一般都按脾胃虛弱，中氣下陷來治療，以健脾益氣，清升舉陷為治則。當然亦有少數人以陰虛血瘀或肝失疏泄為此病病因，並提出了新的治療方案，但因尚未得到普遍承認，故我們仍以中氣下陷作為氣功治療的唯一證型。

【治療】

1.外氣治療：以揉按法向胃俞、脾俞、關元、氣海、歸來、足三里、三陰交發熱氣。

2.辨證施功：日精月華功、劍指站樁功、八段錦、閉氣功（吸—呼—閉，可於飯後半小時進行，以半臥位、仰臥位或臀部墊高位進行練功）、逍遙步（「呼」字口型以呼為主）、深調息功、「呼」字功，每天由下向上進行腹部按摩36次。

3.偏方：鯽魚黃芪湯治胃下垂。

用料及製法：鯽魚500克去鱗及內臟洗淨，黃芪40克，炒枳殼15克，同放鍋內加水煮湯，酌加調料。吃魚飲湯，每日2次。

功效：補中益氣，治胃下垂、脫肛等症。

【食療】

歸參雞補中益氣。

用料及製法：母雞一只去毛及內臟，腔內放置當歸30克、黃芪30克、黨參30克、升麻10克、枳殼10克，蔥、薑、料酒、食鹽適量，放砂鍋內加水煮炖，熟爛即食雞飲湯。

作用：補中益氣，升清舉陷。用於一切內臟下垂或器官脫垂。

十九、便秘（熱結）

【診斷要點】

便秘是一種常見的症狀，並非獨立的疾病，只要患者大便次數減少、糞便乾燥難解，便秘的存在就可確定。但要真正找出它的病因和原發病症卻並非易事，只有通過多方面的檢查和廣泛地收集病史資料才能作出正確的判斷。

【辨證分型】

1.熱邪壅結型：脘腹疼痛，身熱口渴，煩躁不安，喜冷惡熱，舌紅苔黃，脈數。

2.食滯氣阻型：脘腹痞悶發脹，噯氣嗳腐，矢氣頻頻，舌紅苔膩，脈滑實。

3.陰虛血少型：身瘦體弱，心悸怔忡，失眠多夢，舌紅苔少，脈細數。

4.陽虛寒凝：面色㿠白無華，唇淡口和，腹中冷痛，食少身倦，舌淡苔白，脈沉細。

【治療】

1．熱邪壅結型

(1)外氣治療：以點法向大腸俞、天樞、支溝、合谷、曲池、通便（臍旁開3寸處）等穴發涼氣；用揉法（不發氣）由裡向外揉天樞、通便各36次。用導引法進行全身性導引。

(2)辨證施功：月華功、劍指站樁功、八段錦、易筋經、閉氣功（吸—呼—閉）每日3次，每次30分鐘。四季養生功（根據熱邪侵犯何臟腑，選擇適當的口型長呼以瀉熱），逍遙步，揉腹，揉天樞、通便（由裡向外各18次）二穴。

(3)偏方：三仁粥治便秘。

用料及製法：海松子（紅松的種子）30克去皮、桃仁20克去皮尖、鬱李仁10克去皮，共搗爛加水煮10分鐘，過濾取汁，而粳米30克煮粥，空腹食用。年輕體健者可用生川軍6克開水沖泡飲服，效果更好。

2.食滯氣阻型

(1)外氣治療：以點法向大腸俞、天樞、支溝、合谷、曲池發涼氣。以揉法由裡向外旋轉揉按通便穴和天樞穴。

(2)辨證施功：八段錦、易筋經外經12式、閉氣功（吸—呼—閉）每日3次，每次30分鐘。逍遙步以呼字口型長呼。「呼」字功。

(3)偏方：生川軍9克、枳實9克、白朮10克，水煎內服（勿久煎）。

3.陰虛血少型

(1)外氣治療：以揉按法向腎俞、脾俞、大腸俞、氣海、足三里、三陰交發熱氣；以點法向天樞、支溝、通便發涼氣；再用揉法由裡向外揉按各18圈。

說明：本證為久病虛證，係由陰虛血少、津液枯竭、胃腸蠕動減慢所致，因此必須先補後瀉：取腎俞、氣海以補元氣；取脾俞、足三里以培脾胃，三陰交補益肝、脾、腎三個陰經；取大腸俞在於增進大腸功能；瀉天樞、支溝，通便目的在於排便。這是一套完整的治療虛損便秘的補瀉兼施、標本兼治的方法。

(2)辨證選功：練月華功、八段錦、深調息功、閉氣功（吸—呼—閉）以興奮迷走神經促進胃腸蠕動，攪海、吞津、叩齒、摩腹。

(3)偏方：火麻仁15克（打碎）、元參15克、生地20克、

麥冬10克、黃芪15克、當歸15克、瓜蔞仁10克，水煎服。

4.陽虛寒凝型

(1)外氣治療：以揉按法向腎俞、大腸俞、氣海、關元、命門、天樞、支溝發熱氣，以全掌向腹部發熱氣，以達溫通之目的。以揉法由裡向外旋轉通便穴36圈。全身導引。

(2)辨證施功：日精功、劍指站樁功、八段錦、易筋經，「吹」字功、「呼」字功（以吸為主），逍遙步，閉氣功（吸—閉—呼），深調息功。

(3)偏方：肉蓯蓉粥補腎潤腸。

肉蓯蓉15克用紗布包好，羊肉50克洗淨切碎，共煮，待肉爛入粳米100克同煮作粥，食用。有補腎壯陽、潤腸通便之效。治陽虛便秘及命門火衰、四肢不溫、腰膝冷痛等症。

【食療】

木耳海參豬大腸治習慣性便秘。

用料：木耳30克發好備用，海參30克發好備用，豬大腸150克洗淨備用，調料適量。

製法：將大腸切塊與海參同燉，將熟時加入木耳及各種調料，熟後即可食用。

功效：滋陰、潤燥、補血，適用於老年血虛、陰虛、腸燥便秘。

二十、腹瀉（泄瀉）

【診斷要點】

腹瀉與便秘一樣，是一種症狀而不是獨立的疾病。其病因也較複雜，只有通過多方面的特殊檢查，才有可能作出明確的診斷。

腹瀉的特點是大便次數增多，糞便不成形或成水樣便，

並伴有不同程度的腹痛或發熱，有的甚至可引起脫水和休克。

有的便秘病人，由於直腸內或結腸內的硬結糞便的刺激，局部腸腺分泌可有增多，從而有可能流出一些稀便或粘液，這種現象中醫稱之為「熱結旁流」，它不是腹瀉而是便秘。

【辨證分型】

1.肝氣乘脾型：情緒緊張或波動後發生泄瀉，腹痛即瀉、瀉後痛減，並伴有胸脅脹滿。舌淡紅，苔薄白，脈弦。

2.脾胃虛弱型：泄瀉久延，神疲肢軟，胃納無味，面色㿠白，肛門墜脹，腹脹腸鳴，舌淡苔白，脈細弱。

3.腎陽虛衰型：黎明之前，腹痛腸鳴，洞泄溏薄，形寒肢冷，腰膝酸軟，舌淡苔白，脈沉細。

【治療】

1.肝氣乘脾型

(1)外氣治療：以指按法對肝俞、胃俞、脾俞、中脘、足三里、上巨虛、下巨虛、合谷發熱氣。用導引法進行全身疏導。用手指按壓通便和天樞由外向裡旋轉按摩36次。

(2)辨證施功：劍指站樁功，八段錦，閉氣功（吸—閉—呼），「噓」字功，「呼」字功，逍遙步（慢步行功），以「噓」字口型長呼或「呼」字口型吸長呼短，腹式深調息功，摩腹。

(3)痛瀉要方加味：防風10克、白朮12克、茯苓12克、白芍15克、陳皮6克、柴胡10克、甘草6克，水煎服。

2.脾胃虛弱型

(1)外氣治療：以揉按法向脾俞、中脘、氣海、天樞、足三里、三陰交發熱氣。用全掌發熱氣於神闕、天樞。用補法以手指由外向裡旋轉揉按腹部36圈。

(2)辨證施功：劍指站樁功，八段錦，易筋經，日精功，

閉氣功（吸—閉—呼），「呼」字功，逍遙步，腹式深調息功。

(3)偏方：榛子仁炒焦黃、研細，每次一湯匙，每日2次，空腹以大棗湯送服。

功能：補脾胃，益氣力。治脾虛泄瀉。

3.腎陽虛衰型

(1)外氣治療：以揉按法向脾兪、腎兪、命門、關元、氣海、中脘、足三里、三陰交發熱氣。用補法揉按天樞、通便各36圈。

(2)辨證施功：劍指站樁功，八段錦，閉氣功（吸—閉—呼），「吹」字功（以吸為主），逍遙步（以「呼」字口型長吸短呼），摩腹，搓腰，搓湧泉。從外向裡揉按天樞穴36次，每天1～2次。

【食療】

益脾餅：（王中舉大夫提供）

用料及製法：白朮30克，乾薑6克，用紗布包扎，與紅棗250克共煮一小時；取棗肉壓成泥狀，與雞內金細粉15克，麵粉500克加水和麵，以小火烙薄餅，經常隨量食用。

作用：益脾健胃、消食止瀉。

二十一、細菌性痢疾

【診斷要點】

1.夏秋季易流行。發病急，發熱或畏寒，全身酸痛、乏力。腹痛、腹瀉，裡急後重或有下墜感。早期瀉出稀便，以後大便成分減少或幾全部為膿、血、粘液。左下腹壓痛、腸鳴亢進。重者可出現脫水體徵，有的可出現高熱、昏迷或休克。

2.白細胞總數及中性粒細胞百分率大多升高。大便鏡檢可發現大量膿細胞、白細胞和紅細胞。細菌培養，可有痢疾杆菌生長。

3.直腸鏡或乙狀結腸鏡檢查：粘膜充血水腫和有不規則的淺表潰瘍，刮取標本鏡檢可見大量膿細胞和巨噬細胞，細菌培養陽性率更高。其他如血清凝雜試驗、噬菌體增長試驗、藥敏試驗、螢光抗體染色等在必要時可以有助於診斷或指導治療。

【辨證分型】

1.急性痢疾

(1)濕熱痢：惡寒發熱，腹痛下痢，赤白相雜，里急後重，日行十數次或數十次，稠粘氣臭、肛門灼熱，肛周紅，尿短赤，口乾苦粘，舌質紅，苔黃膩，脈滑數或濡數。

(2)疫毒痢：發病急驟，痢下膿血，鮮紫相雜，大便腐臭，肛門灼熱、下墜，壯熱口渴，煩躁不安，噁心嘔吐；甚則譫妄昏厥、面青肢冷、腹痛劇烈。舌紅乾、苔黃膩、脈數。

(3)寒濕痢：痢下赤白粘凍、白多赤少，里急後重，腹痛脹滿，頭重身困，胃納呆滯，舌質淡、苔白膩，脈濡緩。

(4)噤口痢：下痢赤白或純血，飲食不進，噁心嘔吐，食入即吐，腹脘痞悶，腹痛肛墜，神倦肌瘦，舌紅苔黃膩，脈濡數。

2.慢性痢

(1)虛寒痢：久痢不愈，時輕時重；不痢粘凍，或白或暗；腹痛腰酸，形寒肢冷，面黃體瘦，神倦少食，甚至滑泄不禁、脫肛下陷；舌淡、苔白、脈細弱。

(2)休息痢：痢疾遷延日久，時發時止，常因受涼、勞累或飲食不節而發作。發作時腸鳴腹痛，下痢赤白，裡急後重

，狀似急痢而稍輕；平時食少倦怠、怯冷嗜臥，舌淡苔白、脈細弱。

(3)陰虛痢：痢疾遷延不愈，瀉下赤白膿血，粘稠如凍，便少難出，裡急後重，五心煩熱，腹痛口乾，午後低熱，形瘦無力，舌紅苔少，脈細數。

【治療】

1.急性菌痢很少到氣功門診就醫，更沒有到療養院所住院的，因此我們在氣功醫療工作中對此病接觸較少，現僅就對少數病例的觀察，談談外氣治療問題。

外氣治療：以揉按法對三焦俞、大腸俞、天樞、足三里發熱氣，並根據不同情況酌情加穴：身熱不退加合谷、曲池、內庭，不思食加胃俞、公孫，赤痢加膈俞、血海、三陰交，噤口痢取建里、內關，裡急後重取中膂俞、合谷。

除了按上述方法給予外氣治療外，還囑患者自行按摩腹部、天樞、足三里、合谷、內關、血海、三陰交等穴位。一般濕熱痢多可在三日內控制症狀，療效尚屬滿意。噤口痢在減輕嘔吐、促進飲食方面，亦有較好療效。疫毒痢（中毒性菌痢）、寒濕痢無治療經驗，不能妄加評說。急性期除按摩外不宜做其它功法。

單方：白蘞散：功能：解毒消癰、瀉火散結。主治急慢性細菌性痢疾。

白蘞地下塊根，曬乾研末，裝膠囊，每粒裝藥末0.3克。每次服6粒，1日2次。

急痢有效率96.55%，慢痢有效率91.67%。

2.慢性菌痢

(1)虛寒痢

a、外氣治療：以按法向三焦俞、天樞、大腸俞、足三

里、脾兪、公孫發熱氣；用全掌對魂全、神闕發熱氣；用導引法作全身導引。

b、辨證施功：劍指站樁功、八段錦、易筋經，「呬」字功、「呼」字功、「吹」字功、逍遙步（以呼字口型長吸短呼）、閉氣功（吸—閉—呼）、腹式深調息功、摩腹。

c、扁豆花餛飩止瀉暖胃（偏方）

用料及製法：選取正開的白扁豆花100克，用沸水燙過，瘦豬肉100克洗淨剁成肉糊，胡椒7粒油炸碾末，加醬油共拌作餡。用晾涼的燙扁豆花的水和麵，扞成麵皮，皮成小餛飩，煮熟食之，每日1次。

功用：可治一切慢性泄痢。

(2)休息痢

a、外氣治療：以按法向三焦兪、脾兪、腎兪、大腸兪、天樞、足三里、氣海發熱氣。用導引法作全身性導引。

b、辨證施功：同虛寒型。

c、偏方：莧菜拌蒜泥

處方及配製：莧菜100克洗淨、切段，放熱油鍋內炒熟（酌加蔥、鹽、醬油），大蒜1頭搗成蒜泥加香油適量、拌入莧菜內食用。每天3次。

功用：莧菜能養精、益氣、補血，食之肥健；大蒜殺菌消炎，二者同用相得益彰。可用於一切慢性菌痢及腸炎。

(3)陰虛痢

a、外氣治療：以按法向三焦兪、膈兪、血海、三陰交、大腸兪、天樞、足三里、中膂兪、合谷發熱氣。用導引法作全身導引。

b、辨證施功：劍指站樁功、月華功、八段錦、易筋經、閉氣功（吸—閉—呼）、逍遙步、「呼」字功、「吹」字

功、腹式深調息功、摩腹及按摩天樞、足三里、三陰交、關
元、氣海、神闕等穴。

　　c、偏方：馬齒莧綠豆湯

　　處方及配製：鮮馬齒莧200克（或乾品50克）、綠豆100
克，洗淨共煎湯，頓服。可長期服用。

　　作用：可清熱解毒，用治痢疾、腸炎。

　　【食療】

　　馬齒莧豬肉包子：

　　夏、秋季用鮮馬齒莧洗淨、陰乾幾天後再洗，晾乾，切
碎，加豬肉泥適量，各種調料適量，拌勻，用發麵包成包子
，蒸熟當飯吃。春天或冬天若有慢性痢疾急性發作現象，可
用乾品馬齒莧浸泡後包成包子內服亦可。

　　作用：經常食用可治痢疾、腸炎並有預防其他細菌性消
化道疾病的作用。

二十二、慢性膽囊炎（膽脅痛）

　　【診斷要點】

　　1.慢性上腹部不適，常於飯後發生。膽絞痛反覆發作；
發作時除有右上腹絞痛外，可放射到右肩胛下區，可持續數
分鐘至數小時。偶伴噁心嘔吐，常因進食油膩食物後加劇。
麥菲氏微陽性，有的病例尚可觸及緊張腫大、壓痛不明顯的
膽囊。

　　2.實驗室檢查不能提供特異的診斷依據。

　　3.X線膽囊造影可幫助診斷。

　　4.超聲波檢查，特別是B超檢查可獲得清晰的圖像，有
助於診斷的確立。

　　【辨證分型】

1.氣滯型：右上腹或胃脘隱痛，痛連肩臂，腹脹噯氣，納差厭膩，苔白、脈弦。

2.瘀滯型：右上腹痛有定處，如針刺或刀割，舌質紫暗，脈細澀。

3.濕熱型：右脘腹脹悶、疼痛，疲乏，便溏，尿黃，舌紅苔黃膩，脈弦滑。

【治療】

1.氣滯型

(1)外氣治療：用揉按法向章門、期門、支溝、陽陵泉、丘墟發熱氣；並用全掌向膽囊區發熱氣，用導引法作全身導引。

(2)辨證施功：劍指站樁功，八段錦，閉氣功（吸—閉—呼。在做閉氣功的時候，要用意念閉氣到膽囊，合併有膽結石的要意想膽管擴張，膽石外排），「呼」字功，「噓」字功，逍遙步，頓足跟、搓脇肋（兩手放脇肋部，盡量向後放。雙足並立，然後向上提踵，猛然落地；同時雙掌向前搓脇肋部，意念排石消炎）20～30次。

處方：柴胡15克、白芍15克、鬱金25克、綿茵陳30克、香附12克、青皮5克、木香10克、甘草5克，水煎服。豬腳做引，每天服藥後吃1～2個煮好的豬腳。

2.瘀滯型

外氣治療：於絞痛發作時以點法（加重手法）向內關、膽俞、膽囊穴、足臨泣發涼氣，至痛止；絞痛停止後用全掌向膽囊區發熱氣，以溫通膽管、疏肝利膽，以意念擴張膽管、排除膽石。再用導引法進行全身疏導。

3.濕熱型

(1)外氣治療：以揉按法向膽俞、肝俞、內關、足三里、

足臨泣、陽陵泉發熱氣。以全掌向膽囊區發熱氣，以消炎除濕。用導引法進行全身導引。

(2)辨證施功：劍指站樁功、八段錦、易筋功、閉氣功（吸—閉—呼）、「噓」字功、「呼」字功、逍遙步、頓足跟、搓脅肋。

(3)方劑：柴胡10克、茵陳20克、龍膽草20克、栀子12克、白花蛇舌草15克、黃芩15克、公英20克、茯苓12克、白芍20克、鬱金15克、延胡索10克、陳皮10克、虎杖15克、甘草6克，水煎服。

功能：清熱利濕、疏肝利膽，臨床用於濕熱型慢性膽囊炎（復發期）療效較好。

【食療】

金錢草銀耳粥：

用料及製法：四川大金錢草50克、白朮10克、白芍12克、茯苓12克加水煎煮去渣；用藥汁稍加適量水稀釋，加入發好的銀耳、蜜棗各50克、粳米100克煮粥，酌加冰糖或蜂蜜調味內服。

作用：利膽排石、柔肝健脾。用於慢性膽囊炎、膽石症。

註：慢性肝囊炎大都合併膽結石，並互為因果，而在治療上也消炎、利膽、排石並舉，故將其合併敍述，不另單列。

二十三、病毒性肝炎

中醫將其歸屬「黃疸」、「脅痛」。

【診斷要點】

1.有肝炎病人接觸史。

2.有黃疸型和無黃疸型兩種。黃疸型大多起病較急，有畏寒、發熱、納差、乏力、嘔吐、噁心、眩暈、上腹部不適

或疼痛；有的有上呼吸道炎症、腸炎、關節酸痛等。上述諸症狀持續數天或1～2週後，出現皮膚、鞏膜黃染，進入黃疸期。無黃疸型在整個病程中無黃疸出現，症狀和體徵與黃疸型大體相似。部份病例極易誤診，往往確診時已是慢性。

3.體徵：鞏膜及皮膚黃染、肝臟大多腫大、有明顯壓痛或叩擊痛、觸診時可有硬度增大。少數病例可有脾腫大。

4.肝功能檢查及血清病毒學檢查有助於確診和分型。

5.必要時可做肝活組織病理檢查。

6.甲型肝炎只有急性型和隱匿型而無慢性型；乙型肝炎則三者均有；非甲非乙型與乙型相似，但一般病情較輕。

7.慢性肝炎包括慢性遷延性肝炎和慢性活動性肝炎兩類。部分急性肝炎的患者，特別是無黃疸型病人，其病程超過半年以上而病情未見明顯好轉，肝功能試驗正常或有輕度損害者，可定為慢性遷延性肝炎。其預後多較良好，只有小部份可轉成慢性活動性肝炎。慢性活動性肝炎的症狀與體徵則可持續一年以上，而且症狀較之慢性遷延性肝炎為重、肝臟本身的病理改變也與之有所不同。其中半數以上將發展為肝硬化，部分病例還可發生肝癌。

【辨證分型】

1.肝膽濕熱型：身倦無力，右側脇痛，腹脹納呆，眩暈口苦，或有發熱，或鞏膜肌膚黃染，尿黃糞白，舌質紅，苔黃膩，脈弦數。

2.肝鬱脾虛型：心煩易怒，脇肋脹痛，頭昏頭痛，納減神疲，苔白膩，脈弦緩。

3.濕困脾陽型：肝區脹痛，胸悶噁心，腹脹納呆，神疲氣短，腸鳴便稀，舌淡苔白，脈緩弱。

4.肝陰不足型：肝區刺脹，頭暈心悸，煩躁失眠，手足

心熱，面色嫩紅，糞燥尿黃，舌尖邊紅，苔薄白，脈弦細。

　　5.氣滯血瘀型：脇肋脹痛或刺痛，面色晦暗，腹脹納呆，肝脾腫大，舌質紫暗或見瘀點，脈弦或澀。

　　【治療】

　　1.肝膽濕熱型

　　⑴外氣治療：以劍指向至陽、肝俞、膽俞、陽陵泉、中封、腕骨發涼氣；用全掌向章門（右側）發熱氣。全身導引排病氣。

　　⑵辨證施功：盤坐深調息，「噓」字功（長呼為主），逍遙步（以「噓」字口型長呼氣，走慢步行功20～30分鐘）。此型為肝炎的急性期暫不做動功。

　　⑶處方：茵陳30克、六月雪根60克、白茅根30克、山楂30克，如用鮮品加倍，水煎服。10天1療程。

　　2.肝鬱脾虛型

　　⑴外氣治療：用右手全掌至陽、膽俞、陽網、魂門、肝俞、章門、建里發放熱氣。用導引法進行全身性導引。

　　⑵辨證施功：八段錦，盤坐深調息功，「噓」字功，逍遙步（以「噓」字口型長呼氣），「呼」字功，頓足根、搓脇肋。

　　處方：夏枯草60克、白糖30克、大棗30克。先將夏枯草、大棗水煎去渣，再放入白糖，加水至500～600ml，火煎濃縮至250～300ml，分早晚2次空腹服下。

　　3.濕困脾陽型

　　⑴外氣治療：以揉按法向肝俞、脾俞、膽俞、胃俞、足三里、商丘、中脘發熱氣。用全掌向右側章門發熱氣。全身導引。

　　⑵辨證施功：日精功、八段錦、逍遙步、「噓」字功、

「呼」字功、「吹」字功，頓足跟、搓脅肋。

(3)胃苓湯加減：蒼朮9克、厚朴6克、陳皮6克、半夏9克
、茯苓12克、豬苓20克、茵陳30克、板藍根20克、白朮15克
、藿香9克，水煎服。

4.肝陰不足型

(1)外氣治療：以按揉法向肝俞、脾俞、章門、中脘、足
三里、三陰交發熱氣。用全掌向肝區發熱氣。用導引法進行
全身性導引。

(2)辨證施功：月華功、頓足搓脅、「噓」字功、逍遙步
（用「噓」字口型長呼，走慢步行功）、「吹」字功、「呼」
字功、八段錦。

處方：黃芪20克、沙參15克、麥冬15克、太子參15克、
石斛15克、生地15克、制首烏15克、枸杞子15克、五味子10
克，水煎服。

5.氣滯血瘀型

(1)外氣治療：以揉按法向肝俞、支溝、足三里、太衝、
發熱氣；用全掌向肝區發熱氣；用雙掌導引法進行全身性反
覆導引。

(2)辨證施功：劍指樁功、日精功、「噓」字功、逍遙步
、閉氣功（吸—閉—呼）、盤坐深調息功、八段錦。

(3)處方：鱉甲15克、穿山甲15克、大黃6克、桃仁10克
、川芎10克、當歸10克、三棱10克、莪朮10克、丹參15克、
赤芍30克，水煎服。

隨證加減：納差加焦三仙、佩蘭；腹脹加砂仁、木香；
噁心嘔吐加半夏、竹茹；肝區痛加玄胡、青皮；便溏加蒼朮
、扁豆；出血加三七、大小薊；浮腫加豬苓、車前子；麝濁
高加紅花、菊花；總蛋白降低加生黃芪、首烏；HBsAg陽

性加白花蛇舌草、夜交藤，另將鱉甲、穿山甲研成細末，每次沖服2克。

【食療】

歸參雞治療慢性肝炎：

配方與製法：母雞一只去毛、掏出內臟、洗淨，內裝當歸30克、黨參30克、黃芪30克、枸杞30克、麥冬20克、蔥、薑、蒜適量，置砂鍋內加水煎煮，等雞肉爛熟酌加精鹽料酒、味精，即可分次而食，飲湯吃雞。

本方由王中舉大夫提供。原配方當歸、黨參各15克，劑量似嫌太小，故本書將當歸、黨參劑量增至30克，並增加黃芪、枸杞、麥冬以加強補氣養陰之效。歸參雞功能補血、補氣、養陰，可促進慢性肝炎或其它具有氣陰兩虛及貧血症狀的慢性疾病的康復。

另外，藥物放入雞肚內煮，若嫌藥渣污雞食用不便，可將其連同蔥、薑、蒜一同放入紗布袋內扎好，與雞同煮。

二十四、肝硬化（膨脹）

【診斷要點】

1.過去有肝炎、慢性膽囊炎、膽道炎、中華肝吸蟲、血吸蟲感染、營養不良、酒精中毒等病史。這些因素長期、反覆地刺激肝臟，引起肝細胞變性、壞死和再生，同時結締組織也稱漫性增生，結果導致小葉結構的破壞與重建，使肝臟變硬。

2.患者有食慾不振、嘔吐噁心、腹脹乏力、上腹隱痛等症狀；後期可有形體消瘦、疲乏無力、面色灰暗、腹脹腹痛、胃腸道出血等症狀。

3.體徵：有蜘蛛痣；肝掌；肝、脾腫大，質地偏硬。晚

期肝臟變小，質地較硬，表面呈小結節狀；脾臟進一步腫大，甚至可達臍下；腹壁靜脈及臍周靜脈曲張、消化道靜脈曲張，外觀上表現「痔」的增大；有腹水形成，腹水為漏出液。部分病人可出現黃疸或上消化道出血。

4.紅血細胞、白血細胞及血小板減少。

5.肝功能試驗可以正常或輕、中度異常。

6.超聲波的特殊波型對診斷有一定的參考價值。

7.纖維食管鏡和胃鏡檢查可以了解食道及胃部靜脈曲張的程度與範圍。腹腔鏡檢查也有一定的診斷價值。

8.肝活組織檢查：不僅有確診的價值，而且也可了解肝硬化的組織學類型、肝細胞損害和結締組織形成的程度，有助於指導治療和判斷預後。但假陰性較多，合併出血的危險性較大是其局限。

【辨證分型】

1.肝鬱脾虛，脈絡瘀阻（本虛標實型）：證見面色蒼黃，消瘦疲乏，胸悶脇脹，心煩易怒，頭暈目眩，脘滿納呆，腹脹便溏，或衄血嘔吐，脇下痞塊，或有黃疸，舌質暗紅，脈弦。

2.脾腎陽虛型：面色萎黃，腹脹納呆，神疲乏力，腹水如鼓，性慾減退或消失，尿少便溏，舌淡蒼白，脈弦滑。

3.肝腎陰虛型：面色黎黑，消瘦如削，腰膝酸軟，尿少腹脹如瓮，腹壁青筋暴露，黃疸晦暗，或有發熱、昏迷，舌紫暗，脈弦細。

【治療】

1.脈絡瘀阻型

⑴外氣治療：以按法向肝俞、脾俞、三焦俞、章門、太衝發熱氣，用導引法進行全身性導引。

辨證施功：八段錦，「噓」字功，「呼」字功，逍遙步（以「噓」字口型長呼），閉氣功（吸—呼—閉），放鬆功，盤坐深調息，劍指站椿功（每天上午練5～20分鐘）。

(2)處方：丹參30克、山藥25克、扁豆25克、薏苡仁25克、赤芍25克、神曲12克、谷芽12克、麥芽12克、三棱15克、莪朮15克，水煎服。

功效：運脾活血

2.脾腎陽虛型

(1)外氣治療：以揉按法向脾俞、肝俞、腎俞、中脘、氣海、足三里發熱氣；用全掌向肝區發熱氣；用導引法進行全身性導引。太極推手。

(2)辨證施功：劍指站椿功，日精功，「噓」字功，「呼」字功，「吹」字功，逍遙步（以「噓」字口型長呼氣，步伐由慢到快，意念排尿），閉氣功（吸—閉—呼），盤坐深調息，頓足搓脅。

處方：黃芪20克、山藥20克、丹參20克、薏苡仁30克、車前子（包）30克，大腹皮30克、茯苓15克、白朮15克、鱉甲15克、澤瀉12克、鬱金12克、青皮12克、陳皮12克、附子6克、甘草6克，水煎服。

3.肝腎陰虛型

(1)外氣治療：以揉按法向脾俞、腎俞、肝俞、水分、氣海、足三里發熱氣；用雙掌發熱氣進行全身導引；用太極推手法排除腹水。

(2)辨證施功：月華功，「噓」字功，「吹」字功，逍遙步（以「噓」字口型長呼，步伐由慢到快，意念排尿），盤坐深調息。

(3)方劑：用上方去附子、仙靈脾，加北沙參、麥冬、枸

杞、葛根、旱蓮草。

【食療】

用料及製法：花生米30克油炸酥備用；紅枸杞30克洗淨水氽備用；麥冬10克，洗淨入沸水中煮熟，取出剖開去蕊備用；雞蛋兩個打入碗內，略加食鹽少許攪勻，炒熟切丁備用；瘦肉30克洗淨切成肉片備用；蔥1根切碎備用。

將炒勺置旺火上燒熱，加花生油適量燒滾後倒入蔥末略炒一下；放入肉片翻炒變色後加入蛋丁、枸杞、麥冬、花生米及泡好的黑木耳等繼續翻炒；加鹽、味精、醬油燒開後加濕澱粉勾芡即可裝盤食用，當菜佐餐。

功用：滋補腎陰、肝陰，用於肝陰不足型慢肝及早期肝硬化。

二十五、消化道癌腫

【診斷要點】

1.臨床常見的有食道癌、胃癌、結腸癌、直腸癌等。

2.食道癌主要症狀在早期可有咽下梗噎、胸骨後疼痛、異物感、咽乾、呃逆等，後期有咽下困難，食物反流等。診斷有賴於X線鋇劑檢查、纖維食管鏡直接觀察、拉網找癌細胞。

3.胃癌的主要症狀有上腹部不適、疼痛、食慾減退；其它有消瘦、噁心嘔吐、嘔血、黑便、腹瀉、便秘等。診斷：大便隱血持續陽性有一定診斷意義；X線檢查的發現有助診斷；纖維胃鏡檢查可直接觀察胃部情況，診斷價值很大；胃鏡直視下的細胞學檢查陽性率可達90％以上，為確診提供直接的依據。

4.結膜癌和直腸癌的主要症狀有：腸功能紊亂，腹瀉、

便秘相互交替；經常有粘液便，腹脹、腹痛，畏寒發熱，腹腔內發現結節和腫塊等等。診斷依據：直腸指診觸及堅硬的腫塊、潰瘍或環形狹窄；直腸乙狀結腸鏡檢查可直接發現肛管、直腸和乙狀結腸中段以下的腫瘤；纖維結腸鏡檢查可觀察全部結腸，直達到回盲部，在直視下鉗取可疑部位或收集沖洗下來的脫落細胞進行檢查，有利於早期結腸癌的診斷。

5.小腸癌腫發病率只占消化道癌的1～2%，不占有重要地位，故不贅述。

【辨證分型】

氣功治療只按早、中、晚期進行，不再進行辨證。癌症是一種本實標虛的見證。

【治療】

1.外氣治療：

總的原則是：早期以瀉為主，少補或不補；中期有補有瀉；晚期以補虛為主，佐以瀉實。

⑴食道癌和胃癌：以點法對百會穴發涼氣，讓病人的呼吸與氣功醫師的呼吸同步。此法用於各種癌症。另用劍指向三焦俞、胃俞發放涼氣；並用劍指從病灶的體表投影區從外向裡螺旋發放涼氣，直至病灶中心，重複進行多次。早期病人身體狀況較好者只瀉不補；中期病人身體較差除用上法清瀉外，應向患者的腎俞、脾俞用全掌發熱氣以補正氣；晚期的病人往往身體很差，需要以補為主，用全掌向氣海、關元、命門、腎俞發熱氣，以培補真元，激發俞門之火。在瀉法上從百會穴發涼氣是一種大瀉法，若患者體質過差，陽氣衰微，不能清瀉太過，則不必勉強，只做其它兩種瀉法即可。

⑵結腸癌：除用大腸俞代替三焦俞和胃俞外，其它兩種瀉法均同於食道癌和胃癌。關於補瀉結合的原則與方法亦同

於食道癌。

　　2.辨證施功：

　　早、中期要做劍指站樁功（時間要根據病人身體條件逐步增加）八段錦，易筋經，「呼」字功，逍遙步（以「呼」字口型長呼，步伐由慢到快，再由快到慢交替進行，每天走2次，1次30分鐘），閉氣功（吸—閉—呼，閉氣到病灶，意想全身的免疫系統都來攻殺癌細胞，其具體方法同於肺癌的有關段落），靜坐深調息功，「吹」字功。

　　晚期病人只做混元站樁功、「呼」字功、「吹」字功、靜坐深調息功、逍遙步（以「呼」為主的慢步行功）、閉氣功（吸—閉—呼），不做動功。

　　3.偏方：人參蓮子湯補氣益脾

　　處方：曬參10克、蓮子10枚、枸杞10克、冰糖30克。先將藥物洗淨，用淨水浸泡2小時後加冰糖煎煮1小時。吃蓮子、枸杞、喝湯。人參可重用2～3次，最後再將其一併吃掉。

　　功能：益氣、健脾、補腎，扶正固本。

　　【食療】

　　核桃樹枝煮雞蛋治胃癌：

　　用料及做法：用食指粗的核桃枝一尺許，雞蛋2個，共煮1小時。每日2次，每次食雞蛋1個。連續服用直至痊癒。若食後嘔吐即不應再用。

二十六、腸道易激綜合症

　　中醫學認為本病屬「腹痛」、「泄瀉」、「便秘」的範疇。

　　【診斷要點】

　　1.左下腹疼痛最為常見；便秘或腹瀉，或便秘與腹瀉交

替；有時糞便中含有大量粘液；常伴有胸悶、心悸、失眠、乏力、尿頻等症狀，檢查時除有時偶可觸及痙攣的結腸外，無其它陽性發現。

2.經過各種特殊檢查，排除腸道器質性疾病後，可確立診斷。

【辨證分型】

1.肝鬱脾虛型：胸悶脅脹，激動易怒，便結泄瀉、交替出現，舌淡苔薄，脈弦細。

2.脾腎陽虛型：心悸失眠，頭暈乏力，尿頻，腹瀉，糞帶粘液，舌淡苔白，脈沉細。

3.血瘀腸絡型：腹脹腹痛，大便乾結，排便次多，量少而細，或狀如卵石、外附粘液，舌紫苔薄，脈濡澀。

【治療】

1.肝鬱脾虛型

⑴外氣治療：以按法向脾俞、胃俞、足三里、肝俞、大腸俞發熱氣。用導引法作全身性導引、腹脹太甚可行太極推手法。

⑵辨證施功：劍指站樁功、八段錦、易筋經、閉氣功（便秘時用吸—呼—閉，腹瀉時用吸—閉—呼。每日2次，一次30～60分鐘）、「呼」字功、「噓」字功、逍遙步（以「呼」字口型用中速步伐）、靜坐深調息功。

⑶處方：厚朴12克、五味子12克、石榴皮12克、烏梅3枚、雞內金9克、黃芪12克，水煎服。

功能：溫中健脾，安神補氣。

2.脾腎陽虛型

⑴外氣治療：以按法向胃俞、脾俞、大腸俞、腎俞發熱氣。用導引法進行全身導引。

(2)辨證施功：劍指站樁功、八段錦、日精功、閉氣功（吸—閉—呼）、靜坐深調息功、逍遙步（以「呼」字口型長吸短呼）、「呼」字功、「吹」字功、揉腹。

3.血瘀腸絡型

(1)外氣治療：以揉按法向大腸兪、脾兪、肺兪、天樞、內關、足三里發熱氣；用全掌向氣海發熱氣以溫通腸絡；再用導引法進行全身性導引。

(2)辨證施功：八段錦，閉氣功（吸—呼—閉），「呼」字功（以呼為主），「吹」字功，逍遙步（用「呼」字口型長呼慢步行功），月華功，盤坐深調息。

(3)偏方：核桃扁豆泥健脾補肝腎。

用料及製法：扁豆150克，剝皮取豆，加水少許，上籠蒸2小時，取出擠水搗成泥狀。黑芝麻10克炒香、研末。將鍋刷淨，置火上燒熱後，放入豬油約30克；油熱後，倒入扁豆泥翻炒至水分將盡，放入白糖50克炒至不粘鍋底；再放入豬油50克，黑芝麻末10克，白糖50克、核桃仁10克，混合翻炒片刻即成。

功用：健脾補腎，治脾虛久泄、大便燥結。既能止瀉、又可潤燥，適合本證之治療。

【食療】

芡實點心：

用料及製法：芡實、蓮子、淮山藥、白扁各等份，磨成細粉，加白糖、豬油（或素油）適量，加水和麵烤製成點心。每次50～100克，每日1～2次。經常服用。

功效：補氣健脾，收斂祛濕，調理脾胃、腸道功能。

二十七、急性腎小球腎炎
（風水、尿血）

【診斷要點】

1.發病前1～4週有前驅感染症狀存在，發病時有血尿、少尿、蛋白尿、水腫及高血壓等症狀，在兒童及青少年中發病率較高。水腫以眼瞼及面部出現較早，通常以清晨最為顯著。如合併心力衰竭，則出現顯著的全身性水腫。血壓突然迅速地升高，可造成高血壓腦病，出現劇烈頭痛、噁心、嘔吐、抽搐、嗜睡、昏迷等症狀。

2.尿常規可發現蛋白尿＋～＋＋＋，鏡檢可發現多量紅細胞、少量白細胞和上皮細胞，以及透明管型、顆粒管型和紅細胞管型。

3.眼底檢查：可出現視神經乳頭水腫。

4.有腎功能衰竭時，腎功能檢查有陽性發現，有氮質血症及代謝性酸中毒。

【辨證分型】

1.風寒型：惡寒發熱，面目浮腫，頭痛頭暈，尿少色深，脈浮，苔白。

2.風熱型：發熱惡風，咽喉腫痛，頭痛心悸，小便短赤，周身浮腫，舌紅苔黃，脈數。

3.濕盛型：頭脹如裹，身重倦怠，周身浮腫，尿少便溏，舌滑津多，苔白，脈緩。

4.溫鬱化熱型：發熱身重、頭痛噁心，腰部酸痛，鼻衄尿赤，舌苔黃膩，脈滑數。

【治療】

1.風寒型

　　⑴外氣治療：以揉按法向腎俞、大杼、合谷、水分、氣海、太陽發熱氣，用雙掌向患者發熱氣進行全身性導引，排除風寒。

　　⑵辨證施功：日精功，靜坐深調息功，血壓增高者做降壓功（每日2次，每次15分鐘），「吹」字功，「呼」字功，逍遙步（以「吹」字口型長呼慢步行功）。

　　處方：乾益母草（全草）90～120克（鮮品劑量加倍），水煎服。

2.風熱型

　　⑴外氣治療：以右手拇指與其餘四指分開捏拿頸前側，從上至下反覆6次。再以右手劍指用點法向天突穴發涼氣，用右手拇指以按法向腎俞、水分、氣海、足三里、三陰交發熱氣。用點法向內關發涼氣。用導引法進行全身性導引。

　　⑵辨證施功：月華功、降壓功、逍遙步（以「吹」字口型長呼，中速步行，意想排尿），「吹」字功、「呵」字功、靜坐深調息功。

3.濕盛型

　　⑴外氣治療：以揉按法向水分、氣海、大杼、合谷、足三里、三陰交發熱氣；用導引法進行全身性導引。若有腹水可用太極推手法排除腹水。

　　⑵辨證施功：日精功、劍指站樁功、逍遙步（以「吹」字口型大口呼氣，意想湧泉，步伐先由慢步逐步向快步過渡，以體力能堅持為原則，每天2次，每次20分鐘）、「吹」字功、「呬」字功、「呼」字功、靜坐深調息功、降壓功。

4.濕鬱化熱型

　　⑴外氣治療：以揉按法向水分、氣海、腎俞、三陰交發熱氣；以點法向小腸俞、太衝發涼氣；以全掌向中極發熱氣

；用導引法作全身導引。腹水量多，用太極推手法排水。

(2)辨證施功：除以月華功代替日精功外，其他功法均同於濕盛型。

處方：白茅根30克、黃芩9克、黃柏9克、浮萍12克、蟬衣12克、二花15克、連翹12克，水煎服。

隨症加減：血壓過高者加夏枯草、石決明、牛膝、杜仲、磁石；血尿甚者加大小薊炭、側柏葉、藕節、三七粉；咽痛加射乾、山豆根、牛蒡子；便秘者加大黃、檳榔；噁心者加竹茹、半夏；肝大加丹參、桃仁、紅花、當歸。

【食療】

赤小豆粳米粥治水腫：

用料及製法：鮮茅根100克、冬瓜皮50克、西瓜皮50克用紗布袋裝好扎緊，赤小豆50克，共放鍋內加水煮沸20分鐘；撈出紗布藥袋，加入粳米150克，共煮沸15分鐘成粥後分2次服用。

二十八、慢性腎小球性腎炎
（水腫、虛損）

【診斷要點】

1.隱襲起病，逐漸發展，具有進行性傾向，病程在1年以上，有血尿、蛋白尿、血壓升高及腎性貧血等表現。

2.單純蛋白尿而無其它臨床症狀，且具有自動緩解現象者，稱為隱匿性腎炎。以反覆發作的血尿為主要表現，而無其它症狀的局灶性腎小球腎炎，已不再歸入本病。

本病在臨床上現分為

(1)高血壓型：血壓升高、尿蛋白陽性，眼底檢查及腎功能檢查早期可基本正常。

(2)普通型：有各種腎炎症狀，但都不夠突出，蛋白尿＋～＋＋＋，有少量血尿、管型尿，血壓輕度升高等。

(3)腎變性型：早期有全身性水腫，晚期反不顯著，甚至有乾瘦現象，腎性貧血逐漸增重，血壓升高趨於固定；眼底檢查可見動脈硬化、滲出或出血，乳頭水腫；腎功能呈進行性減退。

(4)急性發作型：在慢性過程中，常有急性腎炎發作的表現：病情突然加重、水腫增重甚至出現胸、腹水，血壓升高，蛋白及血尿增多。

【辨證分型】

1.脾虛濕困型：浮腫倦怠，納呆食少，腹脹便溏，舌質胖嫩，邊有齒痕，苔白，脈緩細弱。

2.脾腎陽虛型：浮腫增重，甚則胸腹脹滿，形寒肢冷，腰痛膝軟，尿少便溏，舌淡苔白，脈沉細。

3.肝腎陰虛型：浮腫不明顯，頭暈耳鳴，腹部酸痛，視物模糊，或口乾咽痛，或面色潮紅，失眠多夢，頭昏頭痛，舌紅苔少，脈象弦細或細數或弦滑。

4.慢性腎小球性腎炎到後期出現腎功能衰竭，有寒濕滯留、濕熱互結、濕濁上泛、陰陽兩虛、血熱妄行、肝風內動、亡陰亡陽等見證，因係疾病後期之危候，非氣功治療之所宜，故不贅述。

【治療】

1.脾虛濕困型

(1)外氣治療：以揉按法向水分、氣海、三陰交、足三里、脾兪發熱氣；以全掌向腎區發熱氣；用導引法進行全身性導引。

(2)辨證施功：日精功、劍指站椿功、八段錦、「吹」字

功、「呼」字功、逍遙步（以「呼」字口型作中速步行功）、靜坐深調息功、閉氣功（吸—呼—閉）、易筋經（上午做外經、下午做內經）。

(3)偏方：冬瓜皮蠶豆湯治水腫。

處方：冬瓜皮50克、蠶豆60克，洗淨加水泡軟，另加水兩碗煎至半碗，食豆飲湯。有健脾除濕、利水消腫之功。

2.脾腎陽虛型

(1)外氣治療：以揉按法向腎俞、脾俞、肺俞、水分、合谷、大杼、足三里、三陰交發熱氣。用全掌向氣海、關元發熱氣，用另一掌向腎區或命門發熱氣。腹水重的加用太極推手法排除腹水。

(2)辨證施功：日精功、劍指站樁功、閉氣功（吸—呼—閉）、靜坐深調息功、逍遙步（以「吹」字口型呼氣，由慢到快，意念排尿，每天2次，1次步行20～30分鐘）、「吹」字功、「呼」字功、「呬」字功，體力允許的情況下做八段錦和易筋經。血壓高者每天做降壓功2次。

(3)偏方：

①蜈蚣一條去頭尾足焙於為末，用生雞蛋一個，打一小洞，放入蜈蚣末攪勻，外用濕紙及黃泥糊住，放灶內煨熟，剝取雞蛋吃，每日吃1個，7天為一療程。病不愈隔3天再進行下一療程。

②玉米須50克，加水煎煮30分鐘，過濾分2次內服，每日1劑。（民間驗方）

如將上述兩方合併使用，療效更好。

3.肝腎陰虛型

(1)外氣治療：以揉按法向肝俞、腎俞、風池、俠谿、太衝發熱氣；以全掌發熱氣，一手對氣海、關元，另一手對足

三里；用導引法一手對膻中，一手對百會，從上到下導引至腳，反覆進行6次以上。

(2)辨證施功：月華功、劍指站樁功、降壓功、放鬆功、「噓」字功、「吹」字功、逍遙步（以「噓」字口型長呼以平肝潛陽，作慢步行功）。

(3)秘方：益母地黃益腎湯。

功能：滋陰補陽，益氣活血。

益母草30克、半邊蓮30克、黃芪15克、熟地15克、淮山藥10克、澤瀉15克、山萸肉6克、丹皮6克、茯苓10克、蘇葉30克，水煎服。

隨證加減：腎陽虛者加葫蘆巴、仙靈脾；脾陽虛者加白朮；肝陽上亢者加懷牛膝、杜仲、石決明；咽部腫痛者加連翹；皮膚騷癢者加蟬蛻；瘀血重者重用益母草至60克。

【食療】

鮮羊奶500克、白糖20克，煮沸後分2次服用。每天如此，長期服用。有補腎益精之效。

二十九、急性泌尿系感染（淋證：熱淋）

【診斷要點】

1.急性泌尿系感染包括尿道炎、膀胱炎、輸尿管炎、腎盂炎、腎盂腎炎等。因為泌尿道是一個連續的管道，腎盂、輸尿管和膀胱之間並無有效的分隔，一旦某一局部有感染的存在，就極易向上或向下擴散，而單獨存在的時間較短。

2.突發寒戰和高熱，伴有尿頻、尿急和排尿灼痛；肋脊角有疼痛、壓痛和扣擊痛；有頭痛、噁心、嘔吐或虛脫。

3.實驗室檢查：尿常規可見渾濁尿，鏡檢可見大量的膿細胞。數量不等的紅細胞、顆粒管型和膿細胞管型；蛋白＋

～＋＋。尿中段培養有致病菌生長。白細胞增多。血沉增快。偶有菌血症。

【辨證分型】

1.膀胱濕熱：惡寒發熱，尿頻、尿急、尿痛，小腹脹痛，腰痛，口乾喜飲，舌紅苔黃膩，脈濡數或滑數。

2.肝膽實熱：寒熱往來，心煩欲嘔，腰痛腹脹，尿急尿痛，舌紅苔黃，脈弦數。

3.胃腸實熱：持續壯熱，汗出不退，口氣穢濁，不思飲食，口渴欲飲，腹痛便秘，頭痛腰痛，小便渾赤、尿時澀痛，舌質紅、苔黃膩，脈數。

【治療】

1.膀胱濕熱

(1)外氣治療：以點法向膀胱俞、石門、中極、陰陵泉發涼氣以清瀉膀胱濕熱；用全掌向兩個腎區、輸尿管及膀胱發熱氣，以消炎、殺菌、緩解尿頻、尿急、尿痛等症狀。

(2)辨證施功：月華功、「呵」字功（按中醫理論，尿急尿痛為小腸與膀胱鬱熱不化所致，有泌尿系感染症狀而兼有夜寐不寧者，多為心火熾盛、移熱於小腸的見證。所以凡有尿急尿痛症狀的，可做「呵」字功以清瀉心火，因心與小腸相表裡，心火得平，則小腸火亦可自息）、「吹」字功、逍遙步（以「呵」字口型長呼，作慢步行功，每天3次，1次20分鐘）。熱退後可做盤坐深調息。用雙手按摩腎俞100次。按摩湧泉每邊100次。

(3)清淋湯，功能清熱通淋。

蒲公英15克、旱蓮草20克、生梔子15克、益母草30克、車前草20克、金錢草20克、地錦草20克、萹蓄20克、白茅根30克、甘草梢6克，水煎服。

2.肝膽實熱

(1)外氣治療：以點法向膀胱兪、肝兪、石門、陰陵泉、太衝發涼氣；以雙掌發熱氣，一掌對命門、腎兪，另一掌對關元、氣海。用導引法進行全身性導引清瀉濕熱。

(2)辨證施功：「噓」字功、「吹」字功、「呵」字功、（均以呼為主），逍遙步（以「噓」字口型長呼氣，慢步行功），靜坐深調息功，閉氣功（吸—呼—閉）。自我點按大椎，拿按曲池、合谷（每穴5分鐘），以退高熱。

(3)方藥：治宜清瀉肝膽濕熱。傳統方劑龍膽瀉肝湯最為對症，現加減如下：龍膽草10克、黃芩10克、梔子10克、柴胡10克、生地15克、澤瀉10克、車前子（包煎）15克、木通6克、白花蛇舌草15克、甘草6克，水煎服。

隨症加減：高熱加雙花、夏枯草、石膏；嘔吐加半夏、竹茹、藿香。

3.胃腸實熱

(1)外氣治療：以點法向大腸兪、支溝、天樞、合谷、曲池發涼氣；用按法向關元、三陰交、次髎、太溪發熱氣；用導引法進行全身性導引。

(2)辨證施功：「呼」字功，「呵」字功、「吹」字功、逍遙步（以「呼」字口型，全都以長呼為主）、鬆靜功、閉氣功（吸—呼—閉），患者自行或請家人揉按大椎，捏拿合谷、曲池，由裡向外揉天樞36圈。

(3)方藥：生川軍15克（後下）、白花蛇舌草25克、車前草20克、公英20克、赤芍15克、鮮茅根30克、丹皮15克、生地15克、枳實10克、甘草6克，水煎服。

【食療】

用料及製法：鮮嫩竹片菜（萹蓄）500克、豆腐500克、

細粉絲500克，各種調料適量，麵粉1000克。先將竹片菜洗淨涼乾、切碎，再將豆腐煮沸去漿切丁，細粉絲熱水浸泡片刻取出切碎，共放盆內，加油、鹽、味精、胡椒麵適量拌勻作餡，麵粉發好後包成包子。按食量內服當飯吃。有防治泌尿系感染的功效。若加入等量馬齒莧還可防治腸炎、菌痢。

三十、慢性泌尿系感染（勞淋、虛損）

【診斷要點】

1.有急性泌尿系感染病史，病程遷延不愈、反覆發作，病期超過半年以上。

2.有尿濃縮功能差、酚紅排泄率下降及靜脈腎盂造影異常等。

3.急性發作時的症狀與急性感染相同。

【辨證分型】

1.腎陰不足，濕熱留戀：病程日久，反覆不愈，頭暈耳鳴，腰膝酸軟，咽乾唇燥。發作時尿頻而短、澀痛而急、欲出不盡，或有低熱，舌紅苔少，脈弦細而數。

2.脾腎兩虛、餘邪未清：面浮足腫，納呆腹脹，神疲乏力，膝腰酸軟，頭暈耳鳴，大便溏薄。發作時小便頻數、淋瀝不盡，舌淡苔白，脈沉細無力。

【治療】

1.腎陰不足、濕熱留戀

(1)外氣治療：以點法向膀胱俞、石門、陰陵泉發涼氣以清瀉濕熱。用雙掌發熱氣，一掌對命門、腎俞，另一掌對氣海、關元。

(2)辨證施功：月華功、劍指站樁功、八段錦、易筋經、「吹」字功、逍遙步（以「吹」字口型呼氣作慢步行功）、

盤坐深調息。

(3)處方：金銀花9克、連翹9克、石斛9克、生熟地各9克、淮山藥9克、丹皮9克、澤瀉9克、山萸肉6克，水煎服。

隨症加減：發熱加豆豉、山梔；便秘加川軍；少腹脹痛加炒元胡、炒枳殼；尿血加白茅根、琥珀末；心煩少寐加黛燈蕊；咽痛加川連、大黃；納呆腹脹加雞內全、陳皮；腰酸加川斷、狗脊、杜仲；頭暈耳鳴加枸杞子、杭菊花；潮熱加炙鱉甲、地骨皮、知母；尿痛加瞿麥、萹蓄、公英、地丁；尿少加車前子、澤瀉。

2.脾腎兩虛、餘邪未清

(1)外氣治療：以揉按法向脾俞、腎俞、大椎、足三里、三陰交發熱氣；用全掌向關元、氣海、神闕發熱氣；用雙掌導引法作全身性導引。

(2)辨證施功：日精功、劍指站樁功、「吹」字功、「呼」字功、「呬」字功（都用吸長呼短的補法）；閉氣功（吸—閉—呼）；逍遙步（以「吹」字口型吸長呼短，慢步行功）；盤坐深調息；體力允許加做八段錦、易筋經。

(3)方藥：太子參12克、炒白朮9克、雲茯苓12克、淮山藥12克、粉丹皮12克、福澤瀉12克、山萸肉12克、生熟地各12克、公英12克、地丁9克、水煎服。

隨症加減：浮腫加炙黃芪、漢防已、生薑、大棗，噁心嘔吐加薑半夏、薑竹茹、老蘇梗。其它症狀加減方法同於腎陰不足型。

【食療】

蜆肉秋海棠治尿路感染。功能清熱利尿。

用料及製法：蜆肉20克、秋海棠25克、冰糖20克，加水共煮，食肉飲湯。

三十一、神經衰弱（不寐）

【診斷要點】

1.體訴多而龐雜，包括疲勞、易激動、頭痛、失眠、抑鬱、記憶力差、全身不適、心悸、氣短、胸悶、食慾不振、腹脹納呆、尿頻、男子陽萎、女子月經不調……患者焦慮不安。

2.各系統的全面檢查均在正常範圍。

【辨證分型】

1.肝火上炎、灼傷心陰：心悸而煩，急躁易怒，眠少夢多，頭暈耳鳴，面多潮紅，小便黃赤，舌紅苔少，脈弦數。

2.心脾不足、氣血兩虧：失眠多夢，心悸不安，頭暈健忘，腹脹納呆，面色蒼白，神疲消瘦，舌質淡，邊有齒痕，脈沉細弱。

3.心腎不交、虛火上炎：心悸不寧，虛煩不眠，夢惡驚恐，健忘脫髮，腰膝酸軟，盜汗遺精，舌紅苔少，脈細數。

【治療】

1.肝火上炎、灼傷心陰

(1)外氣治療：以揉按法向內關、神門、三陰交、行間、足竅陰發熱氣；用全掌向心俞、風府發熱氣；用俯臥式導引法以雙掌發熱氣，從百會、風府慢慢沿脊柱而下，到命門、腎俞時加大發氣量，略停後順兩腿向下導引。

(2)辨證施功：月華功，「噓」字功，「呵」字功，逍遙步（以「噓」字口型長呼為主，作慢步行功），靜坐深調息功（每日2次，1次40～60分鐘），八段錦、易筋經（每天上午各做1次），劍指站樁功（每天1次40分鐘），搓腎俞、搓湧泉（各100次），潤膚功的頭面部功。

⑶方藥：龍膽瀉肝湯加減：

龍膽草10克、炒黃芩6克、炒梔子6克、生地25克、桑葉9克、當歸9克、麥冬9克、生龍齒24克、白芍10克、柏子仁10克，水煎服。

本方有清瀉肝火、養心安神之功效。

2.心脾不足、氣血雙虧

⑴外氣治療：以按法向百會、風府、心俞、脾俞、足三里、內關、神門、三陰交發熱氣；用雙掌同時發熱氣，一掌對命門、腎俞，另一掌對關元、氣海。

⑵辨證施功：日精功、「呵」字功、「呼」字功、「吹」字功（均以吸為主），逍遙步（以「呼」字口型作慢步行功），靜坐深調息功，劍指站椿功，八段錦，易筋經（每日早晚各1次）。

⑴方藥：歸脾丸，每日2次，每次1丸。功能健脾益氣、補血養心。

3.陰虛火旺、心腎不交

⑴外氣治療：向百會、神門、照海、腎俞、內關、三陰交用按法發放熱氣；向心俞、申脈、用點法發放涼氣。用導引法進行全身性導引。

⑵辨證施功：劍指站椿功、「吹」字功、「呵」字功、逍遙步（以「呵」字口型大口呼氣，以慢步與快步交替進行，每天兩次，每次不少於30分鐘）、靜坐深調息功、放鬆功。

⑶補血養心，安神鎮靜湯：夜交藤30克、合歡皮30克、桑椹子12克、徐長卿30克、丹參15克、五味子9克、黃蓮6克、甘草3克，每日1劑，加水煎成100ml，睡前1小時服完。

【食療】

蓮子百合煨豬肉：

用料及製法：將瘦豬肉200克洗淨，切成肉丁，置鍋內，加入浸好的蓮子、百合各50克，再加入適量的各種調料，加水用文火煨燉1小時即成。可食蓮子、百合、豬肉並飲湯，日服2次。

功用：用於心脾兩虛型的神經衰弱及肺陰虛的低熱乾咳等症。

三十二、男性性功能紊亂（陽痿、早泄）

【診斷要點】

1.陽痿是性交時陰莖不能勃起，以致不能進行正常的性生活；早泄是性生活時，陰莖尚未進入陰道之前即已射精。有的患者既有陽痿又有早泄。這是男性性機能紊亂的兩個主要症狀。

2.常有精神抑鬱、失眠、多夢、遺精等神經衰弱症狀。

3.泌尿生殖系統無器質性病變。

【辨證分型】

1.心脾陽虛型：精神不振，膽怯多疑，對性生活有恐懼感，缺乏應有的信心，舌淡苔白，脈細弱。

2.肝鬱型：神情憂鬱，心情不暢，脅肋脹滿，易於激動，舌質暗紅，脈弦細。

3.命門火衰型：神疲力弱，面色灰白，頭暈目眩，腰膝酸軟，性欲低下，少腹陰冷，手足不溫，舌淡苔薄，脈細弱。

【治療】

1．心脾陽虛型

(1)外氣治療：以揉按法向命門、腎俞、心俞、三陰交、

志室、神門發熱氣；用全掌向氣海、關元、中極發熱氣。

(2)辨證施功：日精功、劍指站椿功、「吹」字功、「呼」字功（均以吸為主）；逍遙步（作慢步行功，用「吹」字口型吸長呼短）；（每日早晚做1次）。動功可做八段錦、易筋經。每天2次盤坐深調息，每次40～60分鐘。

2．肝鬱型

(1)外氣治療：以揉按法向三陰交、足三里、志室、神門發熱氣；以點法向肝俞、太衝、心俞發涼氣；用全掌發熱氣，一掌對向命門、腎俞，另一掌對向氣海、關元、中極。

(2)辨證施功：月華功，「噓」字功，「吹」字功，逍遙步（以「吹」字口型以吸為主，作慢步行功），「噓」字功（以呼為主），瀉太衝，補湧泉，搓腰眼（均每天2次），盤坐深調息，八段錦，易筋經，劍指站椿功。

另外再做補腎壯陽功：盤坐調息，等丹田發熱後，再意守命門；命門發熱後，意想吸氣時兩腎之氣入丹田，呼氣時丹田之氣下推睪丸。然後再返上來推陰莖，直至頂端。如此反覆推動86次。再意守丹田約15分鐘即可收功。收功方法同於放鬆功。

(3)方藥：逍遙散加減：柴胡12克、雲苓12克、當歸6克、白芍9克、升麻6克、香附9克、菟絲子12克、巴戟12克、仙靈脾12克、補骨脂15克，水煎服。功能疏肝解鬱，兼補腎陽。

2．命門火衰型

(1)外氣治療：以揉按法向神門、太谿、志室、足三里、三陰交發熱氣；用雙掌發熱氣，一掌對命門、腎俞，另一掌對向氣海、關元、中極，15分鐘。

(2)辨證施功：日精功，月華功，「吹」字功（以吸為主）

，逍遙步（用「吹」字口型以吸為主作慢步行功），劍指站樁功，八段錦，易筋經，靜坐深調息功，補腎壯陽功。

加做武火助陽法，每日2次。

功法：自然盤坐，全身放鬆，兩手掌心向內，指尖向下，拇指相接，緊貼於胸部、掌根與乳頭平齊。深吸氣後，快呼快吸，兩掌隨胸腹部的呼吸運動向下慢慢滑動，指尖到達外生殖器部位後，上提至原處。如此反覆進行，直至陰部發熱或陰莖勃起。陰莖勃起後可用雙手搓擦兩側腹股溝部位，使其自行萎軟。每天做2～3次。

【食療】

蟲草全鴨：

用料及製法：冬蟲夏草10克、公鴨一隻、各種佐料適量。殺鴨去毛及內臟、洗淨、剁去腳爪，在開水中氽一下，撈出，將溫水洗淨的蟲草、蔥、薑放入鴨腹內。將鴨放入盆內，注入清湯，上籠清蒸約2小時，出籠後揀去生薑、蔥白，加入味精、胡椒麵即成。

功效：補肺腎、益精髓。適用於虛勞咳喘、自汗、盜汗、陽痿、遺精、腰膝酸軟、久虛不復等症。

三十三、癔病（臟躁）

【診斷要點】

1.在精神刺激下起病，呈陣發性發作，症狀複雜而多變，以女性為多見。

2.精神障礙：發作時情感色彩濃厚，動作誇張，易受暗示，常大哭大笑、大喊大叫，甚至蹬足捶胸或昏厥倒地。有的模擬精神病。

3.運動障礙：出現癱瘓、震顫、抽搐。

4.感覺障礙：失明、失聰、失音、喉部梗塞。

5.各種檢查很少有陽性發現。

【辨證分型】

1.營血虧虛、內火燔熾：心神不寧，悲傷欲哭，呵欠頻作，飲食無味，或急躁易怒，口乾口苦，舌紅，苔白或黃，脈弦。

2.肝氣鬱結、痰氣交阻：神情抑鬱，胸悶太息，腹脹納呆，自覺咽中有物，吐之不出、咽之不下，舌紅苔滑，脈弦滑。

【治療】

1.營血虧虛、內火燔熾

(1)外氣治療：以揉按法向心俞、期門、內關、神門、太衝、湧泉發熱氣；用導引法作全身性疏導。昏厥倒地時以拇指加力用點法向水溝、百會、中衝等穴發涼氣促其蘇醒。

(2)辨證施功：月華功、「呵」（字功以呼為主）、逍遙步（以「呵」字口型長呼作慢步行功）、鬆靜功（每日2次，1次30～40分鐘）、「吹」字功（以吸為主，壯水以制火）、八段錦、易筋經。

(3)處方：白朮10克、茯苓12克、白芍15克、當歸12克、柴胡12克、甘草6克、遠志12克、菖蒲12克、牡蠣15克、龍骨15克、磁石24克、大棗10克，水煎服。外加琥珀粉3克，分2次沖服。

隨症加減：心悸失眠加棗仁、柏子仁、夜交藤；腎虛腰痛加杜仲、川斷、狗脊、枸杞；高血壓頭痛頭昏加草決明、地龍、黃芩；氣虛頭暈加黃芪、黨參；食慾不振加焦三仙、雞內金；痰多加膽星、陳皮、鬱金；白帶多加土茯苓、雞冠花；胸悶加佛手、降香、瓜蔞；呃逆加代赭石、丁香、柿蒂。

2.肝氣鬱結、痰氣交阻

⑴外氣治療：以揉按法向章門、膻中、天突、大椎、太溪、崑崙發熱氣；揉按風池、天柱及頸椎兩側，拿揉氣管兩側。用導引法作全身性疏導。

⑵辨證施功：劍指站樁功，八段錦、易筋經；鬆靜功：「噓」字功、「呵」字功（均以呼為主）；逍遙步（以「噓」字口型長呼作慢步行功，給予必要的語言誘導）。

⑶處方：半夏9克、厚補9克、茯苓12克、生薑3片、蘇葉10克、牛蒡子10克、山豆根12克，水煎服。功能行氣化痰、利咽散結主治梅核氣。

隨症加減：失眠加棗仁；脇痛加香附、陳皮；嘔噁加膽星；痰粘加瓜蔞；病久加當歸。

【食療】

酸梅青果湯：

用料及製法：酸梅10克、青果50克洗淨後共放砂鍋內，加水浸泡一天，然後上火煎煮、加白糖適量調味後即可飲用。以上為1日量。

功用：清咽利膈，止咳化痰；可用於慢性咽炎，使咽部清爽舒適，用於本病可改善患者咽部的主觀感覺，有利於奠定康復信心的基礎。

三十四、腦血管意外後遺症（中風後遺症）

【診斷要點】

1.有腦血管意外的病史。

2.腦血管意外經搶救後留有輕重不等的半身不遂，言語不利，口眼喎斜等症狀。

【辨證分型】

中風的急性期，在臨床辨證上分為：

1.中臟腑：可分為閉證與脫證兩種：凡猝然昏倒，人事不省，噤不開，面色潮紅，兩手握固，呼吸粗促，脈滑而勁為閉證，屬實；凡目合口張，手撒鼻鼾，遺溺汗出，手足逆冷，舌苔白滑，脈微欲絕者為脫證，屬虛。

2.中經絡：口眼歪斜、或半身不遂、言語蹇澀等，這些症狀往往和中臟腑同時並見，也可單獨出現。

一般到氣功門診或療養院所就診或住院者都是中風後遺症患者，故只有中經絡這一種證型。在中醫臨證工作中又將其分為氣虛血瘀、風痰阻絡和肝腎陰虧、筋骨失養兩種情況。但在針灸或氣功醫療工作中，這種分型並無實際意義，所以一般不再分型，而只按不同症狀和部位取穴治療。

【治療】

1.外氣治療

(1)口眼歪斜：以揉按法向頰車、陽白、四白、合谷、內庭、太衝發熱氣。

(2)半身不遂：以揉按法向肩髃、曲池、合谷、環跳、陽陵泉、懸鐘發熱氣。若上肢偏重，可加肩髎、肩井、外關、少海、中渚等穴；下肢偏重可加風市、足三里、三陰交、崑崙等穴；關節強直、手足麻木取井穴放血。

(3)舌強不語：以揉按法向啞門、廉泉、通里、湧泉發熱氣。

除對上述穴位發氣外，再以通常的推拿手法進行按摩，以幫助進一步疏通經絡、活動肢體、促進康復。其體操作請參閱有關專著。

2.辨證施功：

劍指站樁功（每日2次，若不能站立，可以靠在椅子上

做功），靜坐深調息功（每日2次，每次40～60分鐘，不能盤坐可用垂腿坐式）。一有時間就閉著眼睛用意念支配患肢作各種方式的活動。能做到什麼程度就堅持到什麼程度，逐步擴大活動範圍。凡能步行的都要練習逍遙步，先走慢步行功，逐步加快步伐到中速和快步，然後再走慢步，以「噓」字口型長呼氣，每次20～30分鐘。肢體僵硬要堅持做放鬆功，每天2～4次，每次30～60分鐘，著重放鬆患肢。高血壓要做降壓功。

處方：仙茅15克、仙靈脾15克、巴戟天12克、川芎12克、當歸15克、知母15克、黃柏12克、川牛膝24克，水煎服。

隨症加減：氣虛加黃芪、黨參；小便多加益智仁；肢體疼痛加雞血藤、赤芍；重著或腫脹加苡仁、防己；拘攣加龜板、鱉甲、白芍；語言不利加天竹黃、石菖蒲；血壓高加夏枯草、鉤藤、石決明或復方羅布麻片；舌苔黃膩加竹茹，重用黃柏。

【食療】

白菊花、枸杞葉拌綠豆芽。

用料及製法：白鮮菊花瓣10克用清水輕輕洗淨，用涼開水浸泡；鮮嫩的枸杞葉20克洗淨用沸水氽燙一下立即撈出，置冷開水中浸涼撈出備用；綠豆芽250克，去根，須洗淨，放沸水中氽燙一下立即撈出，用冷開水浸涼撈出，控淨餘水。然後將綠豆芽放盤中，再放枸杞葉，最後撒上菊花瓣，上下皆白，中間碧綠。臨吃時加香油5克，花椒油5克、醋5克、白糖2克、鹽2克拌勻。可作為家常小菜經常服用。

功能：清熱解毒、滋肝益腎，可明目、退熱、止暈、降壓。

【附錄】

1.凡年高之人，感覺肢端麻木，眩暈耳鳴或有時感覺舌強難語，這是將要發生中風的預兆，應讓病人避免活動，躺下休息。若血壓增高可囑其做降壓功15分鐘，並同時用雙掌發氣，作反覆地全身性導引，以加強降壓效果。然後再用揉按法向百會、風市、湧泉、曲池、足三里、三陰交發放熱氣。這對中風先兆特別是出血性中風的先兆，具有預防發生中風的作用。

2.中臟腑閉證的緊急處理：使病人絕對臥床，不作不必要的搬動、翻身或顛簸。取十二井穴即手指端的少商、商陽、中衝、關衝、少府、少澤穴，左右共十二穴，點刺出血，急救瀉熱以接經氣。用點法向百會發涼氣以平熄肝風；水溝、合谷、頰車亦用點法發涼氣，以清神醒腦，通調手足陽明之經氣；用揉按法向湧泉發熱氣；以調足少陰腎經經氣導火下行。如此處理之目的在於泄熱、開竅、啟閉、熄風。

3.脫症的處理：絕對臥床亦如閉證。本證較之閉證更為凶險，必需立即回陽固脫。用雙掌同時發熱氣，一掌對百會，另一掌對神厥、氣海、關元，直至汗收、肢溫、脈起為止。

無論閉證或脫證經上述處理，稍事平穩，仍應急送內科住院繼續搶救。

三十五、眩暈

【診斷要點】

患者有自身或周圍景物旋轉、動搖的感覺。其病因很多，主要分為周圍性眩暈、中樞性眩暈、炎症性眩暈、血管病變性眩暈，以及其它全身性疾病引起的眩暈等。要明確診斷必需依據眩暈特點和伴隨症狀，並結合各種檢查才能作出。

【辨證分型】

1.肝風型：眩暈耳鳴、勞怒增劇，口苦咽乾，煩躁易怒，失眠多夢，舌紅苔黃，脈弦。

2.痰濕型：眩暈如蒙、頭重腳輕，胸悶腹脹，少食多寐、舌淡苔膩，脈濡滑。

3.氣血兩虛：動則眩暈、勞累即發，心悸氣短，面白無華，神疲懶語，眠食均少，舌淡苔薄，脈細弱。

4.腎虛型：眩暈，神疲健忘，腰膝酸軟，遺精耳鳴。偏於陰虛者五心煩熱，舌紅苔少，脈細數；偏於陽虛者四肢不濕，舌淡苔白，脈沉細。

【治療】

1.肝風型

(1)外氣治療：以揉按法向風池、肝俞、腎俞、足三里、三陰交、湧泉發熱氣；以點法向百會、太衝發涼氣；用導引法進行全身導引。分推前額、揉按太陽和印堂。

(2)辨證施功：月華功，劍指站樁功，靜坐深調息功，「噓」字功（以呼為主），逍遙步（用「噓」字口型長呼，作慢步行功），放鬆功，八段錦，「吹」字功。

(3)處方：鉤藤12克、白薇12克、黃芩12克、菟絲子12克、白蒺藜12克、桑寄生12克、磁石30克、牛膝12克、澤瀉12克、川芎12克、野菊花12克，水煎服。

隨症加減：陽亢明顯者加生龍骨20克；失眠者加合歡皮15克、柏子仁10克；腎陰虛加女貞子12克、川斷12克；腹脹納呆加陳皮10克、木香10克。

2.痰濕型

(1)外氣治療：以揉按法向脾俞、豐隆、中脘、足三里、三陰交、內關發熱氣；用導引法作全身導引；以點法向頭維發涼氣。

(2)辨證施功：劍指站樁功，八段錦，「呼」字功，逍遙步（以「呼」字口型長呼作慢步行功），靜坐深調息功。

(3)處方：半夏9克、白朮9克、天麻12克、茯苓12克，水煎服。

3.氣血兩虛型

(1)外氣治療：以揉按法向肝俞、脾俞、神門、足三里、中脘發熱氣；用雙掌同時發熱氣，一掌對百會，另一掌對氣海、關元。

(2)辨證施功：早做日精功，晚做月華功；八段錦；靜坐深調息功；「呼」字功；逍遙步（以「呼」字口型長呼，作慢步行功）；早晚加做易筋經內外經。

4.腎虛型

(1)外氣治療：以揉按法向腎俞、風池、百會、志室、氣海、湧泉發熱氣；用全掌向命門、關元發熱氣。

(2)辨證施功：日精功（偏於陽虛者用），月華功（偏於陰虛者用），「吹」字功（陽虛的以吸氣為主，陰虛的以呼氣為主），逍遙步（以「噓」字口型，也是陽虛長吸，陰虛長呼，作慢步行功），靜坐深調息功，八段錦，易筋經等。

(3)秘方：補腎止暈湯，功能補腎益氣，平肝潛陽，主治腎虛型眩暈。臨床療效尚佳。

基本方劑：黃芪20克、淫羊藿12克、枸杞子15克、茯苓12克、澤瀉15克、天麻10克、鉤藤12克、菊花12克，水煎服。

加減：偏陽虛者加附子、仙茅；偏陰虛者加生地、旱蓮草、女貞子；遺精加金櫻子、山茱萸；失眠加夜交藤、酸棗仁。

【食療】

天麻鯉魚

用料及製法：將川芎、茯苓、鉤藤、菊花各10克放第二次米泔水內泡4小時；取出藥渣，再泡入天麻25克，浸泡4小時；撈出天麻以水沖淨，置米飯上蒸透，切片待用。取鯉魚1條約1000克，去鱗、腮和內臟、洗淨，將備好的天麻片放入魚頭、魚腹內，置鍋中加水、蔥、薑、蒜，上火燉熟後加糖、鹽、味精、香油勾芡即可食用。

功能：平肝息風、行氣活血，適用於高血壓、神經衰弱及其他原因造成的眩暈。

三十六、癲癇（羊癲瘋）

【診斷要點】

1.癲癇是一種常見的神經症狀，表現為突發的腦功能短暫異常，如意識障礙、肢體抽動、感覺異常、行動障礙等，有反覆發作的傾向。

2.大發作的病人在發作前一瞬間有先兆症狀，如頭暈、精神錯亂，隨後即意識喪失而跌倒，瞳孔散大，全身肌肉抽搐，口唇青紫，口吐白沫，頭眼偏向一側。部分病人有大小便失禁，抽搐後全身鬆弛或進入昏睡，以後逐漸清醒。一般歷時數分鐘或十幾分鐘。若反覆劇烈發作，發作之間只有短暫的間歇期或無間歇期，稱為癲癇持續狀態。病人往往持續昏迷，常可因衰竭、高熱而死亡。

3.小發作時有短暫的木呆狀態，不動不語、不聞不見，部分肌肉有小抽動，不伴有跌倒或抽搐。發作歷時數秒鐘即迅速恢復，常不為本人或周圍人所注意。多見於兒童。

4.此外尚有局限性癲癇，即在意識保存的情況下出現局部肌肉抽搐，發作時間短暫；發作範圍呈有規律的擴展，如

從手到上肢，到肩、軀幹、股、小腿。還有精神運動性發作，呈刻板運動，頭眼轉動、舐唇、肢體扭曲、意識模糊、語言無條理等。亦有將嬰兒痙攣和高熱驚厥歸入本病的。

　　5.詢向病史，部分病人有家族史或腦外傷、產傷、腦炎、腦寄生蟲病，腦腫瘤等病史。

　　6.明確診斷需作腦電圖；有時尚需作X線頭顱攝片、氣腦造影、腦血管造影、CT掃描、腦脊液的檢查、血糖、血鈣、血鎂的測定，才能確定診斷。

　　【辨證分型】

　　1.肝風痰濁型：發作前常有眩暈胸悶乏力，然後突然昏仆倒地，目瞳上視，口吐涎沫，四肢抽搐，或僅有精神恍惚等情況。舌淡，苔白膩，脈弦滑。

　　2.肝火痰熱型：發作症狀同上，抽搐不止，平日情緒急躁，心煩少寐，口乾口苦，便秘，舌紅苔黃膩，脈弦數。

　　3.肝腎陰虛型：癲癇發作日久，記憶力差，腰酸頭暈，精神萎靡，大便秘結，舌紅苔少，脈弦數。

　　4.脾胃虛弱型：癲癇發作日久，神疲乏力，面色蒼白，納呆便溏，舌淡苔白，脈細。

　　【治療】

　　1.肝風痰濁型

　　⑴外氣治療：以揉按法向心兪，間使、鳩尾發熱氣；取脾兪、豐隆用點法發涼氣；用勞宮向肝兪發熱氣；用雙掌同時發熱氣作全身性導引。

　　⑵辨認施功：日精功、劍指站樁功、八段錦。「噓」字功，「呼」字功（均以呼為主）。逍遙步（以「噓」字口型長呼，作慢步功）。靜坐深調息（每兩天早晚各一次，每次30～40分鐘）。

2.肝火痰熱型

(1)外氣治療：取腰奇、豐隆、肝俞、中脈用點法發涼氣；取脾俞、神門、心俞用揉按法發熱氣；用導引法作全身性導引。

(2)辨證施功：每晚作月華功30分鐘。八段錦每天1次。「噓」字口型、「呼」字功、「吹」字功均以呼為主。逍遙步以「噓」字口型長呼氣，作慢步行功以清瀉肝火。每天兩次鬆靜功，1次40分鐘。

3.肝腎陰虛型

(1)外氣治療：以揉按法向心俞、脾俞、肝俞、豐隆、鳩尾、腰奇發熱氣；用雙掌同時發熱氣，一掌對腎俞和命門，一掌對中極、關元。用導引法作全身性導引。

(2)辨證施功：每晚做月華功30～60分鐘。「噓」字功，「吹」字功，逍遙步（以「噓」字口型長呼氣，作慢步行功），盤坐深調息（每日2次，每次40～60分鐘），八段錦，易筋經。

(3)民間驗方：枸杞子炖羊腦。

用料及製法：枸杞子30克洗淨，羊腦一個共放鍋內，加水及各種調料適量炖熟內服。

功用：補腎益精，養血祛風，治癲癇、眩暈症。

4.脾胃虛弱型

(1)外氣治療：取脾俞、肝俞、心俞、豐隆、鳩尾、神門、腰奇用按揉法發熱氣：用單掌向中脘發熱氣。

(2)辨證施功：每晨做日精功30～40分鐘；盤坐深調息功每日2次、1次30～60分鐘；逍遙步以「呼」字口型長吸短呼，作慢步行功；「吹」字功、「呼」字功，均長吸短呼；閉氣功（吸─閉─呼）每日1次，1次30分鐘；八段錦；劍指站

椿功。

(3)民間驗方：橄欖膏治癲癇。

用料及製法：鮮橄欖（青果）2500克，去核搗碎，加水以文火煮5～6小時，去渣，再熬成膏狀即成。早晚各服1湯匙，溫開水沖服。

功效：清熱、涼肝、止驚、鎮靜，用治羊癲瘋。

【食療】

地龍黃豆。

用料及製法：地龍乾60克、黃豆500克、白胡椒30克，共放鍋內，加清水2000ml，以文火煨至水乾，取出黃豆曬乾，存於瓶內。每次吃黃豆30粒，日用2次。

功效：祛風、鎮靜、止痙。可用於癲癇病的輔助治療。

三十七、甲狀腺機能亢進症（癭氣）

【診斷要點】

1.心悸、怕熱、出汗、食慾增加、大便次數增多、消瘦、無力、手抖、心情急躁、失眠、多言、精神緊張、恐懼，。部分患者可有腹瀉、月經量減少或閉經。

2.心動過速、心音增強，可伴有房顫、收縮壓增高，脈壓增大，早搏。可有甲狀腺腫大、血管性雜音、震顫、眼球突出、眼裂增寬、凝視等甲亢眼徵。少數病人可出現局限性脛骨前粘液性水腫、杵狀指等。

3.基礎代謝率增高（＋15％以上），血清蛋白結合碘＞630μmol／L，碘[131]攝取率3小時＞25％，24小時＞50％，且峰值提前，T_3，T_4增高。

【辨證分型】

1.氣滯痰凝型：憂鬱緊張，煩躁激動，胸悶脇痛，頸前

瘦腫、軟而不痛，失眠經少，舌紅苔膩，脈弦滑。

　　2.肝火亢盛：瘦腫眼突，性急易怒，面紅顴赤，怕熱多汗，頭暈眼花，消谷善飢，體瘦無力，舌紅苔黃，脈弦數。

　　3.心肝陰虛：情緒激動，心悸易驚，心煩不寐，脇痛咽乾，多食善飢，煩熱體瘦，舌質紅、苔薄黃、脈細數。

【治療】

　1．氣滯痰凝

　　⑴外氣治療：取天突、天容、天鼎、足三里、翳風用點法發涼氣、用抓法對準甲狀腺連抓10次（具體方法見外氣治療的常用手法一章），用導引法作全身性導引。

　　⑵辨證施功：劍指站樁功，「噓」字功（吸短呼長），逍遙步（以「噓」字口型長呼氣，作慢步行功）、放鬆功、鬆靜功，血壓增高時要做降壓功。每晚盤坐深調息1次，60分鐘。

　2．肝火亢盛

　　⑴外氣治療：取天突、天容、天鼎、足三里、臑會、合谷、太衝以點法發涼氣。用抓法抓甲狀腺10次。用劍指向甲狀腺發涼氣，然後以劍指導引沿肩、臂到手，反覆6次以上。

　　⑵辨證施功：每晚做月華功40～60分鐘。「噓」字功，以呼為主。「呵」字功亦以呼為主，意在「瀉其子」。逍遙步以「噓」字口型長呼氣作慢步行功。鬆靜功。根據血壓是否升高做或不做降壓功。靜坐腹式調息早晚各40分鐘。

　　⑶處方：柴胡12克、條芩15克、法夏15克、龍骨30克、牡蠣30克、生石膏30克、葛根20克、鉤藤15克、僵蠶10克、朱砂3克、甘草5克，水煎服。大便乾結加大黃6克。

　3．心肝陰虛

　　⑴外氣治療：取曲澤、天突、天容、足三里、翳風、合

谷用點法發涼氣。用劍指向甲狀腺發涼氣並經由肩部、臂部向手部導引6次以上。用抓法抓甲狀腺10次以上。

　　(2)辨症施功：劍指樁功40分鐘。每晚做月華功60分鐘。「噓」字功、「呵」字功、「吹」字功。逍遙步以「噓」字口型長呼氣，作慢步行功。白天做鬆靜功。血壓增高時做降壓功15分鐘。

　　(3)處方：遼沙參15克、天冬15克、麥冬15克、生地15克、花粉15克、昆布15克、海藻15克、五味子12克、大貝母12克，水煎服。

　　隨症加減：甲狀腺腫大加海浮石15克，夏枯草15克；手指震顫加生龍牡各15克；食慾亢進生地增到30克，加玄參15克；口渴心煩加烏梅15克、石斛15克；脾虛便溏、次頻去生把、加山藥30克；氣虛自汗加太子參30克，白芍15克；經量少或陽痿加淫羊藿15克。

【食療】

斛苓參骨海帶湯。

　　用料及製法：將豬脊骨1000克洗淨放鍋內，加水適量，放入薑片，煮沸後撇去浮沫，再煮40分鐘；將石斛30克、茯苓30克，南沙參30克洗淨用紗布包扎好放入骨湯內；另將海帶30克泡軟洗淨，切成細絲一併放入湯內繼續煮沸30分鐘，撈出藥包；蔥節3克洗淨，菠菜兩棵洗淨放入湯內燒開後，酌加適量的鹽、味精、胡椒麵即成。兩天分四次服用。

　　功能：清熱滋陰、消渴除煩。用作甲亢、糖尿病、高血壓、肺結核等的輔助治療。

三十八、糖尿病（消渴病）

【診斷要點】

1.早期可無症狀，一般在體檢時才發現血糖升高、尿糖陽性而確診。

2.多飲、多食、多尿，消瘦或肥胖，乏力，全身騷癢，伴或不伴感染，可有無力性膀胱、腹瀉、體位性低血壓、心臟及腦動脈硬化、視網膜病變、白內障、腎小球硬化症等合併症。

3.空腹時血糖明顯增高，有的食後兩小時血糖亦明顯增高（超過5.6mmol／L），葡萄糖耐量減低，尿糖排出增加，可伴有高膽固醇血症或高甘油三酯血症，或同時伴有這兩種症狀。

4.胰島素釋放試驗對胰島素依賴型糖尿病的診斷有幫助。

【辨證分型】

1.肺熱津傷：煩渴多飲，口乾舌燥，尿頻量多，舌邊尖紅，苔薄黃，脈數。（上消）

2.胃火熾盛：口渴多飲，清谷善飢，體型消瘦，大便燥結，舌質紅，苔黃燥，脈滑數。（中消）

3.腎陰虧損：尿頻量多、濁如脂膏，口乾唇燥，頭暈腰酸，性慾減退，舌紅苔薄黃，脈沉細。（下消患者多三消並見而略有偏重。）

【治療】

1.肺熱津傷

⑴外氣治療：取肺俞、太淵、神門、廉泉、用揉按法發熱氣；用點法向內庭發涼氣；用導引法作全身性導引。

⑵辨證施功：月華功每晚40～60分鐘，閉氣功「吸—呼—閉」，每天2～3次，每次30～60分鐘，「呵」字功以長呼為主以清瀉肺熱；逍遙步用「呵」字口型長呼，作中速或快速

步行功，每天1～2次，每次30分鐘，動功宜作八段錦，易筋經內外經，每天各做1次，以促進血糖的消耗。

(3)處方：人參5克、知母10克、生石膏10克、黃連9克、阿膠9克、白芍15克、山藥15克、天花粉12克、黃精15克、蒸首烏15克、麥冬12克、地骨皮12克。雞子黃2枚，水煎服。

隨證加減：偏上消者加百合9克、烏梅9克，偏於中消者，重用生石膏至60克、知母15克；偏於下消者，重用山藥30克。麥冬25克、加杞果15克、山萸9克、旱蓮草30。

2. 胃火熾盛

(1)外氣治療：取胃兪、足三里、中脘、三陰交、然谷，用點法發涼氣。用導引法作全身性導引。

(2)辨證施功：每晚做月華功40分鐘。閉氣功（吸—呼—閉）每天2～3次，每次30～60分鐘。「呼」字功、「呬」字功、「吹」字功，連續做，每天2～3次。逍遙步每天做2次，1次30分鐘，以「呼」字口型長呼氣作中速步行功。八段錦、易筋經每天各做一遍。

(3)養陰生津、健脾養胃消渴方：

沙參20克、山藥20克、玄參30克、熟地30克、杞子30克、石斛30克、玉竹30克、丹參30克、天花粉30克，麥冬15克、益智仁15克、烏梅10克、芡實12克、知母12克，水煎服。3個月為1療程。

隨症加減：血糖不降、苔黃少津加生石膏；多發性癤腫加銀花、連翹、蒲公英；尿酮加黃芩、黃連；皮膚騷癢加地膚子、白蘚皮、蟬蛻；心悸失眠加棗仁、五味子、柏子仁；腰痛加桑寄生，川斷；白內障加谷精草、夏枯草；血壓高加鉤藤、菊花、石決明；低熱加白薇、地骨皮、銀柴胡；尿急

尿頻尿痛加萹蓄、瞿麥、甘草、生山梔。

3.腎陰虧損

(1)外氣治療：取腎俞、三焦俞、關元、太溪、太淵、氣海發熱氣。用導引法作全身性導引。

(2)辨證施功：每晚做40～60分鐘月華功。閉氣功（吸—呼—閉）每日2～3次，每次40～60分鐘。「吹」字功。逍遙步以「吹」字口型呼氣，作慢步行功。高血壓者每天做2次降壓功，每次15分鐘。合併冠心病者做「呵」字功，做心臟外氣導引和按摩。

(3)處方：萸肉25克、五味子18克、烏梅15克、蒼朮18克，加水2000ml煎至1000ml。分早、中、晚3次飯前溫服。

【食療】

麥麵餡餅：

麥麩和粗製麥粉（小麥磨粉不麩皮）適量，加水和雞蛋1個混合和麵，瘦肉100克絞成肉糊，白菜或韭菜適量切碎，加油、鹽、味精等調料混勻作餡，包成餡餅，烙熟內服。平日不吃精米、白麵。若條件不允許或不喜吃肉，可用豆腐或豆渣代替瘦肉作餡。

三十九、頸椎病

【診斷要點】

頸椎病是因頸椎間盤退行性變化，導致椎骨結構改變而出現的一系列疾病，多發於40歲以上的中年人。本病可分為三型：

1.神經根型，臨床上最為多見。

(1)有一側肩臂手部痛、麻、無力，並常伴隨有頸部活動不便，呈痛性斜頸，頸肌緊張飽滿，頸部發僵，頭偏患側。

少數病人可為雙側。

(2)痛麻部位，觸覺異常，肌力減退或萎縮，腱反射改變，常與神經分布一致。

(3)椎間孔壓縮試驗，臂從牽拉試驗陽性。

(4)排除斜角肌症候群、頸肋或胸腔出口綜合徵。

2.脊髓型

(1)步行無力，易絆倒，重者可呈痙攣性步態，甚至形成痙攣性癱瘓。

(2)手部一側感覺障礙，手的細小動作不靈，肌肉萎縮。

(3)四肢肌張力增高，腱反射亢進，霍夫曼徵陽性。

(4)部分病人有尿瀦留。

3.椎動脈型

(1)旋轉性眩暈：起立、頭過伸或轉頸時眩暈加重，伴嘔吐、噁心。

(2)部分患者聽力減退及復視、視野缺失；有的出現發作性猝倒。有的血壓增高。

(3)嚴重的有聲嘶、吞咽困難。

4.X線檢查：

正側位片見頸椎生理前彎改變，正常曲線中斷或成角。斜位片見椎間孔縮小或呈啞鈴樣改變。

【治療】

脊髓型和椎動脈型應轉骨科或神經外科治療，神經根型可進行氣功治療。

1.外氣治療

(1)調氣到右掌進行帶氣推拿。病人取坐位，術者用右手捏拿頸椎兩側及肩部，以放鬆緊張的肌肉。反覆捏拿5～6次。

⑵後關節整復：病人取坐位，頭部向前屈約30°，術者以右手拇指按壓住患椎的棘突，用左肘托住患者下頜，向前上方牽引，並向患側旋轉頭部。可聽到整復的彈響聲。

⑶病人取仰臥位，肩部用枕頭墊高，術者立於床頭，右手托住病人枕部，左手托住上頜部，用緩力將病人頭部自枕上拉起，使頸與水平面呈45°角，持續牽引2分鐘。然後輕輕將頭向左右旋轉和前後擺動，可聽到彈響聲。一般先做坐位整復，若坐位整復沒有成功，再用臥位整復。

⑷請病人取坐位，用帶氣的右掌反覆揉按頸椎兩側，每側6次。然後用直擦法擦頸椎兩側，以透熱為度。一面按摩一面向頸部發熱氣。

2．對症選功

每天做「吹」字功3～4遍；逍遙步以「吹」字口型作慢步行功，每天2次，1次30分鐘。此外，劍指站樁功、八段錦、易筋經、盤坐深調息亦應每天1次。另外自身按摩調正運動、轉腰胯、伸縮脊柱、轉肩旋臂、退步擴胸、頭頸回旋、周身拍打。

氣功牽引：患者取垂腿坐式，全身放鬆，意念頭上有鉤帶將頭頸向上牽引，下頜內收，枕部向上挺拔，肩部、背部向下沉墜。就這樣意念拔伸維持30分鐘。每天2～3次。在平時工作的餘暇，抽出3～5分鐘做一會兒意念牽引，亦頗有效。

3．偏 方

生地16克，泡水當茶飲。每天1劑。

本方及氣功牽引法係江蘇省連雲港市原總工會主席、現任連雲港市氣功科學研究會副理事長張勝榮先生推荐。他本人曾患有神經根型頸椎病，經朋友介紹此法，他堅持數月治療，症狀全消。他周圍的人凡患有此病者，他都向他們熱情

推荐，只要堅持都能取得艮好的療效。

四十、肥大性脊柱炎（骨痹）

【診斷要點】

1.病人多在40歲以上，男多於女，早期有腰部僵硬酸痛，不能久坐，晨起較重，活動後減輕，疲勞後亦加重。

2.病人彎腰受限，腰椎生理前凸減小或消失。局部壓痛，肌肉痙攣。下肢後伸試驗陽性。

3.X線攝片可見脊椎骨質增生及脊柱正常生理弧度改變。

【治療】

1.外氣治療

調氣到右掌，請病人俯臥在治療床上，用右掌根推按脊柱兩側的夾脊穴，反覆6次，邊推邊發熱氣。用擦法在腰椎及其兩側反覆進行6次，邊擦邊發熱氣。用指按法向陽關、氣海兪、關元兪、大腸兪發熱氣。拿委中、承山、陰陵泉。最後用單掌發熱氣，對向命門和腎兪。

2.對症施功

環轉腰胯、立轉腰胯、伸縮脊柱、圓轉乾坤、前俯後仰、左右側彎、放鬆抖動、自在逍遙等應加做2～3遍。「吹」字功每天3～4遍。逍遙步每天2次，1次30分鐘，用「吹」字口型做慢步行功。劍指站樁功、八段錦、易筋經等，每天各做1遍。

四十一、急性腰扭傷

【診斷要點】

1.腰部肌肉用力失調或用力過度，易產生急性腰扭傷。

2.傷後劇痛，疼痛持續，甚至不能翻身，不能起立，活

動加重，休息後也不能消除。腹部用力可使疼痛增劇，傷後次日更重，止痛藥無效。有時病人在扭傷時可聽到腰部響聲或有突然斷裂之感。受傷部位壓痛明顯。

【治療】

1.外氣及手法治療

⑴若為棘上韌帶斷裂，應作手法復位。方法是：病人站立或俯臥，醫者坐在患者身後，用雙手觸診法觸摸棘突，找到棘上韌帶剝離處。再囑患者稍向前彎腰（若為俯臥位可在小腹部下墊上枕頭），術者一手拇指按於剝離的棘上韌帶上端，向上推按牽引；另一手拇指將剝離的韌帶左右撥動，找準剝離面，順脊柱縱軸方向，順壓復位。然後再用拇指沿脊椎縱軸方向從上而下順滑按壓使其安貼。最後用單掌對其發熱氣5～10分鐘。如此處理後，病人可立即感到症狀減輕或消失，往往是抬著來，走著回去。囑病人一周內不做腰部旋轉或後仰的工作。

⑵若為一般的肌肉、韌帶、筋膜受到過度牽拉而受傷疼痛時，可在壓痛點周圍用滾法治療，等受傷肌肉鬆弛後，再沿傷側的骶棘肌纖維方向用滾法操作3～4遍，然後以手掌按在傷處，扳起傷側下肢上抬3次。接著用右手在壓痛點的上下方用彈撥法治療；再用右掌直擦傷側骶棘肌，以透熱為度。然後用揉按法向腰陽關、腎俞、委中、承山發熱氣。最後沿脊柱從頭到下肢用雙掌導引法，做全身疏導。

⑶若有毫針可用一寸毫針一根，皮膚消毒後，刺入傷側後溪八分，用強刺激；然後向命門用單掌發熱氣5～10分鐘。最後請病人取立位，進行腰胯活動（往往在開始時患者不敢活動，在醫生的催促下，咬著牙勉強一試，活動開以後，越活動疼痛越輕，最後竟至全然不疼）。30分鐘以後起針。

2.對症選功

4天內不做動功,只做臥式或坐式深調息功,意守痛區。4天後開始做八段錦。

四十二、腰肌勞損

【診斷要點】

1.有長期腰疼病史,反覆發作。腰骶部一側或兩側酸痛不適,時輕時重,纏綿不癒。勞累後加重,休息後減輕。壓痛廣泛而不明顯。急性發作時症狀加重,有肌痙攣、脊柱側彎、下肢牽掣作痛等症狀出現。

2.X線檢查:一般無陽性發現。合併肥大性脊柱炎者可見椎骨唇形增生;偶見有先天性骶椎椎弓裂、骶椎腰化、腰椎骶化等改變。

【治療】

1.外氣及手法治療

以揉按法向命門、腎俞、大腸俞、八髎、秩邊等穴發熱氣;再以直擦法沿腰背部兩側膀胱經作帶氣按摩6次,橫擦腰骶部6次,拍擊腰背部兩側骶棘肌往返6次。拿委中、承山。若連帶腿痛可用肘壓環跳發熱氣,指按風市、崑崙發熱氣。最後用雙手導引法做全身性導引。

2.對症施功

腰部動作要多做。劍指站樁功、八段錦、易筋經,每天各做1次。盤坐深調息每天1～2次,每次30～60分鐘。「吹」字功每日2次。意念集中在腰部,做上下起伏動作。一吸一呼為一次,連做100次。

【食療】

栗子大米粥。

用料及製法：栗子100克去殼，大米50克，洗淨共放鍋內，加水煮粥，酌加白糖調服。

功效：補腎強筋，治療慢性腰痛。

四十三、腰椎間盤突出症

【診斷要點】

1.慢性腰骶部疼痛，可合併一側或雙側下肢神經根性疼痛。症狀多為間歇性。

2.腰椎可有側突畸形，活動受限。壓痛點多在腰4.5或腰5、骶1之間的棘突旁，用力按壓時放射性疼痛加劇。直腿抬高試驗陽性，嚴重者僅可抬高15～30°。屈頸試驗陽性，嚴重者坐位屈頸試驗不能完成。下肢後伸試驗陽性。跟腱反射減弱或消失。

3.X線檢查：可見椎體排列弧度改變、椎間隙變窄、相鄰椎體邊緣骨贅增生等（為本病的間接象徵），並可排除其它骨性疾病。

【治療】

1.外氣治療

以揉按法向腎俞、命門、腰陽關、環跳、委中、承山、崑崙發熱氣。用導引法做全身性導引。手法治療為大推拿，非1人所能為，故從略。

2.對症施功

劍指站樁功、八段錦、易筋經每天做1次。

四十四、梨狀肌綜合徵

【診斷要點】

1.下肢有「閃、扭」外傷史或受涼史。

2.臀部疼痛，且有神經壓迫症狀，尤以坐骨神經壓迫症狀為多見。不能行步或跛行。咳嗽、噴嚏、大便等腹壓增高時，臀部疼痛加重，同時可出現坐骨神經的放射性疼痛。一般僅見一側性梨狀肌損傷。

3.梨狀肌體表投影區有明顯壓痛。患肢直腿抬高至60°以前，臀部及下肢疼痛劇烈；超過60°時，疼痛減輕。梨狀肌緊張試驗陽性。方法：請患者仰臥，兩下肢伸直。檢查者用力使患肢作髖內旋。病人做對抗外旋，同時臀部出現疼痛即為陽性。

【治療】

1.外氣手法治療

(1)放鬆臀大肌：因梨狀肌位於臀大肌之深層，凡有坐骨神經痛症狀者，臀大肌一般都較緊張。因此，要想使手法作用達到梨狀肌，首先必須解除臀大肌痙攣。

方法：請病人取俯臥位，用輕揉的滾、按、揉等手法在臀部沿臀大肌纖維方向治療，配合小幅度的下肢後伸被動活動，使臀大肌的痙攣逐步鬆弛。

2.臀大肌痙攣緩解後，用深沉而緩和的手法，在臀部梨狀肌體表投影區，沿梨狀肌纖維方向作揉、按、滾法治療，並配合下肢較大幅度的後伸、外展活動，使梨狀肌逐漸鬆弛。然後用右手拇指按壓梨狀肌，間接體會梨狀肌損傷情況，並用拇指將指下的皮膚、皮下組織和臀大肌、梨狀肌按梨狀肌肌纖維垂直方向用力進行彈撥；用左手五指沿肌纖維方向從內上向外下進行推按梳理，使梨狀肌恢復原位，然後用左手壓住梨狀肌30秒鐘。接著在臀部梨狀肌體表投影區順梨狀肌纖維方向順擦10次。再用右掌全掌對梨狀肌肌腹體表投影區發熱氣5～10分鐘，以進一步消腫、解痙、止痛。

3.急性梨狀肌損傷整復後應臥床休息1周，局部注意保暖，以免復發或形成慢性過程。

4.對症施功：整復1周後開始活動，八段錦每天1～2次。靜功自我導引痛點和自我按摩疼痛部位。

四十五、肩關節周圍炎
（漏肩風、五十肩）

【診斷要點】

1.多見於50歲左右的人，起病緩慢，無明顯外傷史。

2.先有患部疼痛，時輕時重，以後疼痛可向頸部及上肢擴展，活動不利，關節僵硬。肩關節運動障礙，早期為疼痛所限，晚期為肩關節周圍廣泛粘連所致。後期肩部肌肉有痙攣或萎縮現象，有肩峰突起、上舉不便，後彎欠利等表現，直至肩關節周圍廣泛粘連形成凍結肩，使一切活動均有限制，此時疼痛反而見輕。

3.X線正位片，一般均為正常，少數可有肩關節局部脫鈣現象。

【治療】

1.外氣治療：用揉按法向肩井、肩髃、肩貞、天宗、秉風發熱氣，並對肩關節施以揉、搓、按、抖、搖等手法治療。

2.對症施功：重點是旋肩掄臂、頭部回旋、單手托盤、雙手托盤、放鬆抖動、自在逍遙等動作。每天做劍指站樁功30～40分鐘，八段錦1～2次。

四十六、肱骨外上髁炎

【診斷要點】

　　1.起病緩慢，肘關節外側疼痛，尤其在前臂旋轉或腕關節主動背伸時痛感加重，並沿伸腕肌向下放射。握物無力，手掌向下不能負重平舉。

　　2.肱骨外上髁上方壓痛，為橈側腕長伸肌起點扭傷；肱骨外上髁上壓痛，為橈側腕短伸肌起點扭傷；橈骨小頭附近壓痛，可能為環狀韌帶損傷；橈側伸腕肌上部廣泛而明顯的壓痛，則有血管神經束受擠壓的可能。網球肘試驗陽性。

【治療】

　　1.外氣及手法治療：請病人取坐位，醫者以一手握住患肢腕關節，另一手調內氣到掌，用輕柔快速的滾法從肘部向下沿前臂背側進行治療，重點放在肘部。再用輕快的拿法沿橈側伸腕肌往返操作6次。用揉按法向曲池、手三里發熱氣。再沿橈側伸腕肌用帶氣直擦法擦10次。用單掌向肱骨上髁發熱氣5分鐘，然後從肘到手導引10次。

　　2.對症選功：每天做2～3次，重點應放在患肢的單手托盤上，每天應單做5～10次，一次做8～10遍。每天做閉氣功2次，1次30分鐘，意守肱骨上髁，用吸—閉—呼的方法。

四十七、足跟痛

【診斷要點】

　　1.足跟痛主要是指跟骨底面由於慢性損傷所引起的疼痛。症狀時輕時重，有時疼痛難忍，走路甚至站立都很困難，幾天以後又可能全無感覺。經常反覆發作是其特點。

　　2.局部檢查不紅不腫，在跟骨跖面的跟骨結節處壓痛，若有較大骨刺，可觸及骨性隆起。

　　3.X線攝片有時可發現跟刺，但臨床症狀與X線徵象往往不符，有骨刺者可無症狀或症狀很輕微，有症狀者或疼痛

很重的可無骨刺。

【治療】

1.外氣治療：以揉按法向腎俞、承山、崑崙、太溪，然谷發熱氣。用拿法從委中至候參，反覆進行6次。擦跟腱36次。揉按跟骨36次。用全掌向委中發熱氣向下導引6次。

2.對症施功：每天做「吹」字功3次。八段錦每天2次。每天2次做自身按摩下肢。

四十八、慢性前列腺炎

【診斷要點】

1.有輕度尿頻尿道灼痛，大便後、排尿末尿道內可有白色粘液滴出。

2.有會陰、腰骶、恥骨上、腹股溝、睪丸脹痛或隱痛，有時可有陰莖頭部放射痛等。

3.精神緊張、焦慮、失眠、多夢、頭暈、健忘、神疲乏力。

4.性功能障礙，如陽痿、早泄或不射精等。

5.肛門指診，前列腺一般正常，有少數病人前列腺可增大而軟，有變硬的地方。按摩前列腺既是診斷取液的需要，也是治療本身的需要。

6.前列腺液鏡檢：白細胞增多而卵磷脂小體減少。細菌培養可有致病菌生長；分段尿培養也可能有陽性發現。三杯試驗，第一、三杯混濁、有膿細胞，第二杯清晰，對診斷細菌性前列腺炎有意義。

7.部分病例可合併後尿道炎、精囊炎、附睪炎等。

【辨證分型】

1.濕熱下注型：尿頻灼痛、點滴白液或赤濁，舌紅苔膩

，脈細數。

　　2.下焦蓄瘀型：腰骶疼痛，會陰刺痛，大便秘結，舌質紫黯，脈沉澀。

　　3.陰虛火旺型：失眠多夢，頭暈健忘，五心煩熱，舌質紅，脈細數。

　　4.陽虛氣陷型：腰酸陰脹，陽痿早泄，神疲乏力，四肢不溫，尿後滴白，面白無華，舌淡苔白，脈沉細。

　　【治療】

　　1.濕熱下注型

　　⑴外氣治療：以揉按法向腎俞、關元、石門發熱氣；以點法向陰陵泉、膀胱俞發涼氣。用導引法排除病氣。

　　⑵辨證施功：劍指站椿功、八段錦。逍遙步以「噓」字口型長呼氣，作慢步行功，每日2次，每次30分鐘。「吹」字功，「噓」字功每天各做2次。盤坐深調息，每天2次，每次40～60分鐘，意守會陰。

　　2.下焦蓄瘀型

　　⑴外氣治療：以揉按法向腎俞、志室、三焦俞、水道、三陰交發熱氣；調氣到右掌，帶氣橫擦腰骶部10次。然後用導引法向雙下肢導引。

　　⑵辨證施功：劍指站椿功、八段錦每天各做1次。「吹」字功、「噓」字功每天各2次。逍遙步以「噓」字口型長呼氣，做慢步行功，每日2次，每次30分鐘。閉氣功（吸—呼—閉），每天2次，每次30分鐘，意守會陰。盤坐深調息，每天1次，每次40～60分鐘，意守會陰。

　　3.陰虛火旺型

　　⑴外氣治療：以揉按法向腎俞、水分、氣海、陰谷、次髎發熱氣；以點法向太衝發涼氣；用導引法做全身性導引。

(2)辨證施功：每晚做月華功30～60分鐘。「吹」字功、「噓」字功，每天各2次。逍遙步以「噓」字口型長呼氣，做慢步行功30分鐘，每天2次。閉氣功（吸—呼—閉）意守會陰，每次30～40分鐘，每天2次。盤坐深調息，每天1次，60分鐘。

4.陽虛氣陷型

(1)外氣治療：以揉按法向心俞、神門、志室、太溪、三陰交發熱氣。以一掌對腎俞、命門，另一掌對氣海、關元同時發熱氣。

(2)辨證施功：每晨做30分鐘日精功。閉氣功（吸—閉—呼）意守會陰，每天2～3次，每次30分鐘。盤坐深調息功，每天1～2次，每次60分鐘。「吹」字功，每天3次。劍指站樁功每天1次，每次30～40分鐘。八段錦、易筋經每天各做1次。

【食療】

龍馬童子雞：

用料及製法：將子公雞宰殺後去毛及內臟洗淨，裝入盆內；將海馬10克、蝦仁15克用鹽水浸泡10分鐘，放在雞身上，加蔥段、薑塊適量，上籠蒸至爛熟。出籠後揀去蔥、薑，另用清湯、澱粉勾芡，放入味精、食鹽，收汁後，澆在雞身上即成。

功效：溫腎壯陽，益氣塡精。適用於腎陽不足的各種虛損之證，特別是陽痿早泄等症，對於本病陽虛氣陷型較為對證。

四十九、前列腺增生病
（中醫屬癃、閉範疇）

【診斷要點】

1.夜尿增多，尿頻、排尿困難進行性加重。由尿頻而逐漸出現排尿困難、排尿無力、尿流變細，並往往因腹壓增加而逬尿，嚴重時排尿淋瀝不盡，尿意急迫時，易出現充溢性尿失禁。

2.喝酒、濃茶、高脂飲食、受涼、憋尿等常可導致尿瀦留，患者下腹膨脹，輾轉不安，恥骨上區可觸及充盈之膀胱。

3.膀胱內壓增高，可造成前列腺、膀胱內膜靜脈破裂而有血尿。

4.肛門指診可捫及前列腺增大，中央溝變淺或消失，是為側葉增生。有時中葉向前增生，梗阻症狀嚴重，但指檢卻不一定能觸及增生的前列腺。

【辨證分型】

1.下焦蘊熱型：排尿滴瀝，大便秘結，尿道刺痛，口渴不飲，舌紅苔黃，脈數。

2.水道瘀阻型：排尿滴瀝或尿如細線，或下腹脹滿，小便瀦留，舌暗紫，脈細或澀。

3.命門火衰型：尿出點滴，排出無力，面色灰白，神氣怯弱，舌淡苔白，脈沉細。

【治療】

1.下焦蘊熱型

(1)外氣治療：以揉按法向關元、次髎、子宮、血海、三陰交發熱氣；用導引法做全身或半身導引。

(2)辨證施功：劍指站樁功，每天1次，30～60分鐘。「吹」字功、「噓」字功，每天各2次。閉氣功（吸—呼—閉）意守會陰，每天2次，每次30分鐘。盤坐深調息，意守會陰，每天1～2次，每次40～60分鐘。

2．水道瘀阻型

⑴外氣治療：以揉按法向關元、中極、陰陵泉、照海、膀胱兪發熱氣。

⑵辨證施功：劍指站椿功每天1次，30～60分鐘。「吹」字功、「嘘」字功，每天各2次。閉氣功（吸—呼—閉）意守會陰，每天2次，每次30分鐘。逍遙步以「嘘」字口型長呼氣，做慢步行功，每天2次，1次30分鐘。

3．命門火衰型

⑴外氣治療：以揉按法向膀胱兪、照海、陰陵泉發熱氣。以雙掌同時發熱氣，一掌對命門、腎兪；另一掌對向關元、中極。持續發氣10分鐘。

⑵辨證施功：每晨練日精功30～60分鐘。「吹」字功，每天3～4次。閉氣功（吸—閉—呼）意守會陰或命門，每天2次，每次30分鐘。盤坐深調息功每天2次，每次30～60分鐘。八段錦每天1次。逍遙步每天2次，1次30分鐘，以「吹」字口型吸長呼短，做慢步行功。

【食療】

補骨脂核桃膏：

用料及製法：核桃仁100克，加開水沖泡後去皮搗爛，連同補骨脂50克，共放砂鍋內，加水兩碗半，以大火燒沸；然後改用小火蒸煮，至剩半碗湯液時，濾去藥渣，調蜂蜜250克入內，攪勻，再以小火煎至粘稠如膏時為止。每晨以開水沖沏兩茶匙，內服，連服1周即有顯效。

功效：用於命門火衰引起的各種機能衰退。

五十、精囊炎（血精）

【診斷要點】

1.性衝動時，下腹、腹股溝、會陰部疼痛，射精時尤甚。

2.精液帶血，或呈血性精液。腫瘤性血精，血色鮮紅，其它症狀早期不明顯；結核性血精，常挾有碎屑狀陳舊血塊。

3.有暫時性的性功能抑制。

4.下腹部壓痛，直腸指檢前列腺附近有觸痛。

5.結核性精囊炎、膀胱、尿道X線造影有時顯示前列腺空洞與尿道相通。

6.精液鏡檢有紅細胞和膿球，無精蟲，或為死精蟲，或精蟲活動力低。

【辨證分型】

1.肝經鬱火型：絞痛、尿頻、尿急、尿痛，舌紅苔黃，脈弦數。

2.肝腎陰虛型：兼見神疲、腰膝酸軟、目眩耳鳴，舌紅苔薄黃，脈細數。

3.心腎不交型：兼見心煩口渴，小便熱赤，夜寐不寧，舌尖紅，脈數。

【治療】

1.肝經鬱火型

⑴外氣治療：以點法向次髎、中極、太衝、血海、肝俞、膀胱俞發涼氣；以導引法做全身性導引。

⑵辨證施功：每天夜晚做30～60分鐘的月華功。每天做3～4次「噓」字功、「吹」字功、「呵」字功。逍遙步以「噓」字口型長呼氣，做慢步行功，每天2次，每次30分鐘。盤坐深調息，每日2次，每次40～60分鐘。八段錦每天1次。

⑶偏方：蜆肉秋海棠治泌尿生殖系感染。

蜆肉20克、秋海棠25克，加水共煮熟後加冰糖適量調味

，吃肉飲湯。

2.肝腎陰虛型

(1)外氣治療：以揉按法向肝俞、腎俞、三陰交、關元發熱氣；以點法向太溪，陰陵泉、血海發涼氣。用導引法做全身性導引。

(2)辨證施功：每夜做30～60分鐘的月華功。「吹」字功、「噓」字功，每日2～4次。逍遙步以「噓」字口型長呼氣，做慢步行功30分鐘，每天2次。盤坐深調息，每天2次，每次30～60分鐘

(3)偏方：復方玉米須湯治泌尿生殖系感染。

處方：玉米須50克、車前草30克、芥菜花25克、白茅根30克、甘草6克，水煎服。

功效：利尿、消炎、止血，可用於膀胱炎、尿道炎、前列腺炎、精囊炎等。

3.心腎不交型

(1)外氣治療：以揉按法向心俞、腎俞、神門發熱氣；以點法向太溪、陰陵泉、次髎、血海、三陰交發涼氣。做全身導引。

(2)辨證施功：每天1次劍指站樁功，每次30～60分鐘。盤坐深調息，每天2次，每次30～60分鐘。「吹」字功、「呵」字功，每天2～4次。逍遙步以「呵」字口型長呼氣，做慢步行功30分鐘，每天2次。

(3)偏方：向日葵根湯利尿通淋，治療泌尿生殖系統感染。

處方：向日葵根15克、枸杞子20克、車前草30克、夜交藤20克，水煎服。

【食療】

復方柿餅湯

用料及製法：蓮子15克，加水先煮1小時，然後將燈心5克、生地20克、車前草20克、枸杞子20克用紗布包扎好放蓮子湯內，用柿餅4塊，洗淨放湯內共煮半小時，取出藥包棄去，柿餅、蓮子及湯分兩次內服。

功用：清熱滋陰，利尿通淋，治小便黃赤、排尿不暢、血精、血尿等泌尿生殖系感染。

五十一、乳糜尿（膏淋）

【診斷要點】

1.乳糜尿並非單獨的疾病，而是反覆發作間歇性地排出乳白色尿液的一種特有症狀。

2.長期反覆發作，可導致患者形體消瘦，面色萎黃，腰膝酸軟。乳糜塊堵塞輸尿管時，可引起腎絞痛。

3.尿液經乳糜試驗證實含有脂肪滴。由絲蟲感染造成的，可在尿液及夜間周圍血液內查到微絲蚴。

【辨證分型】

1.濕熱下注型：尿如米泔，或有滑膩之物排出，排尿時尿道熱澀疼痛，舌質紅，膩苔微黃，脈細數。

2.陽虛失攝型：尿如米泔，伴倦怠乏力、形體消瘦、腰膝酸軟，苔薄舌淡，脈沉細。

【治療】

1.濕熱下注型

⑴外氣治療：以點法向膀胱兪、石門、陰陵泉、血海、足三里發涼氣；雙掌同時發熱氣，一掌對關元、中極，另一掌對命門、腎兪。再用雙掌導引法做全身性導引。

⑵辨證施功：每天晚上做30～40分鐘的月華功。「呵」字功以呼為主，每日3次，每次10分鐘。逍遙步以「呵」字

口型長呼氣，每次30分鐘，每天2次。「吹」字功每天3次。盤坐深調息，每次40～60分鐘，每日2次。

(3)秘方：功能清熱活血，化瘀通淋。主治絲蟲病引起的乳糜尿。臨床應用178例，治療143例，治療率80.3%。

處方：石葦25克、萹蓄35克、萆薢30克、劉寄奴30克、雞血藤30克、雲苓15克、生地12克、紅花12克，水煎服。

隨症加減：血瘀較甚者加當歸20克、桃仁20克、益母草30克、丹參30克；病久脾虛加黨參12克、黃芪15克、白朮15克、山藥9克、白果9克；腎虛加山萸肉9克、梔子9克、蓮子肉12克。

2.陽虛失攝型

(1)外氣治療：以揉按法向脾俞、膀胱俞、石門、陰陵泉、中脘發熱氣；用雙掌同時發氣，一掌對關元、中極，一掌對命門、腎俞。用雙掌導引法做全身性導引。

(2)辨證施功：每晨做30～60分鐘日精功。「呼」字功、「吹」字功，均以吸為主，每天3～4次。逍遙步以「呼」字口型長吸短呼，做慢步行功30分鐘，每日2次。盤坐深調息，每次30～60分鐘，每日2次。八段錦、易筋經每日1次。

(3)方藥：同於濕熱下注型，另加脾虛、腎虛用藥即可。

【食療】

白果蓮子花卷：

用料及製法：將白果、蓮子各50克，浸泡軟後，煮熟備用；用煮蓮子白果的湯煎煮白朮、茯苓、黃芪、山萸肉各30克，萹蓄100克，20分鐘。濾去藥渣，以藥汁和麵發好，做成花卷，上按蓮子、白果若干個，上籠蒸熟食之。花卷呈淡黃綠色，味道尚可。

功能：補腎健脾，祛濕通淋。

五十二、腎下垂

【診斷要點】

1.瘦長體型。

2.較久站立或工作後腎區酸痛,平臥後疼痛緩解。

3.平臥位腰腹雙合診有時可捫及腎臟。

4.作平臥位和站立位的腎盂造影進行對照,可確定腎下垂及輸尿管彎曲的程度。

【辨證分型】

1.中氣下陷型:腰部下墜隱痛,站立或行走時加重。舌質淡黃、苔薄白,脈細弱。

2.脾胃虛弱型:腰墜納呆,形體消瘦,神疲無力,脈虛而緩。

【治療】

1．中氣下陷型

⑴外氣治療:以揉按法向氣海、中極、三陰交、腎俞發熱氣;以單掌向百會發熱氣。

⑵辨證施功:每晨做30～60分鐘之精功。閉氣功(吸—閉—呼)意念腎臟隨吸氣上升,每天2次,每次30分鐘。「吹」字功每天3次。盤坐深調息,每次30～60分鐘,每天2次。八段錦、易筋經內外經每天各1次。

⑶方藥以升陽益氣為主,胃下垂用方可以通用,不再贅述。

2．脾胃虛弱型

⑴外氣治療:以揉按法向脾俞、胃俞、中脘、足三里、三陰交發熱氣;用雙掌同時發熱氣,一掌對命門、腎俞,另一掌對關元、氣海;然後再用單掌對百會發熱氣。

(2)辨證施功：劍指站椿功每天1次，30～60分鐘。「吹」字功、「呼」字功以吸為主，每天2～4次。做「呼」字功時雙手反掌上舉，十指交叉，手心向上。閉氣功（吸—閉—呼），意念腎臟隨吸氣升高，每天2次，每次30分鐘。盤坐深調息，每天2次，每次30～60分鐘。八段錦每天1次。

方藥及食療同於胃下垂。

五十三、血小板減少性紫癜

血小板減少性紫癜分為原發性和繼發性兩種；原發性又有急性、慢性兩型。此外還有過敏性紫癜。這三種紫癜在症狀、體徵上極為類似，因此，這裡將它們合在一起進行討論。紫癜在中醫學上，屬於血證、斑、疹、衄血、肌衄、虛勞等範疇。

【診斷要點】

1.原發性血小板減少性紫癜，發病急驟，有紫癜，鼻衄，牙齦、胃腸道、陰道出血或血尿。慢性型患者有碰傷後出血的病史，以及反覆出現紫癜，尤以受壓部位更明顯。脾不腫大。

2.繼發性血小板減少性紫癜，臨床表現和實驗室檢查所見與原發性者極為類似，但有發病前的用藥史，明顯的淋巴結及肝脾腫大、發熱、血沉增快等表現。

3.過敏性紫癜係一種獲得性的出血性疾病，其特點為多個器官的廣泛性血管炎症。紫癜在開始時可類似蕁麻疹樣，隨後成為紅斑，並波及手掌和足底，有時對稱分批出現。尚可有過敏性皮疹及血管神經性水腫、關節炎、腹痛和腎炎等症狀或合併症。

4.實驗室檢查：原發性血小板減少性紫癜有：血小板50

×10⁹／L以下，且有形態異常；出血時間延長，毛細血管脆性試驗陽性，血塊回縮不良，凝血時間正常，骨髓象中巨核細胞有質和量的變化。繼發性血小板減少性紫癜在一般的實驗室檢查上與原發性者不易區別。鑒別診斷在於體徵和原發疾病的追詢上。過敏性紫癜：部分病人毛細血管脆性試驗陽性。出血時間、凝血時間、血塊退縮試驗、血小板計數和骨髓象檢查均在正常範圍。合併感染白總增高；合併寄生蟲感染有嗜酸粒細胞增高；累及腎臟可有血尿、蛋白尿、管型尿；累及胃腸道則有大便隱血陽性直至血便。

【辨證分型】

1.血熱妄行：起病急驟，初有寒熱，斑色紫赤，量多成片，或衄血、尿血等，血色鮮紅，面赤心煩，舌紅或絳、苔黃乾，脈弦數。

2.陰虛火旺：紫斑較多，顏色紫紅，下肢尤甚，時發時止，頭暈目眩，耳鳴，低熱顴紅，心煩盜汗，齒衄、鼻衄，口渴喜飲，舌紅少津，脈弦細數。

3.脾腎兩虛：斑色淡紅，清稀不顯，時發時愈，稍勞尤甚，面色萎黃，疲倦乏力，頭暈納呆，月經量多，舌淡胖嫩，苔白，脈細弱。

【治療】

1.血熱妄行

⑴外氣治療：病人取仰臥位，術者以劍指向百會穴發涼氣；以點法向大椎、血海、曲池、足三里、脾俞發涼氣。

⑵辨證施功：每天夜晚做30～60分鐘的月華功。四季養生功每天2～4次，六字訣全做，以清瀉全身之熱。盤坐深調息，每天2次，每次30～60分鐘。逍遙步以「呼」字口型或「呵」字口型長呼氣，做慢步行功，每天2次，每次30分鐘。

(3)處方：生地12克、丹皮9克、赤芍9克、山梔子6克、銀花9克、連翹9克、仙鶴草18克、槐花9克、知母9克、生石膏30克，水煎服。功效：清熱涼血。

隨症加減：衄血加藕節、蒲黃炭、茅根；尿血加大小薊；皮下紫癜加紫草、益母草。

2.陰虛火旺

(1)外氣治療：以點法向肝俞、大椎、三陰交、足三里、曲池發涼氣；以揉法向脾俞發熱氣；以全掌向腎俞發熱氣。

(2)辨證施功：每晚做30～60分鐘的月華功。「吹」字功、「噓」字功、「呵」字功，每天2～4次。逍遙步以「噓」字口型長呼氣，做慢步行功30分鐘，每天2次。盤坐深調息，每日2次，每次60分鐘。

(3)處方：太子參30克、淮山藥30克、女貞子30克、旱蓮草30克、麥冬15克、炒川楝10克、枸杞10克、菊花12克、蓮肉12克、炙甘草12克，水煎服。功能滋陰養血、益氣養陰。

3.脾腎兩虛

(1)外氣治療：以揉按法向脾俞、大椎、血海、三陰交、足三里、曲池發熱氣；以雙掌同時發熱氣；一掌對向命門、腎俞，另一掌對向氣海、關元。

(2)辨證施功：每晨練日精功30～60分鐘。「呼」字功、「吹」字功，每天2～4次。逍遙步，以「呼」字口型吸長呼短，做慢步行功30分鐘，每天2次。劍指站樁功每晚1次，40分鐘。，盤坐深調息，每日2次，每次40～60分鐘。

(3)處方：黨參18克、當歸18克、黃芪15克、肉蓯18克、熟地15克、肉桂10克、熟附片10克、山藥18克、仙鶴草30克、阿膠珠12克，水煎服。

隨症加減：失眠心悸、氣短乏力加酸棗仁、茯苓、五味

子：納呆加陳皮、焦三仙；腰痛腿軟、遺精陽痿、月經不調加棗皮、菟絲子、川斷、鹿角膠（烊化）；出血量多者加陳棕炭、血餘炭、白茅根。

【食療】

藕、米、栗子糕。

用料及製法：生板栗500克入鍋煮沸30分鐘，冷後剝去皮殼，入碗上籠蒸半小時，趁熱用勺頭壓碎成泥狀；再取藕粉、糯米粉、白糖各250克，與之混勻；用黃芪50克、黨參30克、當歸30克，水煎半小時，濾渣取汁，將上料和麵揉成長條狀上籠蒸熟，烘乾保存。吃時用水煮或油炸均可。

功效：補氣養血、強筋止血。可用於慢性血小板減少性紫癜，及其它久病體虛的病人食用。

五十四、壓力性尿失禁

【診斷要點】

1.當腹內壓驟增時，尿液不自主地從尿道口流出。多見於肥胖的多產婦或經產婦，男子作前列腺摘除術後也會發生。其基本病變是括約肌的鬆弛。

2.尿失禁時有排尿感覺，多發生在笑、哭、咳嗽、噴嚏、摔倒等腹內壓突然升高時。嚴重者，站立時也會發生。

3.用手指加壓或填塞陰道，能控制或減輕尿失禁。

【辨證分型】

1.脾陽虛型：形體虛胖，精神倦怠，四肢乏力，舌質淡嫩，苔薄白，脈沉細。

2.腎陽虛型：神疲怯寒，形體衰弱，頭暈耳鳴，腰膝酸軟，舌淡苔白，脈沉細尺弱。

【治療】

1.脾陽虛型

(1)外氣治療：以揉按法向膀胱俞、脾俞、三陰交發熱氣；用雙掌同時發熱氣，一掌對向中脘，另一掌對向氣海、關元。

(2)辨證施功：每晨做30～60分鐘日精功。「呼」字功，每天3～4次。逍遙步以「呼」字口型長吸短呼，做慢步行功30分鐘，每天2次。閉氣功（吸—閉—呼）意守會陰，吸氣時收縮前後二陰，呼氣時放鬆，每天2次，每次30分鐘。劍指站樁功每天1次，20～30分鐘。

(3)方藥：傳統方劑補中益氣湯加減。

處方：黃芪30克、黨參25克、當歸9克、升麻9克、陳皮6克、柴胡6克、白朮15克、益智仁12克、五味子12克、桑螵蛸12克、炙甘草6克，水煎服。

2.腎陽虛型

(1)外氣治療：以揉按法向脾俞、膀胱俞、三陰交、足三里、氣海發熱氣。以雙掌同時發熱氣，一掌對向命門、腎俞，另一掌對向長強、會陽。

(2)辨證施功：每晨做30～60分鐘日精功。「吹」字功每天4次。劍指站樁功每天1次，20～30分鐘。八段錦每天1次。盤坐深調息，每天1次，60分鐘。閉氣功（吸—閉—呼）意守會陰，吸氣時以意念收縮前後二陰，閉氣時保持收縮狀態，呼氣時放鬆。每次30～60分鐘，每天2次。

(3)方藥：菟絲子丸加減，功能溫補腎陽。

處方：菟絲子15克、肉蓯蓉18克、煅牡蠣25克（先煎）、熟附子12克、五味子12克、鹿茸6克、桑螵蛸12克、益智仁12克、合烏12克、山藥20克，水煎服。

【食療】

益脾餅：

用料及配方：白茯苓30克、乾薑6克，用紗布包好，與紅棗250克共煮一小時，除去藥包、棗核，以小火煎煮；把棗肉取出搗成棗泥，放冷後與雞內金細粉15克、麵粉500克，拌勻加水和麵，揉好後擀成小塊薄餅，用文火烙熟，隨量食用。（王中舉大夫提供）

五十五、痛經

【診斷要點】

1.行經期間或經期前後發生小腹或腰腹疼痛，伴隨月經周期發作。

2.痛經是一種症狀，它經常發生於子宮前屈後傾、子宮內膜異位、盆腔器官炎症、子宮發育不良、子宮肌瘤及各種貧血症等。需作婦科檢查加以鑒別。

【辨證分型】

1.氣滯血瘀型：經前乳房脹痛，胸脇脹滿，小腹疼痛如刀割，拒按。經量少，色紫黑有塊，月經後期，經行不暢。舌質紫暗，有瘀點，少苔，脈弦或沉遲。

2.寒濕凝滯：月經後期、經前或經期小腹冷痛，按之痛重。經少，色黑有塊。四肢發涼，便溏。舌邊紫、白膩苔，脈沉緊。

3.血熱瘀結：經前或經期腹痛下墜，腹部刺痛，痛較脹為重。身熱或腹熱，尿黃。經色紫紅、質稠有臭味。舌質紅、苔白膩，脈滑數。

4.氣血兩虛：經期或經後小腹隱痛，按之則減。面色蒼白，語言低微，身倦乏力，心跳氣短，食慾減退，月經量少，色淡質稀，舌淡苔白，脈細弱。

【治療】

1. 氣滯血瘀

(1)外氣治療：以揉按法向中脘、氣海、合谷發熱氣；以點法向行間、期門、三陰交發涼氣。用雙掌同時發氣，一掌對向膻中，另一掌對向中極、曲骨。然後用雙掌導引法進行全身性導引。

(2)辨證施功：每早練1次劍指站樁功，每次30分鐘。盤坐深調息，每日2次，每次40～60分鐘。行經期間多做放鬆功，每天做5～6次，每次20～30分鐘。經後做八段錦、易筋經，每天各1次。「噓」字功，每天做3～4次，長呼氣。逍遙步以「噓」字口型長呼氣，每次30分鐘，做慢步行功，每天2次。

(3)秘方：痛經寧方，功能行血調經、理氣止痛，主治功能性痛經。本方由浙江省中醫藥研究所陳尚志醫師所擬，他用本方治療118例，顯效70例，有效36例，有效率89.83％。

處方：炒當歸9克、炒川芎9克、紫丹參9克、制香附9克、炒延胡索9克、炒金鈴子9克、紅花6克、炙甘草4.5克，水煎服。

2. 寒濕凝滯

(1)外氣治療：以揉按法向中注，關元、次髎、三陰交發熱氣；以全掌向腎俞、命門發熱氣。用雙掌導引法作全身性導引。

(2)辨證施功：每晨做日精功30～60分鐘。「吹」字功每天2～3次，做功時意守子宮。每天做2～3次放鬆功。盤坐深調息，每次40～60分鐘，每日2次。

(3)驗方成藥：

艾附暖宮丸、烏雞白鳳丸。每日2次，每次各1丸。

3.血熱瘀結

(1)外氣治療：以揉按法向中極、府舍、次髎、陰谷發熱氣；用雙掌導引法做全身導引。

(2)辨證施功：每晚做30～60分鐘月華功。「噓」字功，大口呼氣，每日3～4次；逍遙步以「噓」字口型長呼氣，做慢步行功30分鐘，每日2次（註：生殖系統屬腎的範圍，血熱蘊結多為炎症所致，為外邪侵襲的實證，應予清瀉。但腎為先天之本，宜補不宜瀉，故援引實則瀉其子的先例，採用「噓」字功，通過瀉肝來達到清瀉腎火之目的）。盤坐深調息，每天2次，1次40～60分鐘。經期過後每天各做1次八段錦、易筋經。

(3)驗方：清熱涼血，行氣止痛。

處方：瞿麥10克、萹蓄10克、木通3克、元胡10克、川楝子10克、車前子9克、黃芩9克、赤芍10克、地骨皮10克、知母10克、黃柏10克、甘草6克，水煎服。

4.氣血兩虛

(1)外氣治療：以揉按法向脾愈、腎愈、命門、中注、關元、氣海發熱氣；用雙掌同時發熱氣，一掌對向中極、曲骨，另一掌對向會陽或次髎。

(2)辨證施功：每晨做日精功30～60分鐘；每夜做月華功30～60分鐘。「吹」字功每天3次。盤坐深調息每天2次，每次40～60分鐘。「呼」字功每天3次，以吸為主。逍遙步以「呼」字口型長吸短呼，每天2次，每次30分鐘。

(3)驗方成藥：

①八珍益母丸，每日2次，每次1丸。

②人參養榮丸，每日2次，每次1丸。

【食療】

歸芪益母雞：

用料及製法：老母雞一只，宰殺去毛，去內臟洗淨，置大砂鍋內；另取當歸30克、北芪50克、益母草50克，用紗布袋裝好扎緊，置砂鍋內加水煮2～3小時。取出藥袋棄去，加調料適量再煮一會兒即可食雞飲湯。分3日食完。

功效：補氣養血，活血調經，可用於氣血兩虛型痛經、閉經和月經不調。

五十六、閉經

閉經的病因非常複雜，其中先天性生殖器官發育異常、後天器質性損傷及腫瘤生長而無血經者不屬閉經討論之範圍。

【診斷要點】

1.凡女性年滿18周歲從未行經者稱為原發性閉經；月經周期已建立，但又發生三個月以上無血經者為繼發性閉經。

2.青春期以前、妊娠期、哺乳期或絕經期為生理性閉經；由於生殖系統或全身性疾患引起的為病理性閉經。我們將要討論的就是後者的治療問題。

【辨證分型】

1.脾腎陽虛：頭暈、納少、倦怠乏力，心跳氣短，腹脹便溏，腰酸腿軟，舌淡苔白，脈沉細或細弱。

2.肝腎陰虧：頭暈眼澀，手足心熱，四肢麻木，腰疼腿軟，夢多不寧，陰道乾澀，舌紅少苔，脈弦細。

3.氣滯血瘀：煩躁易怒，胸脅脹滿，小腹刺痛拒按，舌質紫絳、苔白，脈沉澀。

【治療】

1. 脾腎陽虛

(1)外氣治療：用揉按法向脾俞、腎俞、足三里、氣海發

熱氣。用全身導引法進行疏導。

　　(2)辨證施功：每晨做日精功30～60分鐘。「呼」字功、「吹」字功，每天各做4～6次。逍遙步以「呼」字口型吸長呼短，做慢步行功30分鐘，每日2次。八段錦每天1～2次。盤坐深調息，每次40～60分鐘。

　　(3)處方：附子9克、肉桂3克、熟地12克、黃精15克、仙靈脾12克、補骨脂12克、山甲9克、皂角刺12克、冰球子12克、貝母9克，水煎服。

　　排卵後改服下方：黨參15克、白朮12克、升麻10克、仙靈脾12克、黃精12克、補骨脂12克、當歸10克、桃仁10克，水煎服。

2．肝腎陰虧

　　(1)外氣治療：用揉按法向肝俞、腎俞、三陰交、足三里發熱氣，用劍指向太衝發涼氣，用單掌發熱氣對向關元、中極、曲骨，用雙掌導引法做全身性導引。

　　(2)辨證施功：每晚做30～60分鐘月華功。「噓」字功、「吹」字功，每天3～6次。逍遙步以「噓」字口型長呼氣做慢步行功，每次30分鐘，每天2次。盤坐深調息，每天2次，1次40～60分鐘。八段錦每天1次。

　　(3)方藥：左歸飲合四物湯加減，功能滋補肝腎，引血下行。

　　處方：當歸15克、赤芍10克、熟地12克、山萸肉10克、菟絲子10克、枸杞子20克、龜板15克、鹿角霜15克、紫河車粉10克沖服，山藥15克、牛膝15克，水煎服。

3．氣滯血瘀

　　(1)外氣治療：以揉按法向中極、合谷、氣海發熱氣；以點法向三陰交、血海、行間發涼氣。用雙掌導引法作全身性

疏導。

(2)辨證施功：每天早晚各做1次劍指站樁功，每次30～60分鐘。「噓」字功、「呼」字功，以呼為主，每天3～6次。逍遙步以慢步行功，用「噓」字口型長呼氣，每次30分鐘，每天2次，每次40～60分鐘。八段錦，每天1次。

(3)方藥：桃紅四物湯加減，功能理氣、活血化瘀。

處方：當歸9克、川芎9克、赤芍12克、桃仁9克、紅花9克、澤蘭9克、坤草15克、劉寄奴12克、木香3克、香附9克、牛膝12克、制附片9克、肉桂6克，水煎服。

【食療】

大棗白鴿湯：

用料及製法：炙鱉甲30克、炙龜板30克，洗淨放砂鍋內先煎30分鐘；然後加入枸杞子30克、牛膝20克、柏子仁25克共煎10分鐘；濾去藥渣，取汁加入收拾乾淨的鴿子一隻、大棗50克，共煮至熟。吃肉飲湯，日服2次。

功效：補益肝腎，行血調經，可用於肝腎陰虛型閉經、經少。

五十七、盆腔瘀血綜合徵

【診斷要點】

1.慢性下腹部疼痛，低位腰痛，極度疲勞，性感不快，白帶過多，痛經及乳房脹痛。多發於25～40歲有過分娩的女性。

2.外陰、陰道靜脈怒張，宮頸呈紫藍色，子宮後傾後屈較為多見，宮體增大，宮旁壓痛。

3.無明顯病灶，腹腔鏡檢查可見盆腔靜脈怒張或有闊韌帶裂傷。

【辨證】

病人除有盆腔瘀血的症狀與體徵外，尚有舌地紫暗，脈象沉細的現象，符合氣滯血瘀證型。

【治療】

1.外氣治療：以揉按法向合谷、血海、三陰交、行間發熱氣。用勞宮穴發熱氣對準中極穴。外氣導引法進行全身性導引。

2.辨證施功：每天早晨做30～60分鐘的日精功。「噓」字功、「吹」字功，每天3～6次。

另做盆瘀功，每天3～6次，方法為：

①仰臥床上，屈雙膝，上身不動，先向左扭轉髖關節，雙膝亦向左擺至最大限度，同時吸氣；再向右扭髖擺膝，同時呼氣。一左一右為1次，最少要做40次。（扭轉時要注意肩胛骨不要離開床面）。

②然後伸直雙腿，腹部放鬆以左手平放於劍突下，向右、向下按摩至恥骨聯合上方，接著再向左、向上按摩至劍突下為1次。向右下按摩時呼氣，向左上按摩時吸氣。共按摩100次。接著換成右手以同樣方式按摩100次，只是方向相反。

③調息10次，稍事休息。然後屈膝、團身、勾頭，雙手緊抱雙膝，頭與膝盡量相接（聯接不上也不必勉強），腰部著床。平臥時吸氣，團身抱膝時閉氣，意守命門，閉不住時哈氣。接著放鬆雙手、伸直雙腿、放下頭部，恢復仰臥姿勢。此為1次。連做6次以上。

其他婦科病均可做此功（經期暫停）。

有空時即多做收縮外陰和提肛活動，以提高盆底肌肉的緊張度。方法是：吸氣時收縮外陰和肛門，呼氣時放鬆。要注意緩收緩放。

3.方藥：桃紅四物湯加減，功能活血化瘀、溫經止痛、去濕止帶。

處方：桃仁9克、紅花9克、當歸12克、川芎9克、五靈脂12克、生蒲黃12克（包）、赤芍15克、丹參15克、延胡15克、香附10克、木香9克、土茯苓30克、白雞冠花20克、肉桂6克、小茴香6克，水煎服。

【食療】

蓮芡粥：

用料及製法：蓮子100克泡好去心，芡實100克洗淨，鮮荷葉50克、益母草30克、土茯苓30克（後三種用紗布袋裝好扎緊）共置鍋內煮30分鐘；撈出藥袋，加粳米50克、白糖適量共煮成粥。分2次內服。

功效：補腎健脾、活血止帶。可用於婦女白帶過多、體質虛弱、氣滯血瘀。

五十八、更年期綜合徵

【診斷要點】

1.婦女絕經前後，卵巢功能衰退，引起內分泌失調導致植物神經系統功能紊亂，而出現一系列特有症狀，如：出現陣發性的潮熱、出汗，並伴有頭暈、心悸，顏面及頸部皮膚潮紅，手指皮膚溫度升高和麻木等。有些患者表現憂鬱、頭痛、失眠或背部蟻蟲感等。

2.除外心血管及精神疾患，診斷主要依靠主訴，無明確體徵及實驗指標。

【辨證分型】

1.腎陰不足、心肝偏旺：頭暈耳鳴，腰膝酸軟，潮熱汗出，煩躁易怒，失眠多夢，口乾唇燥，舌紅苔少，脈細數。

2.腎陰陽兩虛：畏寒怯冷，手足不溫，時或潮熱汗出，頭暈腰酸，舌淡苔薄白，脈沉細。

【治療】

1.腎陰不足，心肝偏旺

(1)外氣治療：以揉按法向腎兪、命門、足三里發熱氣；以點法向心兪、內關、太衝、風池發涼氣。用勞宮向中極發熱氣。

(2)辨證施功：每晚做30～60分鐘月華功。「噓」字功、「呵」字功均以呼為主，每天3次。「吹」字功每天3次。逍遙步以「噓」或「呵」字口型以呼為主，做慢步行功30分鐘，每天2次。鬆靜功每日2次，每次30～60分鐘。八段錦每日1次。

(3)處方：生熟地各12克、澤瀉10克、茯苓12克、丹皮6克、山藥12克、山萸肉9克、何首烏12克、仙茅12克，水煎服。

使用此方時的加減：肝陽偏亢加鉤藤12克、菊花12克、夏枯草15克、石決明20克；心悸、失眠加麥冬12克、五味子9克、酸棗仁12克、汗多加黃芪15克、浮小麥20克、大棗15克。

2.腎陰陽兩虛

(1)外氣治療：以揉按法向太溪、志室、三陰交發熱氣；用全掌向命門、腎兪、關元、中極發熱氣。用雙掌導引法進行全身性導引。

(2)辨證施功：每晨做日精功30～40分鐘；每夜做月華功30～60分鐘。「吹」字功每天3～6次。盤坐深調息功每日2次，每次40～60分鐘。八段錦每天1次。逍遙步用「噓」字口型長呼氣，每天2次，每次30分鐘。

　⑶秘方：更年方⑵功能補腎溫陽、寧心安神。本方由江蘇省南京中醫學院淡勇醫師所擬，用於治療陰陽兩虛型更年期綜合徵，有效率為77.8%。

　處方：仙靈脾10克、仙茅10克、黃芪12克、黨參12克、炒棗仁10克、防己10克、帶皮茯苓10克、蓮心1克、川斷10克、合歡皮10克，水煎服。

　【食療】

　百合、棗仁寧心安神，用治更年期綜合徵。

　用料及製法：鮮百合50克用清水浸泡一夜，取生熟棗仁各15克水煎去渣，用棗仁水煮百合，熟後連吃帶喝。

五十九、慢性咽炎（虛火喉痹）

　【診斷要點】

　1.咽乾不適，似有異物，微癢痛，乾咳噁心，午後較重。

　2.咽部暗紅，咽後壁淋巴濾泡增生，嚴重時可互相連合成片，或見懸壅垂肥厚增長、粘膜乾燥、萎縮或有痂皮附著。

　【辨證分型】

　1.肺陰虛型：口咽乾燥，不喜多飲，乾咳無痰，午後顴紅，舌紅少苔，脈細數。

　2.腎陰虛型：腰膝酸軟，虛煩失眠，頭暈眼花，口乾咽燥，後壁如貼異物，耳鳴，舌質紅嫩，脈沉細數。

　【治療】

　1.肺陰虛型

　⑴外氣治療：以揉按法向肺兪、太淵、合谷、照海發熱氣；以點法向天突發涼氣。用導引法做全身性導引。

　⑵辨證施功：每晚練30～60分鐘月華功。「呵」字功，以呼為主，每日6次。「吹」字功每日3次。逍遙步以「呵」

字口型長呼氣，意守咽喉。做慢步行功，每次30分鐘，每天2次。盤坐深調息功，每天2次，每次40～60分鐘。八段錦、易筋經每天各做1次。

(3)方藥：麥冬12克、天冬12克、石斛10克、生地15克、北沙參12克、丹皮9克、桔梗9克、元參12克、烏梅10克、菊花9克、甘草6克，水煎服。功能清肺養陰、生津潤燥。

2．腎陰虛型

(1)外氣治療：以揉按法向腎俞、合谷、內庭、太溪發熱氣；以點法向天突、心俞發涼氣。用導引法由胸至喉、至臂、至手，反覆6次。

(2)辨證施功：每晚練30～60分鐘月華功。「吹」字功每天4～6次。「呵」字功不拘時間和次數，有空就做，以呼為主，以清瀉心火，每次40～60分鐘。八段錦、易筋經每天各做1次。

處方：金銀花15克、杭菊花12克、甜桔梗10克、杭麥冬10克、京玄參10克、木蝴蝶3克、粉甘草6克、胖大海3枚，水煎服。

【食療】

斛地參骨湯滋陰清熱，適於各類陰虛證。

用料及製法：將豬脊骨1000克洗淨放鍋內加水適量燒開後，撇去浮沫，再煮1小時，將石斛30克、生地30克、南沙參30克裝入紗布袋內扎好口，放入骨湯中煮沸半小時，撈出藥包；菠菜洗淨切好，取適量放入湯中燒沸即得。酌加調料適量即可食用。

六十、近視眼

【診斷要點】

遠距離視物模糊。這是由於眼球前後徑增長，進入眼內的平行光線，在玻璃狀體內形成焦點，不能成像於視網膜上，因此視物模糊，不能遠視。

【治療】

1.外氣治療

用揉按法向睛明、健明、承泣、合谷、風池發熱氣。用全掌發熱氣，對向腎兪、肝兪。用雙掌勞宮穴同時發熱氣，對向患者的雙眼，5分鐘後，再反覆輕拉輕推5分鐘。

2.對症施功

每天做2～3次「噓」字功和「吹」字功，以及按摩點穴潤膚功的頭面部功法。

3.做眼部功法

⑴身體直立，頭正眼平，腳與肩等寬分立，兩臂自然下垂，手輕貼大腿，全身放鬆，心平氣靜，意守丹田，作深腹式呼吸15次，達到下丹田發熱。若沒練過功或下丹田不發熱者，將雙手重疊貼於小腹，促使下丹田較快發熱。雙手重疊時，男的左手在內貼在小腹上，右手貼在左手背上；女的右手在內，左手在外。

⑵下丹田發熱之後，屈體彎腰，以手導引，下丹田之氣，從腿外側下行到腳，兩手勞宮穴對向太衝穴，掌根高於足背一拳。雙腳的腳尖和腳跟用力上提和上翹，單以雙足前掌著地以加強對湧泉的壓力，連翹3次。然後直腰恢復原姿勢。按上述方法連做3次。

⑶直身起立，意念地氣入湧泉穴，經腎經上行至腎，雙掌心貼於腎兪穴，作腹式呼吸10次。（用「吹」字口型呼氣）

⑷雙掌下移至腿側，兩臂緩緩向前平舉，與肩同高時，向左右兩側平行運轉，掌心向下，與肩成一字形。同時引丹

田之氣到心區，再由心區引氣沿手厥陰心包經至兩掌心勞宮穴。吸氣時，氣由掌到心包，呼氣時，氣由心包至雙掌，自然深呼吸，直到雙掌發熱。

(5)將雙掌向面部收回，勞宮穴對準兩眼，兩眼閉住用意念平視前方，直至眼球發熱，時間大約5～10分鐘。

(6)繼續閉住雙眼，雙掌下移至丹田，兩手重疊置於腹部約5分鐘。

(7)雙掌上提，將雙掌貼於季肋部，吸氣時兩肋擴張，呼氣時用「噓」字口型，全身放鬆，連呼10次。

以上7個動作，是一個連續的完整的治療方法，依上式從頭至尾做3次。做功時間以早晨為最好。做完功後，使眼球沿逆時針方向旋轉7次，再按順時針方向轉7次。再向遠方找一固定目標盯視幾分鐘。收功。

除近視眼外，其他視力減退的眼疾也有很好的療效。

附：本書中常用的穴位

一、手太陰肺經

中府：在胸前壁的外上方，與第一肋間隙相平，距任脈6寸，雲門穴下方。

雲門：在鎖骨外端下緣，距任脈6寸。

尺澤：微屈肘凹陷處，在肘窩橫紋中間，稍偏大拇指一側。

孔最：在前臂掌側，腕橫紋上7寸。

列缺：在橈骨莖突上方凹陷處。

太淵：腕橫紋上，橈動脈橈側。

魚際：在第一掌骨掌側的中部，赤白肉際處。

少商：在拇指橈側，距指甲角1分。

二、手陽明大腸經

商陽：在食指橈側距指甲角1分處。

合谷：在手背第1、2掌骨之間，近第2掌骨中央的橈側。

陽溪：位於腕關節橈側，拇指上翹時，兩筋之間的凹陷處。

手三里：側拳屈肘，肘關節下2寸（曲池穴下2寸）。

曲池：屈肘，肘橫紋外端盡處。

手五里：曲池上3寸。

肩髃在鎖骨肩峰端下緣，當上臂向前外方平舉時，肩前呈現的凹陷處。

迎香：位於鼻翼外緣5分處。

三、足陽明胃經

承泣：在眼眶下緣與眼球之間，平視時正對瞳孔。

地倉：口角外側旁4分處。

大迎：在下頜前下1寸3分，骨陷動脈處，穴位在咬肌隆起處。

頭維：在額角髮際上方5分，神庭旁開4寸5分處。

缺盆：鎖骨上窩正中，胸前正中線旁開4寸，乳頭線直上。

氣戶：鎖骨中點下緣，乳頭線上取穴。

屋翳：乳頭線第2肋間，氣戶下2寸。

乳中：乳頭正中央。

梁門：任脈旁開2寸，臍上4寸。

天樞：臍旁開2寸。

伏兔：膝髕外上緣上6寸。

足三里：髕骨下3寸，距脛骨前嵴外一橫指。

豐隆：足三里下5寸，當膝關節下緣與踝關節上緣之中點處。

內庭：位於第2、3趾蹠關節前方的凹陷中。

厲兌：在第2趾外側，距趾甲角1分。

四、足太陰脾經

隱白：位於拇趾內側，趾甲角旁1分。

公孫：在第1趾骨基底之前下緣凹陷處赤白肉際間。

三陰交：內踝尖上3寸，脛骨後緣。

陰陵泉：在膝下內側，脛骨內側髁下緣，當脛骨後緣和腓腸肌間凹陷處。

血海：膝髕骨內側緣直上2寸處。

大橫：臍旁4寸。

大包：腋中線上第6肋間隙處。

五、手少陰心經

極泉：在腋窩正中，腋動脈前緣。

少海：屈肘，在肘橫紋盡側端與肱骨內上髁之間。

陰郄：神門上5分。

神門：在腕橫紋上，尺側腕屈肌腱的橈側。

少府：握拳時小指與無名指指尖縫到達的拳心處，當四、五掌骨之間。

少衝：在小指橈側，距爪甲角1分。

六、手太陽小腸經

少澤：在小指內側，距指甲角1分。

後溪：握拳時，掌橫紋盡處。

腕骨：握拳，在第5掌骨之莖底與三角骨之間，赤白肉際陷中。

養老：腕背、尺骨莖突橈側骨縫中，掌心向胸取穴。

天宗：肩胛骨中央，肩胛崗之下。

聽宮：在耳屏中點與下頜關節之間。

七、足太陽膀胱經

睛明：在眼內眦的上方1分處。

玉枕：腦戶穴（督脈）旁1.3寸，當枕骨粗隆上緣的外側。

天柱：啞門穴旁1.3寸，斜方肌外側緣。

大杼：項後第1胸椎下陶道穴旁開1.5寸。

肺俞：第3胸椎棘突下，旁開1.5寸。

厥陰俞：第4胸椎棘突下旁開1.5寸。

心俞：第5胸椎棘突下旁開1.5寸。

膈俞：第7胸椎棘突下旁開1.5寸。

肝俞：第9胸椎棘突下旁開1.5寸。

膽俞：第10胸椎棘突下旁開1.5寸。

脾兪：第11胸椎棘突下旁開1.5寸。

胃兪：第12胸椎棘突下旁開1.5寸。

三焦兪：第1腰椎棘突下旁開1.5寸。

腎兪：第2腰椎棘突下旁開1.5寸。

大腸兪：第4腰椎棘突下旁開1.5寸。

關元兪：第5腰椎棘突下旁開1.5寸。

小腸兪：平第1骶後孔，後正中線旁開1.5寸。

膀胱兪：平第2骶後孔，後正中線旁開1.5寸。

上髎：第1骶後孔中。

次髎：第2骶後孔中。

中髎：第3骶後孔中。

下髎：第4骶後孔中。

承扶：臀下橫紋中。

會陰：尾骨端旁開5分。

殷門：承扶穴下6寸。

委陽：膕窩橫紋外側，委中穴外1寸。

委中：在膕窩橫紋中央。

承山：在腓腸肌兩側肌腹下方，伸小腿時肌腹出現人字紋處。

崑崙：在外踝與跟腱之間的凹陷處。

至陰：小趾甲外側角1分。

神堂：第5胸椎棘突下旁開3寸，心兪穴外1.5寸。

魂門：第9胸椎棘突下旁開3寸。

志室：命門穴外開3寸。

八、足少陰腎經

湧泉：在足心，足掌前1／3與後2／3的交界處。

然谷：在舟骨粗隆下緣凹陷處。

太溪：在內踝與跟腱之間凹陷中，平內踝的中點定穴。

照海：在內踝正下緣的凹陷處。

復溜：在太溪上2寸，當跟腱與脛骨緣之間定穴。

陰谷：在膕窩的內側，半腱肌腱與半膜肌腱之間，屈膝定穴。

九、手厥陰心包經

曲澤：在肘橫紋上，肱二頭肌腱尺側緣。

內關：腕橫紋上正中2寸，當橈側屈腕肌腱與掌長肌腱之間。

勞宮：仰掌，在第2、3指掌關節之後的掌骨間，自然握拳時，當中指與無名指指間的掌心取穴。

中衝：在中指尖端中央。

十、手少陽三焦經

關衝：在無名指尺側端，距指甲角旁1分。

陽池：在手背尺腕關節部，當4、5掌骨間直上，指總伸肌腱尺側凹陷中。

外關：前臂背側面，腕橫紋上2寸的橈骨與尺骨之間。

天井：尺骨鷹嘴後上方，屈肘時凹陷處。

肩髎：肩峰後下方，肩髎穴後1寸許，臂膀平舉凹陷處。

翳風：耳垂後下方，下頷角與乳突之間。

耳門：耳屏上切跡前方，下頷骨踝狀突後緣凹陷處。

十一、足少陽膽經

瞳子髎：距目外眥角5分。

聽會：耳屏間切跡的前方，下頷關節後凹陷中。

陽白：眉毛中點處上1寸。

風池：在枕骨粗隆直下的凹陷處與乳突之間，斜方肌和

胸鎖乳突肌上端之間定穴。

肩井：在大椎與肩峰連線的中點上。

日月：乳頭直下方，第7、8肋間。

京門：第12肋端之下。

帶脈：第11肋前端直下與臍相平處。

環跳：在股骨大轉子最高點的後上方。

風市：直立垂手，中指尖所點處。

陽陵泉：在腓骨小頭的前下方凹陷處。

光明：足外踝上5寸。

懸鐘：外踝上3寸。

丘墟：在外踝前下方，當趾長伸肌腱外側凹陷處。

足臨泣：第4、5蹠骨小頭盡處陷中。

足竅陰：第4趾外側，距趾甲角1分。

十二、足厥陰肝經

大敦：在拇趾末節的外側趾背上，當外側趾甲根與趾關節之間。

行間：足第1、2趾趾縫上5分。

太衝：足第1、2趾趾逢後二橫指，在1、2跖骨結合部之前凹陷中。

曲泉：屈膝、膝關節橫紋上方，脛骨內踝之後凹陷中。

章門：第11肋骨端。

期門：乳中線，第6肋間。

十三、督脈

長強：在尾骨盡頭處。尾骨尖端與肛門之間。

腰陽關：第4腰椎棘突下。

命門：第2腰椎棘突下。

至陽：第7腰椎棘突下。

神道：第5腰椎棘突下。

陶道：第1胸椎棘突下。

大椎：第7頸椎棘突下。高與肩平。

風府：項後入髮際1寸，枕骨粗隆下緣。

百會：兩耳尖直上與人體正中線的交會點上。

囟會：前髮際正中直上2寸。

神庭：前髮際正中直上5分。

水溝：鼻柱下，上唇的上三分之一處。

十四、任　脈

會陰：男性在肛門與陰囊根部的中間，女性在肛門與陰唇後聯合中間。

中極：前正中線上，臍下4寸。

關元：前正中線上，臍下3寸。

氣海：前正中線上，臍下1.5寸。

神闕：肚臍眼。

下脘：前正中線上，臍上2寸。

中脘：前正中線上，臍上4寸。

上脘：前正中線上，臍上5寸。

膻中：胸骨正中線上，平第4肋間隙，男子在兩乳頭連線的中點上。

天突：在胸骨柄之上緣。

承漿：在頦唇溝正中。

十五、經外奇穴

印堂：兩眉頭中間陷中。

魚腰：眉中間是穴。

天目：印堂與髮際連線，印堂上三分之一處，即針灸的額中穴。

太陽：在眉毛與眼裂向外延長線的交點上。

四神聰：百會穴前後左右各1寸處。

氣喘：第7腰椎棘突旁開2寸處。

華佗夾脊：自第1胸椎之下至第5腰椎之下。各旁開5分，每側17穴。

中泉：手腕外側，在三焦經陽池穴與大腸經陽溪穴中間陷中。

四縫：手部食中環小四指掌面中節橫紋縫中取之。

八邪：手五指歧縫間，左右計八穴。

中魁：手中指中節背側中間。

十宣：兩手十指尖端去爪甲1分處。

環中：環跳穴與腰俞穴之間。

百蟲窠：膝內廉上3寸。

鶴頂：膝骨上緣中央。

膝眼：髕骨下兩旁陷中。

闌尾：外膝眼下5寸，脛骨脊外開1寸。

八風：足5趾歧縫間，左右各八穴。

獨陰：足第2趾第1、2節趾關節之足掌面。

後　記

　　少林氣功，是少林功夫的重要組成部分，是我國燦爛的古代文化的瑰寶。人們習練少林氣功，無非是出於以下兩個方面的目的：

　　一是為進一步習練少林武功打好身體的基礎，一是為強身健體、袪病療疾。

　　二者目的雖不盡相同，但效果卻是一致的，都可以使習練者身體一天天強健起來。實踐證明，和其它門類的氣功一樣，少林氣功在強身健體、防病治病和延緩衰老等方面，有其獨特的作用。

　　本書所介紹的少林氣功的各種功法和以氣功為手段的診病治病的具體方法等，都是我的祖父、清末武狀元井萬資和我的義父、恩師、嵩山少林寺名譽方丈釋德禪法師所親自傳授的。當然，書中也有我多年從事氣功鍛鍊和氣功醫療的經驗和體會。

　　多年以來，很多少林弟子和少林氣功愛好者鑒於缺少一本較全面地介紹少林氣功功法和氣功醫療方面的書而敦促我從事這方面的編寫工作，但由於時間關係，一直未能如願，而只是做了一些初步的準備工作。

　　1990年，在我的師父和廣大氣功界同仁、朋友們的鼓勵下，並在我的弟子張璞醫師的協助下，我們用了半年的時間完成了本書的初稿。這以後，又用了很長的時間反覆進行修改，全部編寫工作方始完成。但本書所收的，絕非是少林氣功的全部內容。還有很多功法，由於時間關係而未能來得及加以整理，因此也就未能收入本書之中。

中醫界老前輩、原國家中醫藥管理局局長呂炳奎先生、我的義父少林寺名譽方丈釋德禪法師，分別為本書題了詞，國際針灸聯合主席、中國針灸聯合會主席王雪苔先生審閱了本書原稿並為本書作序，這體現了他們對後學的關懷和鼓勵。在此，特向他們表示衷心的感謝。

另外，本書在編寫過程中，曾得到蘇東升、王振亮、李頻陽、王仲聚、王仲泰諸同志的幫助，在此，亦向他們表示感謝。

大展出版社有限公司
品冠文化出版社　圖書目錄

地址：台北市北投區(石牌)　　　電話：(02) 28236031
　　　致遠一路二段 12 巷 1 號　　　　　28236033
郵撥：01669551＜大展＞　　　　　　28233123
　　　19346241＜品冠＞　　　　傳真：(02) 28272069

・熱 門 新 知・品冠編號 67

1.	圖解基因與 DNA	（精）	中原英臣主編	230 元
2.	圖解人體的神奇	（精）	米山公啟主編	230 元
3.	圖解腦與心的構造	（精）	永田和哉主編	230 元
4.	圖解科學的神奇	（精）	鳥海光弘主編	230 元
5.	圖解數學的神奇	（精）	柳谷晃著	250 元
6.	圖解基因操作	（精）	海老原充主編	230 元
7.	圖解後基因組	（精）	才園哲人著	230 元
8.	圖解再生醫療的構造與未來		才園哲人著	230 元
9.	圖解保護身體的免疫構造		才園哲人著	230 元
10.	90 分鐘了解尖端技術的結構		志村幸雄著	280 元

・名 人 選 輯・品冠編號 671

1.	佛洛伊德	傅陽主編	200 元
2.	莎士比亞	傅陽主編	200 元
3.	蘇格拉底	傅陽主編	200 元
4.	盧梭	傅陽主編	200 元

・圍 棋 輕 鬆 學・品冠編號 68

1.	圍棋六日通	李曉佳編著	160 元
2.	布局的對策	吳玉林等編著	250 元
3.	定石的運用	吳玉林等編著	280 元
4.	死活的要點	吳玉林等編著	250 元

・象 棋 輕 鬆 學・品冠編號 69

1.	象棋開局精要	方長勤審校	280 元
2.	象棋中局薈萃	言穆江著	280 元

・生 活 廣 場・品冠編號 61

1.	366 天誕生星	李芳黛譯	280 元

・女醫師系列・品冠編號 62

・傳統民俗療法・品冠編號 63

14. 神奇新穴療法　　　　　　　　吳德華編著　200 元
15. 神奇小針刀療法　　　　　　　　韋丹主編　200 元

·常見病藥膳調養叢書· 品冠編號 631

1. 脂肪肝四季飲食　　　　　　　　蕭守貴著　200 元
2. 高血壓四季飲食　　　　　　　　秦玖剛著　200 元
3. 慢性腎炎四季飲食　　　　　　　魏從強著　200 元
4. 高脂血症四季飲食　　　　　　　　薛輝著　200 元
5. 慢性胃炎四季飲食　　　　　　　馬秉祥著　200 元
6. 糖尿病四季飲食　　　　　　　　王耀獻著　200 元
7. 癌症四季飲食　　　　　　　　　　李忠著　200 元
8. 痛風四季飲食　　　　　　　　　魯焰主編　200 元
9. 肝炎四季飲食　　　　　　　　　王虹等著　200 元
10. 肥胖症四季飲食　　　　　　　　李偉等著　200 元
11. 膽囊炎、膽石症四季飲食　　　　謝春娥著　200 元

·彩色圖解保健· 品冠編號 64

1. 瘦身　　　　　　　　　　　　主婦之友社　300 元
2. 腰痛　　　　　　　　　　　　主婦之友社　300 元
3. 肩膀痠痛　　　　　　　　　　主婦之友社　300 元
4. 腰、膝、腳的疼痛　　　　　　主婦之友社　300 元
5. 壓力、精神疲勞　　　　　　　主婦之友社　300 元
6. 眼睛疲勞、視力減退　　　　　主婦之友社　300 元

·休閒保健叢書· 品冠編號 641

1. 瘦身保健按摩術　　　　　　　　聞慶漢主編　200 元
2. 顏面美容保健按摩術　　　　　　聞慶漢主編　200 元
3. 足部保健按摩術　　　　　　　　聞慶漢主編　200 元
4. 養生保健按摩術　　　　　　　　聞慶漢主編　280 元

·心 想 事 成· 品冠編號 65

1. 魔法愛情點心　　　　　　　　　結城莫拉著　120 元
2. 可愛手工飾品　　　　　　　　　結城莫拉著　120 元
3. 可愛打扮 & 髮型　　　　　　　結城莫拉著　120 元
4. 撲克牌算命　　　　　　　　　　結城莫拉著　120 元

·少 年 偵 探· 品冠編號 66

1. 怪盜二十面相　　　（精）江戶川亂步著　特價 189 元
2. 少年偵探團　　　　（精）江戶川亂步著　特價 189 元

3. 妖怪博士	（精）	江戶川亂步著	特價 189 元
4. 大金塊	（精）	江戶川亂步著	特價 230 元
5. 青銅魔人	（精）	江戶川亂步著	特價 230 元
6. 地底魔術王	（精）	江戶川亂步著	特價 230 元
7. 透明怪人	（精）	江戶川亂步著	特價 230 元
8. 怪人四十面相	（精）	江戶川亂步著	特價 230 元
9. 宇宙怪人	（精）	江戶川亂步著	特價 230 元
10. 恐怖的鐵塔王國	（精）	江戶川亂步著	特價 230 元
11. 灰色巨人	（精）	江戶川亂步著	特價 230 元
12. 海底魔術師	（精）	江戶川亂步著	特價 230 元
13. 黃金豹	（精）	江戶川亂步著	特價 230 元
14. 魔法博士	（精）	江戶川亂步著	特價 230 元
15. 馬戲怪人	（精）	江戶川亂步著	特價 230 元
16. 魔人銅鑼	（精）	江戶川亂步著	特價 230 元
17. 魔法人偶	（精）	江戶川亂步著	特價 230 元
18. 奇面城的秘密	（精）	江戶川亂步著	特價 230 元
19. 夜光人	（精）	江戶川亂步著	特價 230 元
20. 塔上的魔術師	（精）	江戶川亂步著	特價 230 元
21. 鐵人Q	（精）	江戶川亂步著	特價 230 元
22. 假面恐怖王	（精）	江戶川亂步著	特價 230 元
23. 電人M	（精）	江戶川亂步著	特價 230 元
24. 二十面相的詛咒	（精）	江戶川亂步著	特價 230 元
25. 飛天二十面相	（精）	江戶川亂步著	特價 230 元
26. 黃金怪獸	（精）	江戶川亂步著	特價 230 元

·武 術 特 輯· 大展編號 10

1. 陳式太極拳入門	馮志強編著	180 元
2. 武式太極拳	郝少如編著	200 元
3. 中國跆拳道實戰 100 例	岳維傳著	220 元
4. 教門長拳	蕭京凌編著	150 元
5. 跆拳道	蕭京凌編譯	180 元
6. 正傳合氣道	程曉鈴譯	200 元
7. 實用雙節棍	吳志勇編著	200 元
8. 格鬥空手道	鄭旭旭編著	200 元
9. 實用跆拳道	陳國榮編著	200 元
10. 武術初學指南	李文英、解守德編著	250 元
11. 泰國拳	陳國榮著	180 元
12. 中國式摔跤	黃 斌編著	180 元
13. 太極劍入門	李德印編著	180 元
14. 太極拳運動	運動司編	250 元
15. 太極拳譜	清·王宗岳等著	280 元
16. 散手初學	冷 峰編著	200 元
17. 南拳	朱瑞琪編著	180 元

5

・彩色圖解太極武術・ 大展編號 102

14. 精簡陳式太極拳 8 式、16 式	黃康輝編著	220 元
15. 精簡吳式太極拳 <36 式拳架・推手>	柳恩久主編	220 元
16. 夕陽美功夫扇	李德印著	220 元
17. 綜合 48 式太極拳＋VCD	竺玉明編著	350 元
18. 32 式太極拳（四段）	宗維潔演示	220 元
19. 楊氏 37 式太極拳＋VCD	趙幼斌著	350 元
20. 楊氏 51 式太極劍＋VCD	趙幼斌著	350 元

・國際武術競賽套路・ 大展編號 103

1. 長拳	李巧玲執筆	220 元
2. 劍術	程慧琨執筆	220 元
3. 刀術	劉同為執筆	220 元
4. 槍術	張躍寧執筆	220 元
5. 棍術	殷玉柱執筆	220 元

・簡化太極拳・ 大展編號 104

1. 陳式太極拳十三式	陳正雷編著	200 元
2. 楊式太極拳十三式	楊振鐸編著	200 元
3. 吳式太極拳十三式	李秉慈編著	200 元
4. 武式太極拳十三式	喬松茂編著	200 元
5. 孫式太極拳十三式	孫劍雲編著	200 元
6. 趙堡太極拳十三式	王海洲編著	200 元

・導引養生功・ 大展編號 105

1. 疏筋壯骨功＋VCD	張廣德著	350 元
2. 導引保建功＋VCD	張廣德著	350 元
3. 頤身九段錦＋VCD	張廣德著	350 元
4. 九九還童功＋VCD	張廣德著	350 元
5. 舒心平血功＋VCD	張廣德著	350 元
6. 益氣養肺功＋VCD	張廣德著	350 元
7. 養生太極扇＋VCD	張廣德著	350 元
8. 養生太極棒＋VCD	張廣德著	350 元
9. 導引養生形體詩韻＋VCD	張廣德著	350 元
10. 四十九式經絡動功＋VCD	張廣德著	350 元

・中國當代太極拳名家名著・ 大展編號 106

1. 李德印太極拳規範教程	李德印著	550 元
2. 王培生吳式太極拳詮真	王培生著	500 元
3. 喬松茂武式太極拳詮真	喬松茂著	450 元
4. 孫劍雲孫式太極拳詮真	孫劍雲著	350 元

5. 王海洲趙堡太極拳詮真　　　　　王海洲著　500元
6. 鄭琛太極拳道詮真　　　　　　　鄭琛著　450元
7. 沈壽太極拳文集　　　　　　　　沈壽著　630元

・古代健身功法・ 大展編號 107

1. 練功十八法　　　　　　　　　蕭凌編著　200元
2. 十段錦運動　　　　　　　　　劉時榮編著　180元
3. 二十八式長壽健身操　　　　　　劉時榮著　180元
4. 三十二式太極雙扇　　　　　　　劉時榮著　160元
5. 龍形九勢健身法　　　　　　　　武世俊著　180元

・太極跤・ 大展編號 108

1. 太極防身術　　　　　　　　　　郭慎著　300元
2. 擒拿術　　　　　　　　　　　　郭慎著　280元
3. 中國式摔角　　　　　　　　　　郭慎著　350元

・原地太極拳系列・ 大展編號 11

1. 原地綜合太極拳 24 式　　　　　胡啟賢創編　220元
2. 原地活步太極拳 42 式　　　　　胡啟賢創編　200元
3. 原地簡化太極拳 24 式　　　　　胡啟賢創編　200元
4. 原地太極拳 12 式　　　　　　　胡啟賢創編　200元
5. 原地青少年太極拳 22 式　　　　胡啟賢創編　220元
6. 原地兒童太極拳 10 捶 16 式　　胡啟賢創編　180元

・名師出高徒・ 大展編號 111

1. 武術基本功與基本動作　　　　　劉玉萍編著　200元
2. 長拳入門與精進　　　　　　　　吳彬等著　220元
3. 劍術刀術入門與精進　　　　　　楊柏龍等著　220元
4. 棍術、槍術入門與精進　　　　　邱丕相編著　220元
5. 南拳入門與精進　　　　　　　　朱瑞琪編著　220元
6. 散手入門與精進　　　　　　　　張山等著　220元
7. 太極拳入門與精進　　　　　　　李德印編著　280元
8. 太極推手入門與精進　　　　　　田金龍編著　220元

・實用武術技擊・ 大展編號 112

1. 實用自衛拳法　　　　　　　　　溫佐惠著　250元
2. 搏擊術精選　　　　　　　　　　陳清山等著　220元
3. 秘傳防身絕技　　　　　　　　　程崑彬著　230元
4. 振藩截拳道入門　　　　　　　　陳琦平著　220元

5. 實用擒拿法	韓建中著	220 元
6. 擒拿反擒拿 88 法	韓建中著	250 元
7. 武當秘門技擊術入門篇	高翔著	250 元
8. 武當秘門技擊術絕技篇	高翔著	250 元
9. 太極拳實用技擊法	武世俊著	220 元
10. 奪凶器基本技法	韓建中著	220 元
11. 峨眉拳實用技擊法	吳信良著	300 元
12. 武當拳法實用制敵術	賀春林主編	300 元
13. 詠春拳速成搏擊術訓練	魏峰編著	280 元
14. 詠春拳高級格鬥訓練	魏峰編著	280 元
15. 心意六合拳發力與技擊	王安寶編著	220 元

·中國武術規定套路· 大展編號 113

1. 螳螂拳	中國武術系列	300 元
2. 劈掛拳	規定套路編寫組	300 元
3. 八極拳	國家體育總局	250 元
4. 木蘭拳	國家體育總局	230 元

·中華傳統武術· 大展編號 114

1. 中華古今兵械圖考	裴錫榮主編	280 元
2. 武當劍	陳湘陵編著	200 元
3. 梁派八卦掌（老八掌）	李子鳴遺著	220 元
4. 少林 72 藝與武當 36 功	裴錫榮主編	230 元
5. 三十六把擒拿	佐藤金兵衛主編	200 元
6. 武當太極拳與盤手 20 法	裴錫榮主編	220 元
7. 錦八手拳學	楊永著	280 元
8. 自然門功夫精義	陳懷信編著	500 元
9. 八極拳珍傳	王世泉著	330 元
10. 通臂二十四勢	郭瑞祥主編	280 元
11. 六路真跡武當劍藝	王恩盛著	230 元

·少 林 功 夫· 大展編號 115

1. 少林打擂秘訣	德虔、素法編著	300 元
2. 少林三大名拳 炮拳、大洪拳、六合拳	門惠豐等著	200 元
3. 少林三絕 氣功、點穴、擒拿	德虔編著	300 元
4. 少林怪兵器秘傳	素法等著	250 元
5. 少林護身暗器秘傳	素法等著	220 元
6. 少林金剛硬氣功	楊維編著	250 元
7. 少林棍法大全	德虔、素法編著	250 元
8. 少林看家拳	德虔、素法編著	250 元
9. 少林正宗七十二藝	德虔、素法編著	280 元

國家圖書館出版品預行編目資料

少林醫療氣功精粹 ／ 井玉蘭編著，張璞整理
－初版－臺北市：大展，1994【民83】
面；21公分－（養生保健；3）
ISBN 978-957-557-474-1（平裝）
1.氣功　2.治療法
418.926　　　　　　　　　　　　　83009222

少林醫療氣功精粹

ISBN 978-957-557-474-1

編 著 者／井 玉 蘭
整 理 者／張　　璞
發 行 人／蔡 森 明
出 版 者／大展出版社有限公司
社　　　址／台北市北投區（石牌）致遠一路2段12巷1號
電　　　話／(02) 28236031・28236033・28233123
傳　　　真／(02) 28272069
郵政劃撥／01669551
網　　　址／www.dah-jaan.com.tw
E-mail／service@dah-jaan.com.tw
登 記 證／局版臺業字第2171號
承 印 者／國順文具印刷行
裝　　　訂／建鑫印刷裝訂有限公司
排 版 者／千兵企業有限公司
授 權 者／北京人民體育出版社
初版1刷／1994年（民83年）10月
初版2刷／2007年（民96年）9月　　　　　　定價／250元

推理文學經典巨著，中文版正式授權

名偵探明智小五郎與怪盜的挑戰與鬥智
名偵探柯南、金田一都讚嘆不已

日本推理小說鼻祖─江戶川亂步

1894年10月21日出生於日本三重縣名張〈現在的名張市〉。本名平井太郎。
就讀於早稻田大學時就曾經閱讀許多英、美的推理小說。
畢業之後曾經任職於貿易公司，也曾經擔任舊書商、新聞記者等各種工作。
1923年4月，在『新青年』中發表「二錢銅幣」。
筆名江戶川亂步是根據推理小說的始祖艾德嘉‧亞藍波而取的。
後來致力於創作許多推理小說。
1936年配合「少年俱樂部」的要求所寫的『怪盜二十面相』極受人歡迎，
陸續發表『少年偵探團』、『妖怪博士』共26集……等
適合少年、少女閱讀的作品。

1 ～ 3 集　定價300元　試閱特價189元